불꽃처럼 살다간 여인
전혜린

불꽃처럼 살다간 여인
전혜린

이 책을 삼가 전혜린의 靈前에 바친다
별빛으로 빛나리 — 전혜린을 위한 序詩

이 세상에 태어나서
안개에 젖었지.
우유빛 안개에 鄕愁를 실었지.
꿈처럼 이렇듯 꿈꾸면서도
잊을 수 없는 당신
정신에 살았지.
비안개에 젖듯이 젖어 울었지.

사랑의 무지개 떠 있어도
그것은 사라질 신기루라네.
낙엽진 鐵道에 깔린 憂愁 밟으며
순수한 정신에 살았지.
이 세상에 태어나서

검은 옷 검은 머플러
진실이 무엔가 그걸 그렸지.
내 숙명의 별자리
그걸 찾았지.
이제금 정신이 높이
출렁대는 숲바람
인식의 바다를 어찌 잊으랴.
한시인들 잊으랴.
이 세상에 태어나서
이 세상에 태어나서
남긴 것은 없어도
정신에 살았던 별은 빛나리.
정신에 살았던 눈동자와 함께.

차례

I 뮌헨의 憂愁

서울에서 뮌헨　10
회색 憂愁와 레몬빛 가스등　22
슈바빙, 그 자유와 낭만의 예술인촌　37
외로운 여름날의 傳說　52
낭만에의 旅路　66
자유의 通風路　83
T씨와 함께　103
憂愁詩集　115

II 認識의 바다

정신의 言語　138
숨겨진 詩人　154
明洞의 샛별　172
새로운 認識의 분출　183

영원에의 靈歌 III

- 208 수레바퀴와 火車
- 230 言語를 먹는 불새
- 247 구슬놀이
- 261 달病
- 276 港口는 언제나 멀다
- 290 存在의 상처
- 306 꿈꾸는 갈매기 姉妹
- 327 나의 구원자, 쟝 아제베도!

IV

- 354 著者의 말
- 358 전혜린 약력

Ⅰ. 뮌헨의 憂愁

내가 살았던 슈바빙의 분위기가 가르쳐 준 것,
언제나 아무도 안 사는 그림을,
그리고 아무도 안 읽을 시를 쓰면서
굶다시피 살면서도 오만과 긍지를 안 버리는
이 구역에 사는 모두가 가난했고 대개가
외국이나 타지방에서 모여든 화가나
학생이었던 그들한테서 나는 자유로운 생활이
무엇인지를 배운 것 같다.

서울에서 뮌헨

서울대학교 법과대학 3학년에 재학중이던 법철학도 전혜린(田惠麟)은 학문의 뜻을 달리해서 독일의 뮌헨(Munchen)으로 떠났다.

이때가 1955년 가을인 10월.

경기여중고를 나와 법률가인 아버지(田鳳德)의 권유에 따라 수재들만 다니기로 유명한 서울 법대에 입학, 근 3년 가까운 세월 동안에 그녀 주위로부터 여성으로서 보기 드문 천재라는 평판을 듣던 이 학교를 아무런 아쉬움도 없는 양 작별한 것이다.

그녀가 서울 법대를 중도 하차한 것은 그녀의 본질적인 천성(天性)에 법(法)이라는 인위적인 카테고리가 전혀 맞지 않은 것이 그 근본적인 원인이었다. 일일이 울타리를 쳐서 금제(禁制)하고 규범하는 법이라는 냉정하고도 딱딱한 학문이 그녀의 지성(知性) 속에 무섭게 번득이는 뜨거운 감성에는 결코 용납이 안 되었던 것이다.

그럼에도 3년 가까이나 참고 견디던 그녀의 이같이 어긋난 수업 과정 속에 뜻밖에도 하나의 전기(轉機)가 왔다. 이 계기는 그녀와 가장 절친했던 학우 주혜(珠惠)로부터 독일로 가고 싶은 마음이 없느냐고 미국에서 항공편지가 날아든 데서 비롯되었다.
 이 둘도 없이 친했던 단짝 친구 주혜는 경기여고 시절부터의 다정한 친구였다. 그녀는 1956년 2월 10일자의 일기와 1962년 12월호의 『여원(女苑)』지에서 각각 이렇게 밝히고 있다.

 오늘 행복 하나가 나를 찾아들었다. 전혀 예기치 못하게 나의 친구 주혜한테서 아주 예쁜 카드를 받은 것이다.
 그는 그 속에다 나에 대한 그의 우정과 나를 향한 그의 동경을 적고 있다. 내가 아직 그럴 만한 가치가 있는지, 그리고 우리가 다시 만나게 되는 날 그를 실망시키게 될지 어떨지 나는 알 수 없다. 그러나 나는 그를 죽고 싶도록 사랑했었고 지금도 역시 그렇게 사랑하고 있다. 그는 내가 일찍이 안 가장 순수한 인간이다. 나는 그를 존경하고 있다. 그러나 불안하다. 그의 마음 속에 있는 나의 상(像)이 나와 너무나 닮을 수 없음을 불안해 하고 있다. 그렇지만 그와 만나서 이야기하고 웃고 또 울고 싶다. 우리 사이의 우정은 하나의 성스럽고 숭고한 기억으로 내게 남아 있다.
 우리의 「떼보가의 회색 노트」, 논어공부, 국어문법 공부 등 우리는 많은 것을 둘이서 시도했었다. 내 생의 1장을 나는 주혜 없이 회상할 수 없다. 1950년 부산에서 나는 서울이 북괴군에 점령되어 폭격당했다는 소식을 듣고 얼마나 쓰라리게 울었던지. 나는 참상을 그렸고 주혜가 죽었을 거라고 울고 또 울었었다. 그는 정말 내가 진심으로 사랑했었고 아직도 사랑하고 있는 한 사람이다. 〔후략〕

〔전략〕 마음의 벗이 생겼다. 주혜는 폐쇄적이고 건조한 성품인 나와는 반대로 조화적이고 다정하고 건전한 소녀였다. 우리는 별로 얘기는 안 했으나 늘 편지를 교환했었다. 학교에서 매일 얼굴을 대하면서도 매일 편지를 써야만 했다. 우리는 같이 공부를 했다. 노령의 한문 선생님을 괴롭히고 방과 후에 같이 논어를 배웠고, 역사 선생님에게 따로 삼국사기를 배웠다. 이런 공동인식에의 정열과 탐욕스러운 지식욕이 그때의 나와 주혜를 무섭게 그리고 굳게 맺고 있었던 것 같다.

나는 고등학교 시절의 기억을 주혜와 분리해서는 생각할 수 없다.『지상의 양식』을 읽고 나서 우리는 그 속에 있는 한 구절「나타나엘이여, 우리는 비를 받아들이자」에 감동해서 폭우 속을 우산 없이 걸어다녔다. 이 버릇은 많이 완화된 채 아직도 나에게 남겨져 있다. 또 마르탱 뒤가르의 『회색 노트』를 읽고는 주혜와 나는 당장에 회색 노트를 교환하기로 하여 매일 한 사람이 집에 가져가서 일기를 쓰고 다음날 그 노트를 상대방의 책상 속에 넣고 있었다. 이 노트를 우리는 몇 년이나 교환했었다. 그 당시 그 노트와 주혜는 나의 전생활을 의미하고 있었던 것 같다.

나도 주혜도 작가를 지망하고 있었다. 재능에 대한 정당한 회의를 어린 연령과 또 열렬한 지식욕이 가려 덮고 있었다. 하늘은 넓었고 우리는 얼마든지 날 수 있다고 믿었다. 문학, 철학, 어학(영·독·불·한문·한글)에 대한 광적일 정도로 열렬한 지식욕과 열성, 그리고 주혜와의 모든 것을 초월한 가장 순수한, 가장 관념적인 사랑으로 완전히 일관되어 있었던 나의 여학교 시절은 확실히 아직도 미래에 대해서 꿈을 그릴 여백이 얼마든지 남아 있었던 동화의 나라와 현실 사이의 완충 지대이기도 했었다.

〔중략〕

주혜는 자기가 선택한 학교에 들어갔다. 나와 주혜는 과는 달랐으나 같은 서울대학에 들어갔다. 나는 늘 주혜의 학교에 가서 오오든이나 엘리어트 같은 시인에 관한 강의를 도강했었다. 그리고 견딜 수 없는 법학에 대한 반감을 반추하고 있었다.

나의 재능은 다른 데 있는 것만 같았다. 그런 1년이 지나고 우리가 대학교 2년생이 되었을 때, 주혜는 뜻밖에 일가 전원과 함께 도미하게 되었다. 나는 미치도록 슬펐다. 주혜는 뜨거운 여름날 가족과 불행한 모습으로, 그러나 새로운 생활에의 기대에 넘쳐서 비행기에 올랐다. 그날의 더위, 비행장(지금같이 화사하지 않았고 아무것도 없는 풀밭이었다)의 우거진 풀, 먼지, 아마 일생 내 기억을 안 떠날 것이다.

3년을 마친 후 나는 출발했다. 남독(南獨)의 대도시인 뮌헨에서 뮌헨대학 문리과대학 제1학년에 입학하기 위해서였다. 〔후략〕

이상의 인용에서 잘 나타나듯 혜린과 주혜, 이 두 사람의 공부하는 학생으로서의 청순하고도 맹렬하며 두터운 교우 관계는 친구 이상의 사랑과 존경심으로 지속된다. 그렇기에 주혜는 미국으로 이민가고 나서도 혜린에게 독일 유학을 알선해 왔고, 이것이 계기가 되어 드디어는 혜린, 그 자신이 서울을 떠나 뮌헨으로 가게 된 것이다.

또한 뮌헨 유학중에 주혜의 예쁜 카드가 찾아들었고, 이 카드 속에 우정과 존경을 변함 없이 전달하고 있다. 그런가 하면 혜린은 주혜를 죽도록 못 잊어한 나머지 그녀가 귀국한 뒤의 국내생활 가운데서도 그 당시의 여성지로서는 최고 부수와 권위를 자랑했던

『여원』에 주혜에 대한 그리움을 고백하고 있다.

이 고백에서 보듯 그녀와 주혜는 둘 다 작가를 지망하고 있다. 그래서 두 사람은 깊이 있는 문학 작품을 찾아 읽으면서 이것을 노트하고 매일같이 일기로 대체시켜 나갔다.

이와 함께 무서운 학구열로 지식을 넓히고, 우리 국어와 함께 몇 개국의 외국어까지 정통하고자 애썼던 것이다. 실로 매서운 정열을 지닌 드문 아가씨들이었다.

그러다가 여고 시절이 끝난 다음에는 각기 상급학교로 진학했다. 같은 서울대학교였지만 주혜는 자기 뜻대로 선택한 문과계통으로 진학했고, 혜린은 그렇지가 못했다. 때문에 혜린은 대학에 진학하면서부터 여고 시절의 꿈과는 정반대의 현실에 부딪혀야 했고, 이 현실과의 부단한 싸움에서 이겨야만 했다. 법과대학이란 딱딱한 교과목이 주는 곤혹감과 권태로움을 이겨내야 했다.

다행히도 천재인 전혜린은 3년간이란 귀중한 청춘 시절을 법학에 매달려 있었음에도 주혜가 다니는 문과대학의 강의실에 나가 그녀 본질에 와 닿는 문학강의를 도청키도 했다. 그만큼 그녀의 학구열은 무섭도록 맹렬했다.

그녀의 회고에 따르면 법과대학에 입학한 것은 처음부터 그녀의 의사가 아니었고 존경하는 아버지의 엄명에 따른 것이었다고 한다. 8남매 가운데 7자매의 장녀, 그녀는 일반적으로 어느 가정의 장녀가 대개 그러하듯 부모에게 매운 순종하면서 의지해 온 효녀였다. 그녀의 부모 역시 이 장녀에게 누구보다도 깊은 사랑과 신뢰를 기울였다 하겠다. 더욱이 남부럽지 않게 여유 있는 생활환경 속에서 자라난 혜린의 경우, 이 브모님의 두터운 사랑 속에서 한마디 거역을 모르는 습성에 젖어 어릴 때부터 부모에게 밀착되다시피 했기 때문에 더욱 그러했다.

 사랑과 귀여움을 독차지하는 딸들이 대개 그렇듯, 혜린에게는 특히 아버지의 마음에 꼭 들고자 하는 강렬한 욕망이 잠재하여 의식의 표면까지도 이것을 마냥 노출시켰다고 한다. 그리고 아버지로부터 칭찬받고 싶은 마음이 현실로 실현될 때마다 얼마나 행복했는지 모른다고 고백하고 있다.

 이 욕망은 아직도 내 의식 밑의 심층에 남아 있다. 아마 나는 일생 동안 이런 의미로 아버지로부터 완전히 독립할 수 없으리라고 생각된다. 나의 광적인 지식욕이 유전 문제와 별도라 생각하더라도, 결국 아버지가 내 의식의 심층에 자리잡고 있었던 까닭에 그렇게도 커다란 환희와 인내의 노력을 경주하고 수행할 수 있었던 것 같다. 의식의 세계에서 나는 결국 언제나 아버지를 대상으로 지식을 쌓아 올렸던 것 같다. 마치 제단 앞에 향불을 갖다 쌓듯.

 이처럼 지순하기만 했던 그녀였기에 아버지의 권유에 따라 자의(自意)가 아닌 방향으로 전공을 택했었으나, 마침내 본능적 욕구를 숨길 수 없어 독일 유학이 허락되었다. 그리하여 궤도 수정이 대학 3학년, 그녀 나이 스물 한 살 때에 이루어진 셈이다. 그러나 이처럼 뒤늦은 궤도 수정도 그녀 혼자서는 불가능했고, 그녀의 둘도 없는 단짝 주혜의 주선에 의해 이루어진 것이다. 주혜는 독일 유학으로 독문학을 전공하고 싶다는 혜린을 위해 그녀 아버지의 친구인 독일인을 서신을 통해 혜린에게 소개해 주었다. 그로부터 본격적인 유학 수속은 진행되어 마침내 출국의 날이 왔다.

당시의 우리 나라는 모든 분야에서 혼란과 모순이 많았다. 출국 수속 하나만 해도 까다롭고 복잡하기가 세계에서 으뜸갈 정도라고 했다. 1950년 6.25 전쟁이 터져 1953년 7월 27일에 휴전. 3년 남짓에 걸친 피비린내 나는 동족상잔 끝에 환도한 지가 얼마 안 되는 1955년 이어서 더욱 그랬다.

자유당이 집권하여 정계는 부패할 대로 부패해서 탐관오리들이 들끓어 정당한 수속에 의한 일일수록 더욱 늑장을 부리던 시절. 그런 난세판이라 오랜 기간에 걸쳐 어려운 수속 절차를 끝마친 전혜린은 우리 나라 여성으로서는 처음으로 독일 유학생이 되어 순수 학구를 위해 뮌헨을 향해 떠나게 된 것이다.

그녀가 혼자서 찾아가는 뮌헨에는 아무도 기다리는 사람이 없었고 아는 사람도 없었다.

더욱이 그녀 또한 뮌헨에 대해서는 생소했다. 이 도시에 대해 그녀가 아는 것이라고는 중세기 중기부터 바이에른 지방의 중심이 되어 온 남부 독일의 고도(古都), 어쩌면 세계적인 맥주의 고장으로 더욱 알려진 도시, 그리고 하이델베르크 다음 가는 독일의 대학 도시라는 정도에 지나지 않았다. 다만 한 가지 뚜렷한 사실이 있다면 그녀의 새로운 학문, 새로운 학구열에 불을 붙여 준 뮌헨 대학과 그 본고장에서의 독문학이라 하겠다.

하지만 막상 서울에서 뮌헨으로 떠나는 스물 한 살난 어린 숙녀의 마음은 의지할 데 없는 외로움과 두려움으로 가득 차기 마련이었다.

대학 3년생이었지만 어리광둥이로 늘상 양친에게 매달려 살아오면서 공부에만 파묻혀 왔던 그녀에게는 이국만리에서의 타향살이란 자신이 서지 않는 일이기도 했다. 정작 집을, 조국을 떠날 수 없을 것만 같기도 했다. 더욱이 그녀는 여태까지 여행이라고는 6.25 전쟁통에 겪은 피난길 왕복이 고작이었고, 자기 집 이외의 남의 집에서 부모를 떠나 잠을 자 본 경험조차 한 번도 없었다.

그러나 이미 주사위는 던져졌고 일은 결정난 것. 떠나기는 떠나야 했다. 그래서 그녀는 "출발하기 위해서 출발하는 것이다."라는 어느 시인의 시구(詩句)를 자꾸 입에 올려야 했고, 여객기가 하늘에 오르자 지평선이 갑자기 무한대로 넓어지는 느낌을 가슴 가득히 안아야만 했다. 그리곤 암담한 마음에 마냥 묵묵해졌다.

비행기가 뮌헨에 닿았을 때도 그 암담은 또 한번 내 마음을 덮었었다. 아무도 아는 사람이라고는 없었고, 그때만 해도 독일에 유학가는 한국인이 거의 없을 때였다. 더구나 여자로는……. 아무도 마중나올 사람이 있을 리 없었고, 독일어도 자신이 전혀 없었다. 무슨 차를 타도 그것이 어디로 가는 것인지 알 수 없었다.

이렇게 그때의 심정을 뒷날 『여상지(女像誌)(1963년 2월호)』에서 회고하고 있는 그녀는 정말 아무도 기다려 주지 않는 뮌헨 교외의 림(Riem) 비행장에 혼자 내렸다. 그녀가 가방 하나만 덩그러니 들고 에어 프랑스 여객기의 트랩을 내렸을 때는 울고 싶게 막막한 마음에 뮌헨 특유의 잿빛 추운 날씨마저 덮쳐 우울한 심정을 더욱 짓눌리게 했다.

외롭고 울적한 전혜린은 불투명하게 두꺼운 이국의 잿빛 하늘과 짙은 습도로 칙칙한 공기를 뚫고 버스에 올랐다. 그러나 버스 요금을 몰라 제법 많은 돈을 손바닥에 올려놓고 운전수에게 그 요금을 집도록 했다.

버스 요금은 1 마르크.

운전수는 그 중에서 1 마르크만 집었고, 그녀는 나머지 돈을 주머니에 넣고서 파리에 떨어진 말테처럼 서글픈 마음이 되어 뮌헨 대학의 사무국으로 찾아갔다.

여기서 그녀는 사무국의 벽에 붙은 벽보를 통해 방을 얻을 생각이었다. 줄줄이 붙은 많은 벽보 가운데에서 「빈 방 있음」을 찾아야만 했다. 그래야만 비로소 뮌헨에 우선은 안착되는 셈이니까.

다행히 벽보를 훑는 그녀의 시선에 「빈 방 있음」은 더러 눈에 띄었다. 하지만 몇 군데 나붙은 그 광고 속의 빈 방은 방세가 비쌌다. 뿐만 아니라 학교에서 먼 지점으로 표시돼 있어 통학거리가 불편한 점도 문제였다.

그녀는 조금 당황했으나 실망하지 않고 남은 벽보들을 찬찬히 또 훑어나갔다.

'학교에서 5분 거리 이내. 그리고 방세도 쌌으면 좋겠다!'

그녀의 소원은 이랬지만 좀처럼 그런 빈 방은 나타나지 않았다. 차츰 불안과 초조가 쌓여 뮌헨이란 낯선 이 대도시가 미궁처럼 느꺼져왔다.

그러다가 한참 만에야 겨우 그녀의 시선을 빨아들이는 벽보 하나가 맨 끝쯤에 가서 나타났다.

「빈 방 있음. 전기 있음. 학교에서 도보로 5분. 월세 50마르크.」
이 벽보야말로 그녀가 찾던 광고였다.

글씨는 비록 연필로 꼬불꼬불하게 쓴 서투른 것이었지만, 목마르게 찾는 자에게는 희미한 물줄기도 눈에 띄는 법인 모양이었다.

전혜린은 벽보 밑에 그려진 약도를 짚으며 빈 방이 있는 그 집을 찾았다. 학교로부터 그 방면으로 약 5분쯤 가니 영국 공원(英國公園)이 나타났고, 공원의 호수 바로 뒤에 있었다. 끔찍하게도 낡아 있는 잿빛의 4층 건물. 뮌헨이라는 도시의 하늘 자체가 잿빛이었는데 이 건물 역시 우중충한 잿빛이었다.

그래서 혜린에게는 이 건물의 첫 인상부터가 포우(Poe)의 어서(Usher) 가(家)를 연상시켜서 마음에 아주 안 들었지만 어쩔 도리가 없었다. 기분 같아서는 당장 발길을 학교 쪽으로 되돌려 다른 빈 방을 다시 찾아나서고 싶었지만, 그곳은 뮌헨이었다. 그뿐 아니라 「빈 방 있음」의 그 한결 같은 벽보들에게는 세가 비싼 것 이외에도 「미국인에 한함」이라는 단서까지 붙어 있지 않았던가!

그녀는 하는 수 없이 억지로 발을 떼다시피 하여 낡은 이 잿빛 건물의 문 앞으로 가서 초인종을 눌러야만 했다. 잠시 후 60세가량 된 아주 뚱뚱한 단발머리의 할머니가 나왔다. 키가 작고 추레해 보이는 늙은이였다.

나는 "방을 빌리고 싶습니다"라고 말한다는 게 "방을 빌릴 수 있습니까?"로 물었던 것 같다.

할머니의 표정은 의외로 상냥했고, 입가에는 구수하다고 형용할 수 있는 미소를 띠어 보였다.

"학교 광고를 보셨습니까?"

할머니는 또 무엇이라고 말했던 것 같다. 알아들을 수 없었으나 악의는 없는 말투였다.

"방을 볼 수 있습니까?"라고 내가 물었다.

"네, 네, 어서 들어오세요."

방, 내 방인 것이다. 나는 그 할머니를 따라서 긴 낭하(마루)를 지나갔다. 낭하는 어두웠고, 방이 많았고, 방마다 사람의 이름이 작게 써 붙여져 있었다. 맨 끝에서 할머니는 멎어 서더니 주머니에서 열쇠뭉치를 꺼냈다.

"여기 살던 사람이 이틀 전에 자기 나라로 돌아갔습니다. 페르시아 사람이었지요."

열쇠가 돌려지고 문이 열렸다. 나는 주저하면서 할머니 뒤를 따라 들어갔다.

방도 마루처럼 어두웠으나 의외로 깨끗했다. 초록빛 도자기로 된 커다란 난로가 한편 구석에 서 있었고 전기곤로가 놓인 대(臺)와 흰 요와 이불이 덮힌 침대가 하나, 그리고 경대와 찬장이 달린 콤모드가 있었다. 창은 두 개가 영국 공원과 반대되는 포도(鋪道)로 나 있었고 이중 창에 이중 커튼이 둘러져 있었다.

"하시겠어요?" 할머니가 물었다.

"네."

"방세는 한 달분 미리 내시기로 되어 있습니다."

할머니가 나간 후 나는 덧문을 열고 유리창을 활짝 열었다. 돌로 포장된 좁은 골목은 완전히 잿빛 안개로 덮혀 있었고 물기가 촉촉히 방 안으로 흘러 들어왔다. 나는 언제까지나 창 밖을 보고 있었다. 사람도 별로 안 지나가는, 여기는 뮌헨에서도 가장 오래된 지역이고 폭격도 안 맞은 1920년대 그대로의 문명의 이기만을 쓰고 사는 마을인 것 같았다.

트렁크를 침대 밑에 넣고 나는 침대에 누웠다. 그러나 피로했음에도 불구하고 잠은 안 왔다.

이 인용문은 그녀가 『사상계(思想界)(1958년 11월호)』에 발표한 〈회색의 포도(鋪道)와 레몬빛 가스등〉이란 제하(題下)의 에세이의 일부이다. 서울에서 뮌헨으로 가 처음으로 낯선 잠을 청한 전혜린. 친척집에서조차 한 번도 잠잔 일이 없는 그녀가 이렇듯 새로운 학구를 위해 천만 리 멀리 떨어져 있는 남의 나라의 남의 빈 방을 빌어 마음내키지 않는 서툰 잠을 청하고 있는 것이다. 잿빛 안개에 쌓인 뮌헨의 어느 잿빛 건물 한 모퉁이에서…….

요즘같이 여러 가지로 여건이 좋아지고 편리해진 유학과는 달리 모든 것이 어렵고 불편하기 짝이 없었던 당시의 상황 가운데서도 실로 그녀의 학문에 대한 사랑과 집념은 두려울 만큼 대담했던 것이다.

회색 憂愁와 레몬빛 가스등

뮌헨에서의 첫 날밤 전혜린은 영 잠을 이룰 수 없었다.

뮌헨에 와서 앞으로 만 4년, 햇수로는 5년이라는 세월을 책과 수강(受講)으로 씨름하면서 진실의 철학과 진미(眞美)의 예술을 탐구하고 개척할 그녀로서는 마음의 잔잔한 일렁임 — 흥분 상태로 한동안 잠못 이룬 밤이 되었음직도 하다. 그러므로 긴 여로의 피곤 따위는 문제가 되지 못했다.

그녀의 검은 눈동자를 빛내며 거리로 나가야만 했다. 그 커다란 검은 눈동자에 마음의 감성도 함께 싣고서 새로운 곳의 분위기와 사물을 봐야만 했다. 느껴야 했다. 그리고 되도록 젖어야만 했다. 앞으로의 낯설지 않은 친숙을 위해서라도, 그리고 그녀 스스로의 순응이나 적응을 위해서라도…….

거리에는 스카프를 쓴 여인과 가죽 외투의 남자들이 눈에 많이 띄었다. 그러나 그녀의 눈동자에 인상깊게 젖어든 것은 무엇보다도 잿빛 안개 속의 레몬빛 가스등이었다.

이때는 마침 가스등을 켜는 시간이어서 제복을 입은 노인이 천천히 자전거를 몰면서 가스등 하나하나에 불을 켜고 있었다.

이 할아버지는 시간에 쫓기지 않았다. 안개가 짙은 저녁 다섯 시쯤, 좁은 돌길 양편으로 죽 늘어선 외등(外燈, 가스등) 밑에 이르러 자전거를 그 가등(街燈)의 기둥에 기대어 놓고 긴 막대기를 이용해서 한 등씩 한 등씩 천천히, 그러나 조심스럽게 점등해 가는 것이었다.

익숙한 솜씨로 잘도 불을 켜는 노인. 그의 손길에 따라 노랗게 살아나는 가스등. 불을 켜는 사람이나 불을 매단 가스등이나 모두 고풍(古風)스러워서 여간 낭만적이 아닐 수 없었다. 더욱이 안개 속이었으니.

그녀에게는 이 광경이 평생 잊을 수 없는 인상으로 눈동자에 담겨졌다. 눈동자에 젖어드는 마음의 등으로 조용히 가슴이 와닿는 우수의 등불이 되었던 것이다.

가스등이 켜지면서 안개는 더욱 짙어지고, 저녁 어스름은 가스등 저만큼의 둘레에서 어둑어둑해 갔다. 그러면 잿빛 베일을 휘감으면서도 레몬빛으로 제 존재를 뚜렷이 해 가는 뽀오얀 등.

이것을 전혜린은 죽도록 못 잊어 했다. 때문에 그녀는 뒷날에도 이 광경을 가리켜 자기가 유럽을 그리워하는 것은 안개와 가스등이 그곳에 있기 때문이라고까지 술회했다. 언제까지나 그녀 눈동자에 고여 있는 잿빛 안개와 레몬빛 가스등!

그것은 누가 뭐래도 그녀를 두고 따로 떼서 생각할 수 없는 불가분리의 환몽이요, 우수일 것이다.

고트프리드 벤의 「여행」이라는 시는 그녀가 좋아하는 몇몇의 시 가운데 하나이다. 이 소품에서 보여 주는 지적(知的) 자제(自制)가 그녀에게 매우 공감이 갔던 것이다. 그러면서도 회색 우수와 레몬빛 동경을 항상 마음에 지닌 채 검게 젖은 눈동자를 빛냄은 그녀의 어쩔 수 없는 예술적 감성일 것이다.

당신은 취리히는 뭐 별난 도시인 줄 아십니까.
놀라움과 거룩함만을 한결같이 지닌…….
정거장 앞길이랑 루(Rue), 부울바드(Boulvard), 리도(Lido),
뢰안(Laan) 5번 가에서도 공허는 닥쳐오는 법.
아, 여행이란 헛수고!
너무 늦게야 우리는 깨닫는다.
가능하다면 그냥 머무를 것.
그리고 제한된 자아(自我)를 조용히 유지시켜 갈 뿐…….
― 고트프리드 벤

다음날 아침, 전혜린은 근처의 식료품 가게로 가서 빵 두 개와 마가린 한 통을 사서 간편하게 아침식사를 들었다. 식수는 전기곤로에 주전자를 올려놓고 물이 끓자 커피를 타서 그것으로 대신했다.

아직 학교의 개강은 한 달이나 남았으므로 그 동안에 차곡차곡 수강채비를 하면서 공부를 해야 했고, 주변을 익혀둬야 했다.

원래가 돌아다니거나 거니는 것을 별로 좋아하지 않았던 전형적인 아스팔트 킨트(Asphart Kind) ― 도시의 아스팔트에서 자란 그녀로서는 모든 것이 낯선 데다 언어소통마저 아직은 서투른 때에 뮌헨 거리를 나다닌다는 것이 두렵고도 피곤한 일이었다.

그녀 스스로 "나에게는 고향이 없다."라고 표현했을 만큼 아주 어릴 때는 서울에서 자라다가 초등학교 1학년을 마치고는 아버지의 부임지를 따라 도시규격이 잘 짜여진 신흥도시 신의주로 가서 자라야 했다.

신의주는 당시 일본인들이 계획적으로 만든 도시답게 도로가 자를 대고 그린 듯이 반듯반듯한 신시가지여서 주거지인 집들마저도 크기가 똑같은 벽돌집으로 이루어져 있어 어쩌면 권태롭기 그지없는 도시였다.

전혜린은 여기서 다시 서울로, 그러다가 6.25 전쟁통에는 항구도시 부산으로 피난살이를 했으며, 수도 서울이 복구됨에 따라 다시 서울로 왔다가 지금은 이렇듯 독일의 도시 뮌헨에 와 있는 ― 철저한 아스팔트 킨트인 것이다. 더구나 혼자서는 국내에서조차 한번도 여행이라곤 해본 일이 없는 도시 출신의 처녀였던 것이다.

그렇지만 이곳에서는 새로운 도시 처녀로 탈바꿈을 해야 했다. 그래서 낮이 되자 큰 마음을 먹고 거리로 나서야 했다. 더욱이 그녀는 독일에 도착한 이래 지금껏 식사다운 식사 한번 제대로 못해 본 터였다. 그러니 이래저래 거리로는 나서 봐야 했다.

거리로 나서자마자 바로 근처에 있는 '제에로오제'라는 음식점부터 먼저 들렀다고 한다. 처음으로 음식점에 앉아 메뉴를 보았으나 한국같이 눈에 익은 이름이 없었다. 다만 돼지고기로 만든다는 '돼지 커틀릿'이라는 것만은 알 듯도 싶어 그걸 시켰지만 이것 또한 그녀에게는 낯선 것이 되어 나왔다.

여종업원이 주문했던 '돼지 커틀릿'을 가져왔을 때 그녀는 약간 당황해서 눈이 둥그레졌지만 별도리가 없었다. 그것은 우리들이 알고 있는 개념과는 달리 돼지고기를 큰 덩어리째 그냥 삶은 것 같은 음식이었다.

맥이 탁 풀린 그녀는 그것을 앞에 둔 채로 멍하니 앉아 있기만 했다.

"마실 것은 뭘로 하실까요(Was zum Trinken)?"

그녀에게는 너무 쉬운 여종업원의 물음이었다. 이 물음마저 얼른 파악치 못하고 맥을 놓은 채 있다가 어색한 미소만 띠어보낼 수밖에 없었다. 그랬더니 나오는 음료는 작은 컵에 담긴 맥주였다. 도시가 '맥주의 도시 뮌헨'이고 보니 음료마저도 별다른 주문이 없으면 역시 맥주로 통하는 모양이었다.

나는 그냥 잠잠히 앉아 있었다. 말을 하면 울음이 터질 것 같은 느낌은 안고—.

새출발을 위한 새로운 결심으로 온 이곳이었지만 생각했던 대로의 식사다운 식사는 고사하고 당장에라도 울음이 터질 것만 같았던 그녀.

말테가 따로 없고 전혜린은 따로 없었다. 완전히 이방인이 된 기분으로 그녀는 앉아 있었다.

이 어색한 식당, 이 어색한 자리 앞에 마침 10대의 독일 청소년 몇 명이 들어왔다. 그들은 식당에 들어오자마자 뮤직박스로 가서 디스크를 골랐다. 그 중의 한 소년이 힐끗 이국의 아가씨를 의식하고선 선곡(選曲)을 달리해서 음악을 틀었다. 그 곡은 정말 뜻밖에도 아연해야만 할 왜곡 〈이별의 노래〉였다. 아마 동양인인 그녀를 일본인으로 안 모양이었다. 때문에 더욱 서글퍼져야 했고 더욱 혼자뿐인 것 같은 고독감에 젖어야만 했다.

하지만 대개 그렇듯이 처음에 낯선 것도 자꾸 대하다 보면 나중엔 눈에 익게 마련이고 정들게 마련이다.

거리를 많이, 그리고 멀리 나다니지 않는 습성이 있었지만 이 음식점만은 그 뒤로 자주 찾게 되었다. 오후 혹은 저녁때쯤.

알고 보니 이 집은 음식값도 다른 데보다 싼 편이었고, 차츰 얼굴이 익게 된 그 여종업원 역시 말없는 가운데 호의를 보여 주었다. 그녀가 가까운 집에서 나와 이곳에 들르면 그 여종업원은 살며시 웃음을 띠면서 신문이나 주간지 등을 혜린의 테이블 위로 갖다 주곤 했다.

뿐만 아니라 혜린이 이 집에 더욱 정든 것은 이 집이 단순한 음식점이 아니라 예술가의 모임장소란 것이 보다 큰 이유가 되었다. 이곳에서는 목요일 밤이면 '시(詩)의 밤'이 열렸고 화요일에는 '화가의 밤'이 열렸다.

그녀는 이 집에 대해 차츰 친숙해지자 한쪽 벽에 더덕더덕 붙어 있는 사진이며 편지며 사인 같은 것도 발견하게 되었다.

루드빅 토마(Ludwig Toma), 링겔낫츠(Ringelnatz), 케스트너(Kästner), 지그프리드 좀머(Siegfried Sommer) 등의 쟁쟁한 시인, 작가나 화가, 만화가들의 기념표지였다.

또한 그녀는 이곳이 한때 반나치 운동의 중심 거점이었다는 사실도 알게 되었고, 아이힝가라는 여류시인의 존재도 이 집에서 비로소 알게된 것 중의 하나였다. 매혹적인 긴 흑발에 특이한 용모를 갖추고 있는 그 여류시인은 목요일 밤에 열리는 '시의 밤'에서 만났다.

이쯤 되면 전혜린은 '제에로오제'의 단골손님으로 손색이 없었다. 그녀에게 이집은 고독의 탈출구가 됐고 안식처가 되었다. 그렇잖아도 잔뜩 예술적인 그녀에게 있어 이 집은 하나의 살롱 같은 분위기가 돼 주었던 것이다.

그러다가 가을이 겨울같이 깊어져 개학이 되자, 그녀에게 뮌헨은 결코 낯설지 않은 정다움의 도시가 되었다. 그 가운데서도 '뮌헨의 몽마르트르'로 일컬어지는 슈바빙(Schwabing)이 유별나게 그녀의 마음에 깊이 아로새겨져, 청춘과 보헴과 천재에의 꿈을 일상사로 삼아 생활하는 구역이 된다.(여기서 '보헴(Bohem)'이라 함은 전통에 얽매이지 않는 자유분방한 대학생을 뜻한다.)

이 슈바빙은 뮌헨 북부에 위치한 한 개의 구(區)로서 뮌헨의 많은 구 가운데서도 가장 역사가 오래된 곳이다. 곧 이 슈바빙이라는 지역이 발전해서 뮌헨이라는 대도시가 형성되었으며, 따라서 이 슈바빙을 빼놓고서는 뮌헨을 말할 수 없을 만큼 전통적인 도시의 핵(核)이 돼 있는 곳이기도 하다.

위(胃)보다는 두뇌가, 현실보다는 환상이 앞서 있는 곳. 그래서 빵보다 꿈을 우선시키는 이 슈바빙의 무드는 날이 갈수록 전혜린을 사로잡아 그녀 마음에 꼭 드는 거리로 변했다. 잿빛 안개가 짙은 것도, 축축한 공기가 무거운 것도 도리어 보헤미안적인 낭만이 돼 갔고, 레몬빛 가스등은 아름다운 우수가 되어 꽃피는 것이었다.

  강의가 끝나면 학우들과도 어울렸다. 오스트리아 여학생이나 프랑스 학생과 같은 비슷한 처지의 유학생들과 함께 학교 근처의 찻집에 가서 크림커피 한 잔으로 점심을 때우는 방법도 배워 대학생으로서의 배고픈 낭만도 즐기게 되었다. 또한 주립 도서관도 자기 집 안방처럼 환히 알게 돼 많은 도서를 이용하고 나아가 뮌헨 시내의 헌 책방까지 두루 알게 되었다.

  어느 헌 책방에서는 주인과도 이내 친숙하게 돼서 우리 나라의 재독 작가(在獨作家)였던 이미륵(李彌勒) 씨의 이야기도 듣게 되어, 뒷날 전혜린이 그의 무덤을 찾고 그의 작품『압록강은 흐른다』를 번역하는 계기가 되기도 했다. 그리고 학교 정문 앞에서는 군밤을 한 50페니히어치쯤 사서 그것을 다른 학생들처럼 교실로 가져가 까먹는 일에도 익숙해졌다.

  그러나 마음은 언제고 허전하다. 그것은 고국에까지 뛰거나 걸어서는 갈 수 없다는 사실이 내 마음 속 깊이 무서운 심연을 파놓고 있었기 때문이다. 날이 갈수록 짙은 안개를 들이마시며 나는 새파란 하늘을 그리워했다. 감나무나 대추나무를 꿈에 그렸다. 사실로 내가 그리워한 것은 황색 그림자였는지도 모른다. 그것은 감상이나 미학적인 어떤 음탄(吟嘆)이 아니었다. 색이 있는 민족의 환영 — 그들의 비극이 내 속에 담겨져 있고 그들의 대표자로 내가 여기에서 간주되고 있는 그러한 절실한 비전이었다. 또한 걷잡을 수 없는 공포였다고 해도 좋다. 강의실에서 교수의 방언과 노령에 의한 발음의 불명료에, 그리고 생활필수품 가게 속에 진열돼 있는 셀로판지에 담긴 이태리 쌀에, 어디서나 그 비전은 나를 따라다녔다.

여행을 나가면 집이 그립고 고국을 떠나면 제 조국에 대한 정감이나 애국심이 더 난다는 말은 이미 고전처럼 된 진실이다. 전혜린은 아무리 학구에 몰두하고 이국의 대학생활 — 그 낭만에 젖었어도 새파란 우리 하늘과 정감어린 감나무의 정서는 못 버리고 있다. 피는 물보다 진한 것임을 그녀인들 어쩌랴.

그녀가 뮌헨 대학에서 자기의 방이 있는 잿빛 건물까지의 거리를 걸을 때는 항시 꼿꼿하게 서 있는 포플러 가로수를 만나게 된다. 이 거리는 레오폴드 가(街)로서 포플러 가로수들이 줄지어 서 있었다. 가을이면 이 거리는 더욱 아름다워져서 갖가지 수목의 온갖 빛의 낙엽이 수북이 쌓였다. 그러니 향수병이 절로 일기 마련이었다. 그것도 고국을 두고 떠난 이국에서의 향수병이니 오죽했으랴.

그녀는 이러한 생각을 떨치기 위해 그 거리에 있는 유리 동물원을 자주 찾았다. 작은 어항같이 생긴 조그마한 가게로 그 속에는 유리로 만든 온갖 동물들이 있었다. 기막히도록 정교하게 만들어진 작은 짐승들과 도자기로 된 무희(舞姬)들. 마치 안데르센의 동화 속 세계 같은 가게였다.

때문에 그녀는 청순한 소녀의 마음, 지순한 여성 본래의 마음을 못버리고 그 앞을 지날 때면 언제나 그 유리 동물원에 들렀다. 그곳에서 동심에 젖은 황홀한 눈동자로 한참 동안씩이나 진열장 안의 유리 동물들과 도자기로 된 무희들을 바라보곤 했던 것이었다.

또한 이 가게 뒤에 있는 다 쓰러져 가는 '노아 노아'란 집도 그녀의 단골집이었다. 이곳은 다다이스트의 집합소로서 기상천외하게 야릇한 그림들이 잔뜩 붙어 있었다. 그림들이 해괴한 만큼이나 화가들 역시 모두 해괴해서 수염을 축 늘어뜨리기도 하고 옷도 묘한 걸 입고 있었다.

이들이 이곳에서 담론(談論)하며 떠드는 것으로 보아 '노아 노아'는 다다이스트들의 살롱인 모양이었다.

그 집의 분위기며, 그림의 분위기, 화가들의 분위기 등 모든 것이 희한한 모양으로 엉크러진 이 집에서 때때로 에리카 만의 낭독회도 열리고 있어 인기를 끌고 있었다.

전혜린은 유리 동물원 가게와 이 '노아 노아'라는 두 극단적인 대조가 되는 집에서 가장 착실하고자 하는 여성 본래의 아기자기한 여심(女心)과, 또 하나 마음껏 자유롭고자 하는 예술창조에의 갈등 같은 것을 동시에 받았다. 그녀 눈동자에 깊이 젖어드는 이 두 양상은 언제고 그녀를 가만 놔 두지 않는 정돈(整頓)과 탐구, 수렴과 해체, 내연(內燃)과 외연(外燃) 등을 수반케 했다. 한때는 깊이 파묻힌 듯 조용하다가 갑자기 폭발적인 것 같은 속변(涑辯)을 토하는 것도 모두 이 양면성에 기인하는 것이 아닐까 하고 작가 이봉구(李鳳九) 씨는 진단하고 있다.

"말을 할 때 보면 마치 폭포수가 쏟아지듯 했지."

그녀를 너무나 잘 아는 이봉구 씨는 전혜린을 추상(追想)하며 설명을 덧붙여 준다. 그의 눈동자에도 먼 그리움 같은 이슬이 고이고 있다.

"전혜린이 죽지만 않았어도 우리가 살고 있는 이 수유리 쪽에 함께 살면서 소주잔이고 맥주잔이고 기울이고 있을 텐데……. 그리고 말야 시와 소설, 철학이 마구 쏟아지고 노래도 신날 것인데……. 이젠 너무 외로워."

"해박하고 깊이 있는 실력은 그만이었지. 게다가 독특한 개성이 매우 뛰어나서 좋은 작품을 많이 썼을 텐데, 그만 갔어."

"빼어난 지성녀였지만 때론 노래도 곧잘 했단 말야. 클래식에 재즈, 또 이건 기분이 나야만 했던 노랜데, 거 왜 현미가 부른 「밤안개」란 것 있잖아. 그리고 「검은 상처의 블루스」란 노래도 가끔씩 부르곤 했지."

"그녀는 늘 안개를 못 잊어하고 색(色) 계통으로는 깊은 우수가 베인 검은색을 좋아했었지. 지난날 내가 매일같이 나가 술을 마셨던 명동의 '은성(銀星)'이란 술집에 그녀가 불쑥 나타나는 걸 보면 언제나 검은 머플러에 무섭게 빛나고 있는 검은 눈동자였지."

"그래서 난 곧잘 그녀에게 술잔을 건네면서 농담을 하곤 했었지. 방금 수녀원을 탈출해 나온 수녀 같다고."

"술을 마시다가도 뭔가 문득 생각이 나면 금방 메모를 해놓곤 했어. 또 못다한 말 같은 건 짤막짤막하게 적어선 내 주머니 같은 데 곧잘 넣어 주기도 했고……. 술을 마셔도 머무르지 않고 빨리 잔을 비우고선 뭔가 잘도 낙서를 하던 낙서광이기도 했었지.(사이) 오늘은 이만 이야기하기로 하지. 전혜린이랑 은성이 그리워서 못 견딜 것만 같애……."
 전혜린에 대한 이봉구 씨의 추억담은 이 장에서는 이쯤 해두고, 다시 차분히 가라앉은 잿빛 안개 속의 슈바빙에서의 그녀를 보자.

 그 무렵에 나는 '제에로오제' 보다 더 싼 음식점을 발견했다. 서서 먹는 집이었다. 흰 소시지를 불에 구워 겨자를 발라서 먹는 소시지 집이었다. 여기에다 신 오이 한 개와 리모나데 한 컵을 함께 먹어도 1마르크가 안되니 싸기도 하려니와, 냄새만으로도 이끌려 들어갈 정도의 맛나는 집이었다. 먹는 것은 간단히, 빨리―.
 그리고 나는 걸어다녔다. 학교에서 내 방까지 사이의 골목골목, 그리고 영국 공원, 이런 곳이 나의 산보로였다.
 어떤 날, 나는 백조가 마지막으로 떠 있는 것을 저녁 늦도록 지켜본 일이 있다. 어둑어둑한 박명(薄明) 속을 그 흰 덩어리가 모여서 뭉쳐 있었고 때때로 바스락거리는 소리도 냈다. 몹시 외로워 보였다. 나의 심경이 그대로였는지도 모르겠다. 곧 내 마음 속을 뒤흔든 편지를 매장한 것도 이 호수였고, 내 꿈과 동경 ― 몇 년이나 길게 지속되었던 ― 을 던져 버린 곳도 이 호수 속이었다. 이 호숫가의 가스등 밑에서 나는 안개에 감싸이는 쾌감과 머리를 적시는 눈에 안보이는 비애를 맛보았다. 그리고 추위에 떨면서 귀로에 서곤 했었다.

 가족도 친구도 없이 감성이 가장 예민한 나이에 혼자 가 있는 이국(異國). 더욱이 청일(淸日)보다 짙은 안개나 눈비 내릴 때가 더 많은 음산한 지역. 이곳에서의 그녀에겐 고독이야말로 안개비처럼 젖어들었고, 그럴수록 사색은 깊어만 갔다.

  그녀는 간단없이 엄습해 오는 이 고독을 난로 속에서 타오르는 석탄의 불꽃을 보며 달랬다고 한다.

  불이 타오르는 소리. 붉은 불의 혓바닥.

  저녁에 방에 돌아와 도자기로 된 그 난로에 혼자서 석탄을 지피는 그녀. 얼마 안 가 불이 살아나서 타닥타닥 하고 불길이 일어나면 혼자 있어도 혼자 있는 것이 아니라고 했다. 이어서 그녀는 타오르는 불길을 지켜보면서 추위에 언 몸을 따뜻하게 풀며 누군가의 시구를 떠올리는 것이었다.

  휴식과 포도주에 넘친 어둠
  슬픈 기타 소리가 흐른다.
  그리고 방 안의 부드러운 등불로
  꿈 속처럼 너는 돌아간다.

  차츰 날씨가 더욱 추워지면서 눈이 내리는 계절이 오자, 그녀는 자주 거닐었던 영국 공원에의 외로운 산책마저도 끊고 말았다.

  한국에서는 아직 가을이어도 뮌헨에서는 큰 눈송이가 내리는 겨울로 접어든다. 그래서 공기 냄새도 서리와 안개와 축축히 젖은 낙엽으로 겨울의 찬 맛을 풍겨낸다. 눈이 어떻게나 무겁게 내리는지 세워 둔 자동차가 푹 파묻혀 안 보이게 되는 것이 보통이라고 한다.

  이러한 나날엔 오로지 방 안 – 난로의 석탄이 타오르는 소리 이

외에는 아무 소리도 없는 – 그녀의 방에만 틀어박혀 있을 뿐이었다.

혜린은 이같이 음습한 추위 속에서도 한국에서 갖고 간 얇은 천으로 된 학생용 검은 오버코트만 입고서 학교를 왕래했다. 오들오들 떨면서도 돈을 아껴 써야 했고 점심으로는 펄펄 끓은 포도주인 그록크를 곁들여서 수프만으로 허기와 추위를 견뎠다.

어쩌다 눈이 멎고 나면 하늘이 개일 것 같았으나 그렇지가 않았다. 다시 안개와 촉촉히 젖는 비안개, 겨울날의 잿빛 구름장 아래의 뮌헨이 되었다.

이 같은 기후는 그녀에게 정말 견디기 어려운 고통을 주었다.

잿빛의 고독과 잿빛의 사물(事物).

어둡고 답답해서 견디다 못하면 한동안 발길을 끊었던 영국 공원에라도 다시 나가 봐야만 했다. 그렇다고 여기라고 명쾌한 전망을 주는 것은 아니었다. 사람이라고는 전혀 없고 빈 나뭇가지만 앙상하게 서 있을 따름이었다.

"왜 이다지도 변함없는 회색일까."

이런 때면 그녀에게 거듭 권태만 쌓일 뿐이었다. 고독이란 것이 떠나지 않는 긴 그림자를 축 늘어뜨린 채 있는…….

아는 얼굴이나 목소리가 하나만 있었어도 그토록 우울해 하지는 않았을 거라고 그녀는 회상하고 있다.

이때의 그녀는 혼자 덩그렇게 아무도 없는 공원의 벤치에 앉아 영원한 물음을 되물었다.

"나는 어디서 왔는가?"

이렇게 혼자 묻고서 이 물음에서 스스로 도망치고 싶었던 전혜린.
　그녀는 낮이나 밤이나 우울한 잿빛 속에 묻혀 고국까지의 거리감을 이렇게 앓았다. 검은 눈동자에 우수에 젖은 마음을 싣고 고독에 울었던 것이다.

슈바빙, 그 자유와 낭만의 예술인촌

고국까지의 거리감에 항상 앓아 가면서도 그녀의 뮌헨 체재를 가능케 해준 것은 슈바빙의 분위기였다.

슈바빙(Schwabing)은 뮌헨 북부의 1구(區)이면서도 이 도시의 전통적 핵심이 되는 지역이다. 그러면서도 이곳은 독일적인 것과 독일의 다른 도시 분위기와는 확연히 구별되고 있다.

그것은 슈바빙이 아니고서는 갖출 수 없는, 슈바빙 특유의 분위기가 있기 때문이다. 이 분위기는 독일의 다른 곳에서는 전혀 찾을 수 없고 맛볼 수도 없다. 오로지 슈바빙만이 갖는 슈바빙적인 분위기로 통하고 있다.

한마디로 딱 잘라서 표현할 수 없는 이 분위기는 그렇기에 정의를 내릴 수도 없는 그 무엇이다. 다만 굳이 표현한다면 '그저 슈바빙적(的)'이라고 총괄해서 막연히 말할 수밖에 없는 자유와 청춘, 천재와 모험, 사람과 예술, 그리고 기지(機智) 등이 함께 합쳐진 그런 묘한 조화의 분위기였다. 때문에 억지로 비유하자면 1차대전 후의 몽마르트르나 2차대전 후의 생 제르맹 데 프레에 독일의 낭만적 안개가 갖는 우수와 맥주와 게르만 민족의 무거운 악센트를 덧붙인 그런 분위기라고나 할까.

뮌헨의 슈바빙은
꽉 짜여진 구조물(構造物)이 아니야.
독일의 한 고전적 도시이긴 해도
행간(行間)처럼 바람이 부는 곳이야.
여기선가 저기선가
그 바람은 불어와
손을 맞잡고 달리고 있는 젊고 허수룩한 떠돌이
잘 짜여진 실용주의를 흩뜨리면서
떠들며 마시는 맥주,
수염 기른 자유의 곳간 같은 곳이야.

이곳 사람들을 일컬어 독일 사람이되 독특한 슈바빙 사람 — 슈바빙거(Schwabinger) 또는 슈바빙 족(族)이라 부르고 그들 또한 이 말을 즐겨 쓰는 이유는 충분히 있다.

거대한 포플러 가로수가 아름답게 늘어선 중심 가로인 레오폴드 가를 따라 올라가면, 이곳부터는 뮌헨의 여느 거리와는 다른 풍정(風情)을 이들 주민들에게서 볼 수 있다.

전혜린은 독일에 있었던 여러 해를 줄곧 이곳에서 숨쉬며 살았다. 평범한 월급쟁이들과 중산층의 주부들이 아무 거리낌없이 마음놓고 떠들며 사는 이 자유로운 주거 구역에서 그녀 또한 꽉 짜이지 않은 생활의 리듬을 다스릴 수 있어 좋았다.

거리에는 테라스 카페 – 의자와 테이블이 바람부는 거리의 통로에 놓이고 아무렇게나 앉으면 되는 그런 카페 – 가 있었다.

말이 카페였지 한 잔의 커피 또는 아무것도 청하지 않고서도 몇 시간이라도 앉아 있어도 되는 곳이었다. 담배를 연거푸 피우며 토론하고 떠들어도 주인은 눈살 한번 찌푸리는 법이 없다.

보들레르식의 머리, 반 고호식의 수염 – 머리는 보들레르같이 길게 늘어뜨리고, 수염은 반 고호처럼 화가 수염(또는 실존주의자 수염이라고도 함)으로 길러 검정 스웨터에 검정 골덴바지를 입은 청년들. 그리고 화장을 일체 안하고 눈꺼풀 가장자리만을 검게 눈꼬리를 그려 올리고서 머리는 마리나 블라디 또는 브리지드 바르도식으로 한 소녀들이 이 테라스 카페의 주된 손님들이다.

그러니 오죽 떠들면서 소리는 높을 것이며 시간은 또 얼마나 끌 것인가. 대개의 경우 이들의 토론장이 되기 십상이다.

이들의 토론의 주제가 되는 것을 보면 시대 정신과 저널리즘에 민감한 것을 느낄 수 있으나 별반 특별한 것이 없으면서도 그러했다. 그들에게 신경을 안 쓰는 것같이 해서 가만히 들어보면 영화와 레코드 디스크, 줄리에타 마시나와 하이데거, 라이오넬 햄튼과 석간신문, 시, 연애, 건축, 기계, 소련(지금의 러시아)의 로켓, 강의 노트 등이 화젯거리였다.

하지만 슈바빙거들의 주된 테마는 예술이었다. 어디선가 모르게 그림이 그려지고 있고, 조각을 쪼고 있고, 시가 쓰여지고 있는 곳이라고 전혜린은 강조했다.

그녀는 또 슈바빙적인 것의 특성을 들어 어떤 얘기 속에도 얘기 그 자체가 아니라 행간(行間)에 놓여지는 것을 중요시하고 있다. 곧 말해지지 않는 가운데 있기 마련인 억제된 감동과 욕망, 기대 같은 것이 행간에 숨겨져 있다는 것이다. 이 행간은 돈이나 시간표, 소시민적인 근성이나 인습 같은 것에 대한 철저한 무관심과 이것으로부터의 자유롭고자 하는 의식이 침묵 속에 굳게 맺어져 일종의 독특한 분위기를 자아내고 있다고 한다.

그러므로 감수성이 강한 젊은 시절에 누구나 가지는 그런 청춘과 보헴과 천재에의 꿈을 일상사로 여겨 생활하고 있는 곳, 위보다는 두뇌와 환상이 우선하는 곳이 슈바빙이라고 말할 수 있겠다.

이러한 슈바빙의 분위기는 어쩌면 '안착된 방황'이라고도 볼 수 있다. 아무리 자유를 논해도 방종으로 흐르지 않으며, 좀 괴이스런 모습을 하고 있어도 데카당으로 기울어지지 않는 건실함을 지니고 있다. 한마디로 역사적인 전통성이 그 배면(背面)에 짙게 깔려 있는 고장인 것이다.

맥주 두어 조끼에 이야기의 꽃은 한 말이 넘고, 그래도 이야기끝에 심한 언쟁이나 다툼이라곤 볼 수 없는 곳. 술에 비틀거리거나 고성방가도 없는 곳. 다만 오랜 시간을 토론하던 뒤끝이라도 서로 어깨를 끼고서 한마음이 되어 합창하는 대학가. 이 합창의 의미가 언제나 흐르는 고장.

이곳의 주민, 슈바빙거의 대부분의 사람들은 학생들과 화가, 배우, 음악인, 기자, 시인 그리고 모델들로 구성되어 있다. 이렇기 때문에 이곳의 음식점들도 뮌헨에서는 값싼 음식점으로 유명해서 슈바빙을 가장 슈바빙답게 전통적으로 유지시키는 데 큰 몫을 담당하고 있다.

 가령 한 조끼의 맥주와 한 접시의 수프로 저녁식사를 대신하고 나서 몇 시간씩 난로를 쬐며 트럼프 놀이를 하거나 또는 하모니카를 마구 불어 제친다 해서 대학생들을 나무라거나 싫어하는 눈치를 보이는 주인들은 없다. 오히려 요구할 때만 응할 뿐, 그 밖의 일엔 전혀 무관심한 것 같은 주인들이다.

 음식점만 그런 것이 아니다. 제법 많은 댄스 홀 역시 마찬가지다. 여기서도 학생들은 한 조끼의 맥주만으로 몇 시간이고 어울려 춤을 추고 노래한다.

 피카소의 그림이 무색할 만큼 마구 그린 듯한 야릇한 그림들로 장식된 댄스 홀. 전기불 대신 몇 자루의 촛불이 켜진 이 댄스 홀은 학생악단이 음악을 연주하는 곳인가 하면, 흑인 학생이 백인 학생 속에서 조금도 주저하는 빛 없이 먹고 마시고 춤추고 노래하면서 사랑할 수 있는 유일한 장소이기도 하다. 이 같은 슈바빙의 분위기는 어떤 외국 사람에게도 정신적인 고향을 함께 해주고 있다. 때문에 고독에 휩싸이기 쉬운 유학생들에게 슈바빙은 따사로운 위안처가 되고 있다. 지리적인 의미의 고향은 잠시 잊으라고 하는 것 같은…….

 그러한 슈바빙에는 명물들도 많다. '노아 노아' 라는 곳은 2차대전 당시 폭격당한 폐허 속에 단 하나 남은 방으로 천장은 머리가 닿을 만큼 얕고 어둡다.

 그래서 노아 홍수 때의 방주같이 남았다 해서 '노아의 방주' 라는 별명이 붙은 이 집에서는 지난날 다다이즘의 한창 때처럼 요란한 색채와 기상천외한 착상으로 이뤄진 그림들이 전시되고 있다.

그림마다 값이 매겨져 있지만, 팔렸을 때 나붙는 빨간 딱지라곤 하나도 없다.

악몽 속에 나올 것 같은 인물화, 식욕이 나다가도 되레 사라질 것 같은 정물화, 단박에 신경쇠약에 걸릴 것 같은 무질서한 색채의 난조(亂調)로 가득한 그림들이 어찌 팔릴 것인가. 그래서 '노아의 방주'는 그곳을 떠나 다른 집으로 가 붙기는 글러 버린 그림들이 많은 걸로 유명하다.

또 하나의 명물로서는 '영화연구소'라는 게 있다. 건물 자체부터 아주 작으면서 다 쓰러져 가는 데다 의자마저 딱딱하고 초라한 영화관이다. 여기서 상영되는 영화는 낡은 필름의 흑백영화다. 화면도 작고, 필름 역시 낡아 최고(最高)가 아닌 최고(最古)의 영화관으로 통한다. 다른 영화관을 두루 돌고 돌아 거칠게 절름거리면서 온 낡은 필름만을 돌리는데, 관람료가 최하로 싼 것이 기특할 지경이다.

채플린이 명성을 떨쳤을 때의 영화, 그레타 가르보의 다시 없을 미모, 디트리히의 늘씬한 각선미, 바리와 모아 형제, 독일이 낳은 최고의 배우 에밀 야닝스의 불후의 연기, 콘래드 화이트, 폴라 네그리 아스타 닐센 등의 무성영화에서부터 토키로 옮겨가는 경계선의 명화 〈파리의 지붕 밑〉 등이 이 '영화연구소'의 단골 영화들이다.

이름이야 '영화연구소'라서 언뜻 들어서는 거창한 듯하지만 이 같은 내용을 알고서는 더욱더 영화 고전(古典)으로서의 연구 가치

(?)가 커서 연민의 정이 더해지는 곳이다. 여기서 슈바빙의 주민이나 학생들은 무료한 권태를 달래며 낡은 옛 것 속에서 새로운 것(?), 새로운 감동(?)을 거듭 얻기도 한다고 봐야 할 것이다.

전혜린을 정확히 알기 위해선 그녀가 사랑한 슈바빙, 그녀가 소개한 슈바빙에 대해 좀더 자세히 알 필요가 있다.

그녀가 이곳에 유학하고 있을 당시(1958년 3월), 한국일보에서 「해외 유학생의 편지」를 현상 모집한 바가 있다. 그녀는 이때 〈뮌헨의 몽마르트〉란 제목으로 슈바빙의 풍물을 그려 입선하기도 했었다. 그 내용을 다시 옮겨 보면 이렇다.

〔전략〕 발전해 가는 기계문명 속에 아직도 한 군데 남아 있는 낭만과 꿈과 자유의 여지가 있는 지대 — 말하자면 시계바늘과 함께 뮤즈의 미소도 발을 멈추고 얼어붙어 버린 것 같다.

그렇기 때문에 슈바빙은 전독일에서, 전구라파와 미국에서 재능있고 환상에 넘친 모범적인 젊은이들을 끌어오는 힘을 갖고 있고, 그리하여 특수한 풍토를 만들어내고 유지하고 있는 곳이다. 젊은 토마스 만, 야콥 왓싸만, 워데킨트, 스테판 게오르게들을 뮌헨에 끌었던 것도 이 슈바빙적인 것 때문이라고 한다.

이 풍토는 그 속에 한번 들어가서 그것에 숨쉬고 그것에 익고 나면, 다른 풍토는 권태롭고 위선적이고 딱딱하고 숨막혀서 도저히 못 참게 되는 곳인 것 같다. 이곳에서는 아직도 가난이 수치 대신에 어떤 로맨틱한 것을 품고 있고, 흩어진 머리는 정신적 변태가 아니라 자유를 표시한 것으로 간주되며, 면밀한 계산과 부지런한 노력 대신에 무료로 인류를 구제할 계획이 심각히 토론된다. 물론 이 형형색색의 슈바빙 족속은 근본적으로 보아서 한 오해 또는 참된 예술의 한 캐리커처일 것이다.

그러나 사무실과 공장과 스케줄과 실험실 속에서 엿새와 여덟 시간을 보내는 시민들에게 특이한 것에의 예감, 자유의 향기 같은 것을 가져다 주는 것이 종종 기괴한 이방인들, 피에로, 방랑인, 집시 등인 것처럼, 슈바빙거의 무위와 허영과 천재연한 태도 속에서도 거부할 수 없이 풍기며, 평상인에게도 향수를 느끼게 하는 것은 바로 자유인 것 같다. 그들의 속과 주위에는 무제한한 자유가 있다. 무위의 자유, 천재적 착상과 인스피레이션에의 자유, 그리고 돈과 기차 시간표, 착한 시민 근성, 인습과 타협으로부터의 자유가 그것이다. 슈바빙거는 아마 마지막의 개인주의자이며 생활예술가인 것 같다. 사람들이 많이 얘기만 하고 있는 '정신의 자유'를 그들은 맨주먹으로 감행해 보고 있는 것이다. 이러한 슈바빙적 정신은 결국은 일반적인, 뮌헨적인 것을 특별히, 보다 모험적으로 동요되고 지성적으로 날카로워진 형태 속에 압축한 것이라고 볼 수 있다.

뮌헨의 공기 속에는 어딘지 모르게 이러한 슈바빙적 냄새가 떠 있다가, 어떤 기회에 돌연 괴이한 플래카드의 그림, 또는 사육제나 시월제(맥주제) 속에서 분출되는 것 같다. 슈바빙은 한마디로 청춘의 축제라고 말할 수 있을 것이다. 희생도 적지않게 바쳐지는, 그러나 젊은 목숨이 황금빛 술처럼 잔에 넘쳐흐르고 있는 꿈의 마을, 이것이 슈바빙이 아닐까?

본질을 파악, 정의하는 것은 불가능하나 신선한 바닷바람 같은 자유의 냄새로 사람을 매혹하고 마는 곳 — 학생 시절을 슈바빙에서 보내고 일생 동안 그 추억을 잊지 못한 토마스 울프가 "뮌헨을 말하려거든 〈뮌헨은 독일의 하늘, 천국이다〉라는 말을 빼놓지 말아라"라고 말한 것도 이런 뜻일

것이다. 〔후략〕

전혜린의 이 같은 기록처럼 슈바빙은 그녀의 천재성과 그녀의 예술성을 적절히 포용해 자유롭게 이끌어준 가장 영향력 큰 도시의 한 구역이라 하겠다. 때문에 그녀는 한국에 귀국해 와서도 그 분위기를 항시 못 떨친 채 휘감고 다녔으며, "다시 가보고 싶은 곳, 슈바빙"을 노래처럼 외기도 했었다.

아직도 가난이 수치 대신에 어떤 로맨틱한 것을 품고 있고, 흩어진 머리는 정신적 변태가 아니라 자유를 표시한 것으로 간주되며……

그녀가 슈바빙을 본 이 같은 풍정의 표현은 바로 그녀 자신의 면모라 해도 틀리지 않을 것이다. 귀국하여 대학교의 강단에서 독일어, 또는 독일 문학을 강의하면서도 그녀는 수수한 옷차림에 겨울이면 으레 검은 머플러를 둘렀다. 위선적인 것을 내쫓으면서 되도록 자유롭고자 했고, 인간미 넘치는 풍부한 내실(內實)에의 향기를 갖고자 했던 것이다. 이 같은 그녀의 정신적 예술과 생활적 예술은 완전히 동질화, 체질화에서 가난 같은 것에 대해 멸시한다거나 울민(鬱悶)하지 않았다.

그래서 그녀에게 있어 예술에서의 자유성은 생활에서의 자유성을 수반시키고 있다. 이 자유는 일반적인 개념의 그런 자유가 아니라 예감 또는 인스피레이션을 찾는 고차원적인 자유로 향기를 피우고 있다. 그러므로 개성적인 것, 창의적인 것, 천재적인 것에의 착상 등을 항시 그 모티브로 해서 높고 멀리 비상하고자 속앓이한 자유인 것이다.
 이 자유 — 거침없는 자유에의 비상을 위해 이 천재는 먼저 '방대한 양의 정독(精讀)과 깊은 탐구'를 맹렬하게 추구했던 것이다.
 이 땅이 낳은 훌륭한 한 사람의 지성녀로서, 그리고 누구보다 뛰어난 역작(力作)을 이루겠다는 걸작 의식 속에 살았던 전혜린.
 그녀는 자신이 여자인 것을 두고, 여자에 대한 본질을 1961년 7월 21일의 일기, 그리고 1963년 9월 17일, 1964년 4월 1일의 일기에서 각각 다음처럼 기술하고 있다.

 남자와 비교할 때 여자는 보다 일반적이며 본능적, 숙명적으로 남자보다 훨씬 더 많이 인간의 자연, 감정, 꿈, 수면, 출생, 죽음…… 등 우리를 포괄하고 있고, 우리의 경적(景的)인 배경을 이루고 있는 온갖 현상과의 관련을 대표하고 있다.
— 여자의 모습

 금일의 여성은 자연적인 운명을 완화하거나 그것으로부터 해방되기 위해서 과학과 사회가 제공하는 온갖 기회를 포착한다. 출산과정과 육아와 노령과 사랑과 육욕(肉慾)에의 견해에 있어서 그러하다. 그럼으로써 여자는 일반과의 연관에서 풀려 나와 원래는 남자의 본질에 속해 있던 개인적인 고립에 서서히 빠지게 되었다.
 금일의 남자가 점점 지적(知的)으로, 사실적(事實的)으로, 그리고 동시에 점점 원시적으로, 그리고 어린아이 같은 영혼상태로, 추상적으로 무정신적(無精神的)으로, 무의식적, 무개성적으로 되는 데 반해서 여자에게는 그와 정반대되는 움직임이 일어났다.

여자는 시대정신에 의해서 찬미되는 이상형으로서 점점 의식적으로 되고 개인적으로 되고 감정적으로 되어 고독하게 되었다. 그리하여 여자는 남자로부터 라이벌이나 생존경쟁에서의 결혼적 지주(支柱)로서 인정받기는 하나, 남자의 본질의 대칭이나 보충으로서 존경받지 못하고 있다. 양성(兩性)간의 관계의 즉물성은 진보가 아니라 온갖 존경의 제1전제(前提)인 수치심이 얼마나 많이 잃어졌는가 하는 표시가 될 뿐이다.

7월 21일자의 일기는 다시 계속된다.

기술적 세계는 '비기술적'이고 찰나에 의해서 지배되고 우연에 의해 규정된다. 여자가 그의 본질과 세계 감정에 있어서 완전히 남자와 판이한 존재임을 보일 수 없다면, 여자가 남자의 존경을 기를 수 있는 유일한 방법인 영혼의 희생의 가능성을 합리적인 사고와 물리적인 안정 요구와 바꾼다면, 여자에게 있어서도 에로스가 깊고 소원(所願)을 지우는, 생의 심각한 면이 아니라 하나의 모험이라면, 남자는 자신을 완전히 사업인이나 기술자로 타락시키지 않기 위한 유일의 치료제가 무엇인가를 스스로 물을 계기를 잊게 될 것이다.

남자의 여자에 대한 태도는 여자와 신(神)의 태도에 의해서 좌우된다. 여자의 태도는 대리부터 남자의 그것에 맞추어져 있어서는 안되고 여자 자신의 견해와 자기 존중 속에, 그 태도의 첫번 뿌리와 신비스러운 근원을 갖고 있어야 한다. 이 요청은 현대의 노동기식(勞動機式)이 여자에게 있어서 남자에게보다 훨씬 부자연하다는 것을 승인하지 않을 수 없으면서도 부인될 수 없다. 직업인과 개인 사이의 틈새를 언제나 다시 극복하고 매번 새로 하나의 전적(全的) 인간이 되는 것은 한 여자로부터 그 여자의 전발전사(全發展史)의 어떤 때보다도 강한 영혼의 힘을 요구하는 것이다.

 남에게 공개하지 않으려 했던 자신의 일기요, 그래서 생각이 떠오르는 대로 마구 흐르듯이 쓴 일기여서 조금은 장황스럽고 문맥의 흐름 역시 끊어짐이 없이 줄줄이 이어져 자칫 납득하기 어려운 점도 있다. 그러나 여기 확연하게 알려 주는 것은 어디까지나 여성은 정신적, 영적으로서의 고귀함을 물질에 앞서 지켜 나가야 하겠다는 것이다. 에로스(eros)적인 성애(性愛)나 즉물적인 속성을 떠나야 하고, 자기 존중 속에 신비스러운 근원을 항시 간직해야 한다고 쓰고 있다.
 일기에서의 이 같은 영적(靈的)자세는 그 얼마나 고매한 것인가! 이로써 그녀에겐 가난 같은 것은 저만큼 나가 있어야 하는 속성(屬性)쯤 되어야 하고, 천재적인 정신의 모색이 크게 우선되고 있음을 알 수 있다.
 그렇기에 그녀는 다른 여인을 봐도 겉으로 나타난 외형적이 미(美)에 현혹되지 않는다. 단순한 겉돌기가 아니라 내부적인 정신의, 영혼의 표출을 무엇보다도 소중한 아름다움으로 간직한다.
 그녀가 여류작가 박경리(朴景利) 씨를 보고 하나의 단장(斷章)같이 기록한 "멋있는 사람은 박경리 씨. 안 빗고 안 지진 머리, 신경만이 살아 있는 듯한 피부, 굵은 회색 스웨터 바람, 검은 타이트 치마, 여학생 같이 소탈했다."라는 인상기도 그녀 자신의 정신적인 모태(母胎)가 되는 지성(知性)에서 본 감성의 멋과 아름다움이었던 것이다.

박경리 씨에 대한 이 같은 그녀의 견해는 그녀 스스로가 슈바빙적이라 "안 빗고 안 지진 머리"여서 그런 것은 결코 아니다.

단순한 외형적 동류의식에서 완전히 떠난 정신적 동류의식에서 이같이 기술한 것임은 자명한 사실이 되고도 남는다.

비오는 밤 11시 반, 갑자기 라디오에서 〈미완성〉이 흘러나온다. 어렸을 때 내 소원은 '결코 평범하지 않을 것'이었다. 지금도 어느 정도 역시 그것은 변함없는 것 같다. 무명(無名)으로 남을 용기가 나에게는 없다. 무엇인가 뛰어난 것을 나에게서 만들어 내게 하는 것이 역시 내 큰 관심사다.

— 9월 17일의 일기

천재적인 창출을 이토록 다짐하고 있는 그녀였었기에 경기여중고 시절부터 작가가 꿈이었고, 여성으로서는 '홍(紅) 몇 점'에 불과하다 할 서울 법대라는 난관의 문을 밀고서도 그 3년 만에 뮌헨대학으로 가 슈바빙 생활에 젖어야 했다. 여기서 그녀는 스스로 목표를 정했던 '청춘과 보헴과 천재에의 꿈을 일상사'로 생활화하면서 '위보다는 두뇌', 그리고 '두뇌보다도 환상'을 더 우선시키기에 전심전력하고 있음이 여실히 드러난다.

문득 〈미완성 교향악〉을 들으면서 예술이 갖는 마력과 '미완(未完)'이라는 개념에 집착하여 거듭 생각해 보는 '평범'과 '미완'이라는 동의개념(同義概念). 그래서 아무런 이름도 남기지 못하는 '평범한 미완의 생'을 거부하고 있다.

    격정적으로 사는 것, 지치도록 일하고 노력하고 열기 있게 생활하고 많이 사랑하고 아무튼 뜨겁게 사는 것, 그 외에는 방법이 없다. 산다는 것은 그렇게도 끔찍한 일, 어려운 일이다. 그러나 그만큼 나는 더 생(生)을 사랑한다. 집착한다.
    여자는 체계화된 생. 또는 이성적(理性的)생활을 하고 있는 사람이 거의 없는 것 같다. 재능을 일상회화(日常會話) 속에다 낭비하는 것은 어리석은 일. 남에게 보여서 부끄러운 사랑은 마약밀매상적인 요소가 있다. 그것은 없느니만 못하다. 대낮을 견딜 수 있는 사랑이라야 한다. 규제(Control)된 광기, 가정, 직업, 진정한 자기 규제(規制).
— 4월 1일의 일기

    마치 금욕주의자와 같은 엄격한 금제(禁制)가 진정한 자유주의자인 전혜린에게 뒤따르고 있다. 아니, 스스로가 오히려 이것을 마음 가운데 새겨 넣고 있다.
    예술이 갖는 자유풍, 슈바빙이 지닌 예술풍을 흠씬 쐬고서도 여성으로서, 지성인으로서 갖는 근원적인 자존(自尊)과 자애(自愛)로 생을 적극적으로 긍정하면서 사랑의 숭고함을 예술적으로 승화시키고 있다.

결국 그녀의 이러한 마음바탕 때문에 그녀가 훌쩍 떠난 지 오래인 지금까지도 우리들에게 두고두고 그녀를 못잊게 하는 하나의 전설로 남아 있는 것이리라.

내가 살았던 슈바빙 구(區)의 분위기가 가르쳐준 것. 언제나 아무도 안 사는 그림을, 그리고 아무도 안 읽을 시를 쓰면서 굶다시피 살면서도 오만과 긍지를 안 버리는, 이 구역에 사는 모두가 가난했고, 대개가 외국이나 타지방에서 모여든 화가나 학생이었던 그들한테서 나는 자유로운 생활이 무엇인지를 배운 것 같다. 목적을 가진 생활. 그 일 때문이라면 내일 죽어도 좋다는 각오가 되어 있는 생활.

따라서 온갖 물질적인 것에서 해방되어 타인의 이목에 구애되지 않는 생활이 그것인 것이다. 또 나는 편견없이 산다는 것이 무엇인가를 본 것 같다. 정신만이 결국 문제되는 유일의 것이라는 것도……

국적도 피부색도 아무것도 거기에는 문제가 되고 있지 않았다. 영혼의 교통(交通)이 가능하여 정신이 일치될 수 있다면 그만이었다. 벗이냐 그렇지 않느냐만이 문제였지 어느 나라 사람이냐는 문제되지 않았다. 슈바빙 구역은 가장 정신이 자유로운 곳이라는 것을 배우게 됐다.

외로운 여름날의 傳說

슈바빙의 분위기에 젖어 자유를 한껏 누리면서도 전혜린의 뜨거운 학구열은 잠시도 식지 않았다.

그녀가 가장 깊이 공부했고 전작품과 생애를 연구해야 했던 그릴파르쩌(Grillparzer)의 세미나에서「사포(Sappho)와 타소(Tasso)의 비교 연구」라는 테마를 받고 도서관에서 그릴파르쩌와 사포에 관한 책은 모조리 빌어 이것을 집약, 타이프지 열 장으로 압축해서 리포트를 써내기도 했고, 한결같이 파우스트를 강의하는 보르헤르트(Borcherdt) 교수가 너무 노령인데다 심한 사투리에 목소리마저 가늘어 몹시 애먹어 가면서도 심혈을 기울여 수강하기도 했었다.

또 라이스트(Leist) 교수나, 데큐(Deku) 교수, 그리고 학생들로부터 가장 큰 인기를 모으고 있던 기독교적 실존에 관한 강의를 하는 구아르디나(Guardini) 교수 같은 분들은 강의 때마다 너무 많은 라틴어나 희랍어를 섞어 쓰는 바람에 자기는 못 받아쓰고 있는데, 다른 독일 학생들은 모두 원어(原語)로 척척 받아쓰는 것을 통분해 하면서 그들에 뒤지지 않게 공부하고 또 공부한 면학파이기도 했다.

 추억은 괴로웠던 일로만 자꾸 치달려 나가는지도 모르겠다면서 어려웠던 유학 시절을 회상하기도 했던 전혜린. 그러나 이제 그녀는 영영 가고 없다.

 "지금 나의 별자리는 어디만큼 있는가?"

 우리는 그녀의 별자리가 어디 있는지는 모른다. 그러나 우리는 전설같이 떠난 그녀를 영원토록 사랑할 수밖에 없다. 왜, 왜냐고? 이 물음에 대한 회답은 제각기 다르겠지만 공통적인 하나의 분모가 있다. 이 공통분모는 너무나 지적(知的)으로 맑았고, 예술적인 감정으론 불꽃같이 이글거렸다는 ― 저 깨끗한 전혜린(田惠麟)이라는 이미지의 이름 석 자에 있는 것이다. 수수께끼 같은 죽음으로 한창 나이에 애련(哀憐)의 꽃잎을 일렁대며 요절해 버린…….

 때문에 그녀가 일찍이 한 말 ― "기차가 굴 속에 들어가서 잠시 보이지 않는다고 가지 않는 건 아니지"처럼 지금 그녀는 어디론가 또 달리고 있고, 우리들 또한 그녀의 별자리와 이웃해서 함께 생각하고, 느끼고, 또 추억하며 가고 있는 것이다.

 전혜린의 죽음을 애도하면서 문학평론가 이어령(李御寧) 교수는 다음처럼 밝히고 있다.

 전설이나 신화 속으로 사라져가는 사람들이 있다. 전혜린 ― 그도 그 중의 한 사람이다.

 어둠이 깔리는 박명(薄明)의 층계 위에서 그 여자는 기다리듯이 서 있다. 그에게 다가가는 이는 그 여자가 얼마나 낯선 얼굴 속에서 놀라움의 눈을 뜨는가를 볼 것이다. 그리하여 그는 우리들에게 영원한 '손님'인 것이다.
　만나는 자리에서 그는 항시 떠날 준비를 한다. 그러나 서서히 친근해지는 그 어둠 속에서 불꽃처럼 무엇인가를 향하여 타고 있는 그의 눈은 모든 의미를 말하려고 한다. 그는 끊임없이 말한다. 모든 얼굴을 향하여 정면으로 질문한다. 그는 이미 '손님'이 아니며 낯설지 않다. 어둠은 경이(驚異)로 열리고 그의 목소리는 당신의 가슴 속에서 아늑하게 울리며 긴 여운을 남긴다. 아니다. 그의 목소리는 나직나직하게, 그러나 그 속에는 걷잡을 수 없는 분류(奔流)를 담고 있다. 그의 내부에서 끈덕진 열을 뿜으며, 모든 습관의 예복과 미지근한 생(生)의 소도구들을 불태워 버리는 그 광기로써 그는 당신을, 아니 자기 자신을 보석과 같은 순간의 빛 속으로 해방한다. 그의 의식이, 그의 언어가 집요하게 떠밀고 가는 순간의 지속 — 그것이 바로 그녀가 우리에게 남겨준 가장 귀한 선물이다. 그는 끊임없이 동요하며 아무 곳에도 머물지 않는다.
　우리는 그가 포도(鋪道) 위에서 먼 곳을 향하여 무엇인가를 기다리고 있는 모습을 남몰래 훔쳐보았다. 그의 눈은 쉬지 않고 인식을 향하여 손짓을 하고 있었다.
　그는 세계를 보고 왔다. 그래서 그는 서울의 거리에서도, 뮌헨의 카페 앞에서도 '손님'이었다. 그리하여 그 여자는 행복하기를 거부했다. 그 여자는 짧은 생애를 가득한 긴장 속에서 살기 위하여 끊임없는 욕망을 불태웠다. 그리하여 그 여자는 누구보다도 가난했다.
　그는 하나의 활화산이었다. 이 지상에 살고 간 서른 두해. 자기의 생(生)을 완전하게 산 여자였다. 가짜가 아닌 생이었다. 생을 열심히, 진지하게 살았다. 정말로 유일한 여자였다.

그는 오늘의 침묵에 이르기 위하여 언제나 말을 했고, 언제나 노상에 있었다.

당신은 이제 알 것이다. 그가 도달한 침묵의 값을. 그리고 그는 아무 말도 하지 않았다.

이어령 씨의 이 애도문 가운데 전설 속에 사라져간 전혜린의 용모나 언어, 성격이나 습관 등이 함축성 깊게 투영되어 있다. 아울러 그녀의 열정과 이루고자 했던 욕망들이 은연중에 나타나 있기도 하다. 정신적인, 예술적인 향기를 위해 물질적인 것은 참으로 하찮게 여기던 그녀의 기질, 정신풍토마저도 암시되고 있다.

이어서 '명동 백작(明洞伯爵)'으로 불려지는 휴머니스트 서정작가 이봉구 씨의 추도문을 보자.

검은 머플러에 무서운 눈동자로 어느 자리에서고 그 날카롭고도 매혹적인 에스프리(esprit)를 쉴새없이 발하던 전혜린이 하룻밤 사이에 세상을 떠나 버렸다. 겨울 들어 제일 춥던 날 홍제동 화장장에서 한창 꽃필 서른 둘 나이로 혜린은 한줌의 재로 변해 버렸다. 화장장에서 나는 안타까움에 얼마나 감출 수 없는 아까움과 비통함을 느꼈던가.

그가 세상을 떠나던 날 저녁에도 은성(銀星)에서 만나 이야기 꽃을 피웠는데 그날 저녁 이야기 자리가 영결(永訣)의 자리일 줄이야······.

혜린을 처음 안 것은 10년 전, 그가 대학을 다니던 때 신문사로 나를 찾아와 인사를 나눈 것이 첫 대면이었다. 그로부터 오늘에 이르기까지 나는 혜린을 그의 의식 있는 생(生)에의 비상(飛翔)을, 그의 영롱한 언어와 글들을 서서히 알아보아 왔다.

그 옛날 모나리자 다방, 돌체 다방, 그리고 또다시 서울에서, 그는 만날 때마다(대부분 우연이지만) 그 큰 눈동자를 굴려 가며 음악을, 문학을, 철학을, 아니 생(生) 전부에 대해서 많이 이야길 했다.(혜린의 음악열은 대단한 것이었고, 그 음악열은 피난 시절 부산 돌체에서 뛰어난 것이었다.)

그의 무심코 튀어나오는 말 한마디에도 날카로운 센스가 빛났고, 그의 말은 하나의 음악이요, 한 편의 시였다고 나는 회상한다.

번역가로서의 혜린, 문필가로서의 혜린은 그 누구보다도 새롭고 날카로운 에스프리로 부지런히 일을 하였고 세상을 떠나기 직전까지 과로에 가깝도록 붓을 잡았다.

오래 전 일이지만(10년 전쯤) 혜린이 쓴 글 가운데 가장 잊을 수 없는 인상을 지어 준 것은 프랑스 영화 〈인생유전(人生流轉)〉을 보고 느낀 한 편의 수필이다. 이 글은 혜린이 대학 시절에 쓴 것으로서 내 손을 거쳐 내가 일보던 신문에 발표된 것이다.

검은 머플러, 우수에 서린 무서운 눈동자의 전혜린은 이제 다신 볼 수 없다.

올해는 서른 한 살로 세상을 떠난 박인환(朴寅煥)의 10주기가 되는 해다. 인환과 혜린이 걷던 길. 인환이 간 지 십년 만에 똑같은 젊은 총명은 요절했다.

명동에 밤은 와도 은성(銀星)에 인환은 가서 없고, 혜린 또한 없다. 생각할수록 가슴이 메이고 그리움에 눈물이 흐른다. 단지 인환의 글이 남듯이 혜린의 언어가 담긴 이 수필들만이 남아 있다.

이 글은 이봉구 씨가 1966년 6월의 봄, 그러니까 전혜린이 죽은 지 만 1년이 지나고 나서 쓴 애도문이다. 그녀의 유고 수필집인 『그리고 아무 말도 하지 않았다』의 권말에 실린 추도문으로써 전혜린의 부산 피난 시절의 편모(片貌)와 음악열에 대한 일부분도 밝혀져 있다. 아울러 번역문학을 떠난, 수필가로서의 재능도 시(詩)의 박인환과 대비시키면서 못 잊게 그리워하고 있다.

사실 혜린에게 있어 부산은, 유학 시절에 감명을 받은 독일 뮌헨의 슈바빙만큼이나 그녀의 소녀 시절에 있어 못 잊을 고장이 되고 있다.

그녀의 1962년에서 1963년도에 걸쳐 드문드문 쓰여진 일기에서 보면 부산 시절의 편린을 다음과 같이 적고 있다.

〔전략〕어제 주혜한테서 몹시 예쁜 편지지에 편지가 왔었다. 채린이 건으로…….

동무가 하나쯤 있으면 좋겠다. 가깝게 느끼고 얘기할 수 있는 동무가…….

주혜와의 우정 — 〈회색 Note〉, 영도 가교사에서의 산보, 배, 바다, 부두……. 그리고 서울에서 같이 보내던 시간……. 산 집, 해바라기를 한 송이 큰 저자바구니에 넣어서 나의 동굴 같은 방에 갖다 주었던 주혜……. 그리고 주혜가 떠날 때, 떠나던 날의 나의 마을 줄을 몰랐던 한없이 흐르던 눈물. 결국 그때가 영별(永別)이었던 모양이다. 편지는 아무 소용없다. 아름다운 꽃이나 손수건 같은 힘 밖에는 없다. 주혜가 보고 싶다. 서로가 서로에 실망하더라도……. 그래도 꼭 만나고 싶다.

Before I shall die……. (내가 죽기 전에…….)

모든 것이 나에게서 멀어진다. 직업만이 나에게 남겨져 있다. 의무적인 흥미로 나를 묶고 있다. 그 이외의 나의 독특한 취미는 없어져 버린 지 오래다. 옛날에는 미친 듯이 좋아한 물건들도 많았다.

비오는 날 무거운 커튼! 탱자, 오렌지, 아름다운 눈동자, 바다를 그린 그림, 따끈한 커피 등등……. 나의 마음이 애착을 느꼈던 물건들은 많았다. 그러나 지금은 불안을 느끼고 있어 아무것도 더 이상 마음을 끌지 못한다. 슬프지도 행복하지도 않은 채 나와 무관한 생을 살아가고 있다. 내가 그리워하고, 몽상하고, 바라던 생과는 다른 생을 살아가고 있다.

이때의 전혜린은 서울 법대와 이화여대의 강사로 나가던 때여서 피로에 지쳐 있다. 얼마나 고달프고 체념에 겨운 시기였던지 그 날짜의 일기 첫머리에는 이렇게 적고 있다.

이대와 법대에 아침 9시부터 5시까지 나가서 강의하고 왔다. 조반도, 점심도 굶고……. 완전히 삶은 해삼같이 녹초가 되어 버렸다.

점점 직업의식이 강해지는 것을 느낀다. 자랑스럽지도 않은, 그러나 체념한…….

이랬기 때문에 그녀는 가장 다정하게 심금을 다 털어놨던 학우 주혜의 편지 속에서 추억을 더듬는다. 그녀와 함께 어울렸던 부산 영도 시절을 그리워한다. 바다와 배와 부두가 멋졌던 낭만적인 항구를 그린다. 그러면서 지금의 슬프지도 행복하지도 않은 무미건조한 나날의 생(生)을 어설프게 생각한다.

　그녀가 불안을 느끼고 다른 생을 살아가고 있다 함은 바로 문학 작품을 못 이루고 있음을 뜻함이다. 일찍부터 주혜와 더불어 세계적인 여류작가가 될 것을 꿈꾸었고, 그래서 학문의 길을 바꿔서 서울에서 뮌헨의 슈바빙을 찾았던 그녀.

　그랬던 그녀에게 지금은 한낱 고달픈 보수로 달가와해야 하는 대학 강사라는 레테르가 붙어 있다.

　"부산 바다는 참으로 속 시원했다!"

　"그 부두라도 나가 봤으면!"

　답답한 울민을 한 편의 시라도 읽으며 달래야만 했다. 그래서 이번에는 비행기가 아닌, 여객선으로 해서라도 부두를 통해 먼 이국(異國)이라도 떠나고 싶었다. 자유풍이 머무는 그곳 — 슈바빙을 다시 한 번 가보고 싶었다.

　　바다의 택시 작카보트를 탈까.
　　기름 바다에 뜬 야자 껍질은 블루 하와이.
　　하늘의 해도 얼굴이 검은 늙은 태양이 되는
　　검은 바다에 오르내리는 빛나는 나의 노동.
　　하역(荷役)은 나의 청춘을 검은 물결 위로 죽여가도
　　잠을 잘 방이 있는 층계로 오르는
　　저녁 걸음은 오히려 작은 기쁨에 가벼웁다.
　　기름 바다는 무거웁게 잔잔히 찰싹거린다.
　　검은 수면을 나는 작카보트를 — 택시를 탈까.

아직 밀수(密輸)는 안 하고 조그마한 것도 양식(良識)이 무섭다.
기인 밧줄을 근육으로 감고 있으면
입항해 오는 다스 맷첸 호(號).
정박한 뒤에 나는 위험한 하역의 하늘에 떠 있다.
나중에 완료의 그 산더미같이 쌓인 짐짝들 뒤에서
입에 가져간 담배에 나의 가슴은 자유를 만끽한다.
함께 나와 나란히 가난한 일을 하던 주리야(周里野)가
그때, 부두에 콜로라도 호가 닿던 그날 밤부터
딜러의 악(惡)의 꽃밭, 초량(草梁)의 뒷거리. 일컬어 텍사스.
여자 벗기기, 낮에도 열쇠꾸러미를 들고 가는 여자 방에서
밤에 강렬히 그 발그란 녹슨 폐선에 기대던 육녀(肉女)와
우선 달콤한 안가(安價)한 사랑의 빨간 차표(車票)
그 뒤로 세관의 지붕 꼭지에 사양이 비끼는 황혼녘…….

  그녀는 이땅의 어느 전후(戰後) 시인의 〈부두〉라는 작품을 읽는 가운데 어떤 몽환과 같은 연상작용을 느꼈다.
  그것은 그녀에게 오랜 기간에 걸쳐 가장 강렬한 울림을 준, 전설과 같은 슈바빙에의 그리움이었다. 이 슈바빙은 그녀가 피곤하거나 권태로울 때, 그리고 가장 외로울 때면 언제나 잊지 못할 다정한 친구 주혜처럼 문득문득 그녀의 앞에 다가와 그녀를 포근히 감싸안아 준다. 정신적으로 한없이 자유롭게 카타르시스해 주고, 육신적으로는 안주(安住)의 집과 같이 되어 위안을 누리게 해준다.
  전혜린에게 고향이나 다름없는 수도 서울이 있었지만, 사회적으

로나 정치적으로나 너무 딱딱하고 번거로워 그녀에겐 걸맞지 않았다. 매끄러운 세태마저 그녀에게는 자연 거리감이 생길 수밖에 없는 곳이었다. 갑자기 밀어닥친 물질문명의 소용돌이 같은 곳, 금욕(禁慾)이나 물욕에 정신을 빼앗긴 곳만 같은 도시. 아름답고 흐뭇하면서 정에 겨운 풍정 같은 건 아예 잊었거나 뒷전에 두고 저마다 한탕씩 하려는 듯 서두는 거리. 배금사상(拜金思想)의 엉뚱한 팽만으로 가치관이 나날이 달라지는 곳. 존재의 본질보다 형식이나 의례(儀禮)에 치우쳐 가식과 위선이 묵인 또는 용납되거나 상통하는 대도시.

이 같은 당시의 서울의 흐름은 그녀에게 짜증스럽기만 한, 구정물 같은 곳이었을지도 모른다. 신선한 자유의 바람 대신 잘못된 자유의 혼탁한 방종 냄새만 고이는 도시였는지도 모를 일이다.

서울에 비해 슈바빙은 그렇지 않았다. 뱃속을 채우는 포식보다도 정신을 채우는 충만, 위보다도 두뇌, 현실보다는 환상, 육(肉)보다는 영(靈)을 더 중요시하고 우선시하면서 뱃속이 부른 정신의 가난보다는 정신의 배고픔을 되레 자랑스럽게 여기는 고장이었다.

더욱이 그녀에게 슈바빙은 만 4년 동안의 뮌헨 유학 시절 가운데서도 만 3년 동안이나 기거했던 정든 구역이다. 그녀가 "나의 도시"라 일컬을 만큼 함께 숨쉬며, 함께 느끼고 생각했던 터전이었다.

그래서 그녀는 지금도 뮌헨의 슈바빙 거리를 거닌다. 노거수(老巨樹)가 되어 시원한 그늘을 던지고 있는 포플러 가로수가 나란한 레오폴드 가(街)를……. 유리 동물원 가게에 들러 그녀의 꿈많은 소녀 시절을 주혜와 나란히 온 것처럼 갖가지 아기자기한 동물을 매만지고, 그들의 까맣게 된 '회색 노트'를 들고선 다다이스트들의 칩거지인 '노아 노아'에 들르기도 하고…….

이미 뮌헨은 여름. 따라서 슈바빙도 우거진 여름이다. 그녀는 이 구역이 그녀의 전생애 중에서 가장 마음에 드는 곳이었다. 이곳에서처럼 자유롭게 생각하고 활보할 수 있으면서 자유로운 통풍을 맞이할 수 있는 곳은 세계 그 어디를 가도 없을 것으로 생각됐다. 그만큼 슈바빙은 그녀에게 으뜸가는 전설의 고향이었다.

이곳의 여름은 한국의 여름 날씨와는 달라 그리 무덥지도 않았으며, 항상 축축한 습도를 공기 속에 함축하고 있다. 안개와 비를 좋아하는 그녀에게 여름의 뮌헨 — 슈바빙은 한 주일 가운데 엿새는 비가 내리거나 축축히 흐린 날씨로 있었기에 검은 머리카락에 '사고(思考)의 윤기'를 언제나 더할 수 있어 퍽이나 좋았다. 이러한 기후 때문에도 가난한 대학생들은 날씨의 변조(變調)에 따라 옷을 여러 벌 맞출 필요가 없다. 그저 한 해 내내도록 같은 한 벌의 우중충한 옷으로 지내도 되었으며, 이것을 되레 부끄럼 없는 질박하고 검소한 멋으로 생각하는 학생들이 많았다. 또 먼지나 더러움도 덜 타서 위생적으로도 얼마든지 가능했다.

그녀의 전설, 뮌헨의 슈바빙—. 그곳의 여름은 축축하고 시원한 날씨지만 백화점의 쇼 윈도우에선 이곳 주민들을 바다로, 산으로 유혹하기 시작한다. 이 같은 상혼(商魂)은 뮌헨이라 해서 세계의 여느 도시와 다르진 않았다. 좋게 말한다면 눈부신 푸른 바다로 나가 일광욕에 해수욕을 즐기고 백설덮인 알프스로 가서 몸과 마음을 일신(一新)시키라는 뜻이다.

그리하여 긴 여름이 지나 건강한 심신으로 다시 뮌헨, 다시 슈바빙으로 돌아와서 우수(憂愁)와 추위에 갇히자는 것이다. 자물쇠를 채운 듯한 고요의 거실 안에서 빨간 석탄난로나 타닥탁! 지피자는 뜻인지도 모른다.

어쨌건 이제 뮌헨 거리의 곳곳마다에서는 백화점 쇼 윈도우들이 사람의 눈길을 잡아 끈다. 해변의 온갖 것을 모두 연상시키는 기물과 장신구들이 진열되어 있다. 텐트와 파라솔, 보트와 수경(水鏡)과 낚시용구, 알록달록한 수영복과 모자, 밀짚주머니, 비치 핸드백, 콜크 샌들, 그리고 올리브유와 각종 화장품들…….

그러면 역시 어디서나 마찬가지로, 쇼핑은 언제고 여인들의 손길에서 시작된다. 자녀들을 거느린 주부들과 함께 이에 뒤질세라, 대담한 아가씨들의 손길이 이 같은 해변 풍경을 마치 백화점의 모델이나 된 양 바깥거리로 실연(實演)해 낸다.

뮌헨의 이 대담하고 성급한 아가씨들은 우중충하고 축축하기 이 세상에서 둘도 없을 듯한 뮌헨으로부터 어서 햇볕 뜨거운 바다나 싱그럽게 푸른 산으로 나가겠다는 듯이 쇼핑한 바다나 산의 여름 용구와 장식을 갖추고 나온다.

이렇게 되면 잿빛으로 한결같이 심각하기만 했던 희끄무레한 뮌헨거리가 참으로 여름인양 제법 밝아진다. 제법 화사해진다. 뮌헨에 남불(南佛)의 해안이 출렁거리고 알프스의 산정(山頂)이 희게 반짝대는 듯도 하다.

이 처녀들은 아직도 싸늘해서 덥지도 않은, 약간씩은 추운 ― 뮌

외로운 여름날의 傳說 63

헨 거리를 바닷바람이나 산바람에 휘날리기라도 할 듯이 차리고 나온다.

경주용 요트를 연상시키는 바람을 멋지게 타는 우산형 페티 코트와 원색이 혼돈된 개성적인 도안의 넓은 치마를 받쳐 입고 관대하게 깊숙이 파진 얇은 스웨터를 찰싹 입었으며 넓은 금속벨트로 허리를 맸다. 그리고는 밀짚 백에 밀짚 샌들이나 옛날 로마 사람을 연상시키는 납작한 가죽 짚신(?)을 신고서 여름의 예고편을 시위하는 것이다.

전혜린의 애기처럼 뮌헨의 여름이 이처럼 대담하고 빠르게 닥쳐오면, 그와 동시에 온갖 카페에서 좌석을 보도로까지 확장시켜 테라스 카페를 이룬다. 테이블마다 비치 파라솔을 펴서 햇볕 없는 햇볕을 가린다. 여름 기분을 내자는 것이다.

또 예쁜 색깔의 메뉴지에는 10여 종의 아이스크림 이름들을 여봐란 듯이 인쇄해서 내어놓는다. 하지만 슈바빙의 돈푼이 빈약한 학생들은 언제고 판에 박은 듯이 혼합 아이스크림인 게미쉬테스 아이스크림만 찾는다. 이게 제일 싸면서도 한 번에 여러 가지 혼합된 맛을 함께 맛보고, 덤으로 그 집 아이스크림 맛을 품평할 수 있기도 하니까. 왜냐하면 뮌헨에서는 게미쉬테스 아이스크림의 맛이 모든 아이스크림 맛의 표준이 되고 있기 때문이다.

뮌헨에서 가장 덥다는 여름의 더위라고 해봤자 한국에서의 5월의 날씨쯤에 해당된다고 한다. 때문에 전혜린은 뮌헨에서 여름을 지내며 한국의 여름이 갖는 발, 주렴, 태극선, 모시적삼과 바지, 모기장, 냉면, 빙수, 그러다가 배탈이나 땀띠 등을 생각키도 했다고 한다. 아무리 뮌헨의 슈바빙 분위기가 마음에 꽉찼어도 이런 것이 없는 이국 풍정은 고국의 정경엔 못 미친 모양이었다.

아울러 그곳의 여름밤은 그녀에게 춥고 쓸쓸했다. 그래서 방의 난로에는 불을 지피기도 해야 했고, 그 흔한 맥주보다도 오히려 곧 몸이 더워지는 와인이 구미에 맞을 때가 많기도 했다.

이윽고 여름방학이 오면 뮌헨에서 그냥 지내는 학생들은 거의 드물었다. 유학생은 귀국을 하거나 타처(他處)의 학생들은 귀성해 버리고, 그렇잖은 이들은 방을 비워 놓고 여행을 떠나는 것이 관례이기 때문이다.

하지만 전혜린은 고국까지의 거리가 워낙 멀기 때문에 오가는 여비관계로 해서도 긴 여름방학 동안을 뮌헨의 슈바빙 한 구석에서 보낼 수밖에 없었다. 그녀의 고국까지의 거리감은 이래서 더하기도 했다. 겨우 몇 차례 큰 마음먹고 꼭 가봐야 할 곳만은 찾아가 보기도 했지만…….

어려운 생활환경 속에서도 깊은 학구열과 더불어 하나하나의 작은 사물까지도 깊이 통찰하려 했던 그녀.

그러나 그녀의 추억으로 남는 이 모든 것은 오로지 배경이나 분위기였을 뿐, 진실로 우리에게 있어 진정한 그녀의 전설은 유난스레 빛났던 그녀의 지성이요, 독특했던 감성이었다.

외로운 여름날의 傳說 65

낭만에의 旅路

누구에게나 제자리걸음은 싫증이 난다. 마냥 제자리에서 걷고 있으면 진일보도 없고, 보이고 느껴지는 것이 그게 그거라 정말 염증이 나는 법이다. 동물인 새도 한 곳에 머물러만 있지 않고 날고자 할 때는 날개짓을 한다. 사람도 마찬가지라 거닐고자 할 때는 발걸음을 옮겨 내딛는다.

이것은 젊은이일수록 더하다. 더욱이 한창 뜨거운 혈기를 지닌 채 학구에만 열중하고 있는 대학생일수록……. 이들은 끊임없이 새로운 것을 알고자 하며 경험하고자 한다.

이들 독일의 뮌헨 대학생들도 부득이한 사정이 아니고서는 제자리걸음을 하려 들지 않았다. 긴 여름방학을 맞이해 유익하고 멋진 여행을 떠나려 했다. 매일같이 주눅이 들 만큼 학구라는 일과에 시달렸으니 쉴 때는 마음껏 쉬어야 한다. 공부할 때 공부하고 놀 때는 논다고……. 다음 일을 위해 여가나 퇴근한 시간을 틈타 충분히 휴식을 취하듯 대학생들은 되도록 이 여름방학을 마음껏 이용하는 것이다.

이들이 여행을 떠날 때는 돈이 거의 없어도 가능하다. 남녀대학생들은 값싼 고물차를 합자(合資) 구입해서 갖가지 색으로 잔뜩 칠한다. 또 여기에다 장난기 있는 그림까지 그린다.

　어디까지나 낭만적인 젊음의 발산이기도 하다. 차가 아주 낡은 헌 것이기 때문에 가다가 엔진이 멎으면 밀고 당기고 해서 목적지까지 간다. 가다가 마는 곳이 목적지가 되기도 하지만…….

　또 이만한 헌 차 값도 모을 수 없는 대학생들은 '엄지손가락 여행'을 한다. 달리는 자동차가 그들이 가고자 하는 방향이면 무조건 엄지손가락을 내밀어 차를 멎게 하면 된다. 대학생들에게서 용납된 애교라 할까, 특권이라고 할까. 운전사들은 그들의 엄지손가락을 보고 빈자리만 있으면 곧잘 태워준다. 만약 목적지까지 가지 않는 차면 중도 하차해서 다시 엄지손가락을 내밀어 다른 차를 바꿔 탄다.

　이렇게 가는 여로는 재수가 좋으면 대번에 목적지까지 가기도 하지만 여러 번 바꿔 타야 할 경우가 더 많다. 하지만 이들 중에는 '오토 스톱(Auto stop)'으로 일컬어지는 엄지손가락 내밀기로 함부르크며 북해(北海)까지 나간 사람들도 많다. 또 비엔나나 로마까지는 무일푼으로 가는 것을 원칙처럼 하고 있기도 한다. 그리고 남녀 학생이 함께 어울려 여행할 때면 '오토 스톱'은 대개 여학생이 맡는다. 아무래도 남학생보다야 여학생 쪽에 더 마음 끌리는 것이 차를 모는 남성들의 심리이니까…….

　그래서 차가 멎으면 여학생은 일행이 더 있다고 말해 놓고선 남학생을 불러 함께 타고 간다.

　띠띠 뿌우―.

어쨌거나 멋지고 낭만적이다.

차가 차츰 뮌헨으로부터 멀어져 갈수록 하늘은 비교적 쾌청해지고 여름 해는 들끓기 시작한다. 이들은 진짜 여름을 뜨거운 양철지붕 — 자동차의 금속판 아래서 처음으로 맛본다.

낭만에의 여로라 할까. 이들의 여행은 꽉 짜여진 스케줄이 있는 것도 아니고, 어디서 누구와 만나기로 된 것도 아니다.

그래서 목적지 없는 목적지에의 여행을 마구잡이로 떠난다. 가다가 형편봐서, 기분봐서, 의견이 맞고 차편이 맞아떨어지면 산이건 바다건 그곳이 그 여행의 종착지가 된다. 그렇기에 대충 세웠던 목적지, 비슷한 목적지보다 더욱 멀리 나가게 되는 뜻밖의 대여행(?)도 허다하기 마련이다.

대학생들의 이 같은 여행이 국내에서 멎게 되면 이들은 대개 젊은이들의 값싼 숙박소인 '유겐트 허버그(Jugend Herberge)'에 들거나 준비해 간 텐트를 치고 생활한다. 유겐트 허버그는 '독일의 철새(청소년 여행자)'를 위한 매우 값싼 숙박시설로서, 이곳에는 엄격한 소장(所長)이 있어 규율에 따라야 한다. 밤에는 늦어도 10시까지는 들어와 잠을 자야 한다.

그럼에도 약간의 규칙을 벗어나 보고자 하는 이들 철새들은 유리창을 가만히 밀고 살짝 담 타넘기를 즐긴다. 규칙을 정면으론 지키되 측면에서는 탈이 안 나게 살며시 벗어나 보는 작은 모험—.

한편 이보다 더 관심깊고 흥미로운 것은 삼삼오오 흩어진 여행이 아니라 단체여행이다. 이 여행은 정부나 학교당국이 보조를 해주기 때문에 미화(美貨)로 10 달러면 1 주일 간의 독일 국내여행을 마음놓고 할 수 있다.

　이 여행의 원래의 목적은 대부분의 독일 학생과 외국 유학생사이의 친목을 돈독히 하기 위한 것이었으나 반드시 그러지 않아도 되는 여행이다.

　오늘은 이 도시, 내일은 저 해수욕장, 그 다음날은 알프스와 같은 산록에 올라 1주일 간을 즐겁게 지낸다. 여행지까지 차가 달릴 때면 다 함께 합창을 하다간 숙소에 도착하면 열렬한 토론도 벌인다. 대개 숙소는 학생 기숙사 아니면 작고 빈약한 여관으로 정해진다.

　그런데 이런 단체여행을 떠날 때면 방학에 앞서 대학의 게시판에 단체마다 특징을 내세운 모집광고가 나붙는다. 독일 국내로 떠나는 여행이 그 중 많고, 어느 단체에서는 똑같은 10달러로 1주간의 비엔나 여행, 20달러로 2주간의 이탈리아 여행도 있다.

　하지만 개중에는 경제사정이 아주 어려워 대학생들의 여행 천국이 되는 값싼 이 여행마저도 놓치게 되는 학생도 있다.

　그들도 먼 푸른 리비에라의 바다를 그리워하면서도 다음 학기의 등록금을 걱정한 나머지 아르바이트를 하는 학생수도 상당하다. 그러므로 이들은 대개 시(市) 소년과에 임시 취직해서 도시의 소년들을 데리고 소풍을 가며, 그들에게 즐거운 여행을 마련해 준다. 또 알프스 산중에 있는 그 많은 산정에 관한 역사와 전설을 이야기해 주며 그들 소년들과 즐거운 생활을 보낸다. 물론 이 소년들의 여행 비용은 국가에서 전담하는 것이고 또 지도 대학생에게는 숙식이 제공되는 것 외에 80달러 정도의 월수입이 있다. 미국처럼 노동력은 비싸지 않으나 그래도 물가가 싸기 때문에 다음 학기의 등록금이 마련된다.

전혜린의 추상(追想)에 따르면, 여름의 슈바빙은 학생들의 천국이라 '고국에의 먼 거리감'으로 해서 비록 귀국할 수는 없었어도 그런대로 견딜만 했던 모양이다.

무릎을 다 내놓은 털보 학생들이 가죽 반바지를 입고 학교에 나다니면서 여학생들에게 난처한 구경거리가 되는 때도 이때이고, 거리마다 미국이나 외국 관광객이 뮌헨으로 몰려들어서 쇼트(Short)의 범람을 보여 주는 때, 이것이 뮌헨의 여름이기도 하다.

전혜린이 자주 쓰는 말 중에 단 한 번뿐, 또는 단 한 번만 스쳐 지나가면 그만이라는 뜻의 "1회적(一回的)"이라는 시간성이 우리들의 관심을 끈다. 그러니까 그녀는 그만큼 주어진 시간이나 상황에 예민하여 이를 가치롭게 수용하고자 했던 것이다. 비록 그것이 우연의 만남일지라도 그녀는 이것을 놓치지 않고 매우 지적이면서도 뜨거운 페이소스(Pathos)로 받아들였던 것이다.

그렇기에 그녀는 '고국까지의 거리감'에 아쉽게 담겨진 이 페이소스를 가득히 안고 7월말경에서부터 11월초까지 계속되는 긴 여름방학의 낭만을 마음껏 주워 담았다.

한국에서는 상상하기에도 어려운, 비자(Visa)도 없는 낭만적 국외(國外)여행—. 낡은 자동차에 요란한 그림을 잔뜩 그려 넣고선

10여 명의 대학생들이 올라타 그 자동차가 달리는 한까지 교외로, 또는 스위스, 이탈리아의 로마, 파리, 오스트리아, 벨기에까지 여행한다. 또한 이 광경에 못지 않게 삼삼오오 떼를 지어 숫제 팬티에 러닝셔츠, 혹은 아예 비키니 스타일로 스쿠터나 자전거를 몰고서 달리는 남녀 대학생들도 많다. 여기에다 엄지손가락 여행과 단체 여행이며 도보 여행까지 와자스럽게 떠나는 청춘과 낭만의 여행 축제이고 보니 전혜린의 정념(情念)에 어찌 이것이 깊이 새겨지지 않으랴.

그녀는 이 '낭만에의 여로'가 빚은 젊음의 위험한 모험의 한 예를 다음처럼 들고 있다.

얼마 전에 어느 대담한 뮌헨 미술 대학생인 두 아가씨가 완전히 무전(無錢)으로 패스포트만 지닌 채 스페인에서 포르투갈까지 갔고, 거기서 또 지브랄타 해협을 건너 밀항을 하다가 순찰원에게 잡히게 되자 바다에 뛰어들어 헤엄을 쳐서 이집트에 도착, 낫셀 장군도 만나게 되어 일대 명물(名物)들이 되었다. 결국 그곳 독일 대사관의 주선으로 무사히 귀국 — 웬만한 일에 놀라지 않는 독일인에게도 싸늘한 자격(姉激)을 주기도 했다. 뮌헨의 석간신문에 실린 그녀들의 르포르타주에는 너무나 아슬아슬한 위험의 고비가 많았기 때문이었다.

이 같은 낭만에의 모험적인 여로는 전혜린에 의해 우리들에게 널리 소개되었다. 마찬가지로 일본에서는 그곳의 저널리스트인 오다 미노루(小田實)에 의해 베스트셀러가 된 그의 저서 『뭐든지 봐

두자」에서도 널리 소개되었다.

"베를린은 한번 가볼 만하다!"
"낭만적인 라인 강 기선 여행!"
"아드리아 해안은 부른다!"
"이틀 간의 파리 여행!"
"돈 안 들이고 리비에라로!"
"로마 여행. 바티칸 방문도 포함됨!"

여행을 함께 떠날 친구들을 모집하는 선전문은 이토록이나 캐치 프레이즈(catch phrase)도 낭만적이다. 당장에라도 그룹이 형성되면 곧장 쉽게 떠날 것만 같고, 사실상 그렇다.

일단 여행을 떠나면 합창을 하는 그들. 노래를 잘하고 못하고 간에 다 함께 노래한다. 한마음이 되어 「여행의 노래」며 「대학생의 노래」, 「맥주제(시월제)의 노래」, 「요들송」을 부른다. 누가 박자를 틀려도 상관없다. 또 누가 음정을 틀렸다든가 가사를 틀리게 불렀다 해도 아무 상관없다. 올바르게 불려지고 있는 합창이라는 큰 흐름 속에 틀리게 노래한 몇몇 학생의 잘못은 이내 감춰진다. 그리곤 이내 올바른 합창 가운데 바르게 합창되어 그 합창을 더욱 크게 울리게 한다. 어쩌면 이것이 독일 민족의 단결심인지도 모른다. 잘못된 하나를 꾸짖지 않고 잘된 아홉 속에 포용시키는…….

이런 낭만적이고 합일적인 대학생들 사이의 여행 가운데 가끔 로맨스도 일어나기 마련이다. 청춘 남녀가 함께 떠난 꾸밈없는 여행이기에 때론 이끌어 주고 밀어 주기도 하다가, 때론 함께 페달을 밟고 노를 젓기도 하다가, 또 때론 술잔을 함께 기울이며 어깨에 기대기도 하다가……。

그러나 이러한 로맨스도 여행이 끝남과 동시에 거의 서로 깨끗이 잊기도 한다. 지성을 갖춘 가운데 함께 마음맞아 젊음을 불태운 일인데 "뭐가 나쁘냐?"다. 그렇다고 "나쁘지 않았으니 다시 만나자."는 거의 없다. 앞으로 더 멀리, 더 많이 내다봐야 할 바쁜 학생이요, 청춘이기 때문에 얄궂은 미련 같은 건 두지 않기로 하는 것이다.

하기야 이들에게 육체의 과거 같은 건 그다지 문제시되지 않는다. 육체는 씻으면 깨끗해진다는 사고방식의 젊은이들이 많은 것 같다. 정신의 간음이나 연애, 또는 결혼 기간 동안의 타인에의 간음의 마음은 있을 수 없는 것이 된다.

이런 정신의 연유(緣由)는 독일이 변증법(辨證法)의 나라여서인지도 모른다.『서부전선 이상 없다』,『사랑할 때와 죽을 때』의 작가 레마르크의 표현처럼 정말 사랑할 때에 헤어질 때가 분명하고 뒤끝이 없는 것 같다고 그녀는 덧붙이고 있다. 끝없는 모순 투성이 속에 조화 통일되고, 그랬다간 다시 모순으로 나가고 하지만, 이것이 철리(哲理)임에 어쩌랴 하는……。

그러므로 여행을 함께 떠날 때와 함께 즐기고 와서 깨끗이 나누어 서기로 하는 약조 아닌 약조를 전제한 — 그런 낭만에의 여로마저 솔직한 광고문이 되어 나붙는다. 심지어는 이런 광고문은 대학신문에까지 여름방학이 가까워 오면서부터 눈에 많이 띈다 한다.

「키 185, 흑발에 잘생긴 의과대학생임. 자동차가 있으며 나폴리 여행의 동반녀를 구함. 단, 미인이면서 쾌활할 것. 여행비 각자 부담.」

「두 명의 음대 여학생으로 매력적인 용모에 키도 큰 편임. 자동차를 갖고 있는 스포티한 기사(騎士) 두 명을 구함. 여행목적지는 파리나 로마.」

대개 이 같은 광고가 나오면 소망대로 파트너를 만나게 된다. 또한 경비는 철저히 각자 부담이란 것을 철칙같이 하고 있다고 한다. 그래서 지적이면서도 명쾌한 젊음을 함께 즐긴다는 것이다.

우리 나라에서는 상상이나 할 수 있는 일인가? 고독을 솔직히 고백하고 파트너를 구하면 사기꾼한테 걸리거나 바보 백치 취급당하기가 십상일 것이고, 별로 행복하지도 외롭지도 않은 세인(世人)들로부터 얼마나 모멸의 화살이 떨어질 것이랴? 그 모든 무서운 비난을 극복하고 소망대로 솔직한 파트너를 얻어서 함께 여행했다고 가정해 보자. 이지러지고 음성적인 남녀 교제의 습성에 젖은 우리들의 젊은이는 자기도 모르게 여행할 때와 돌아온 후를 분간할 줄 모르게 되고 뒤죽박죽 우연과 필연, 감성과 이성, 고독과 육욕을 혼동해 버려 웃지 못할 캐리커처의 결과를 낳게 될 것이며, 결국 세인들의 당초의 비난과 조소를 결과적으로 정당화하게 만들고 말 것이다.

그녀의 지적에서 보듯 그녀의 성격 또한 맺고 끊는 것이 분명하다. 그러한 그녀의 성격은 지적으로 완전히 개방되어 있고 우유부

단을 용납하지 않는다. 물에 물 탄 것 같고 술에 술 탄 듯한 흐리멍텅함과 구렁이 담 넘어가는 식의 음험스러움은 딱 질색이다. 이것은 천성적인 성격의 결벽성에서도 그렇고 자라나온 과정, 교육된 과정, 지적(知的) 결정(結晶)의 결과에서도 역시 동일하다. 성(性)의 개방이나 정조성(貞操性)의 문제 같은 것에 대해 그녀가 어떻게 생각하고 있는지는 별개의 것으로 하더라도—.

곧고 바르고 분명하고 자기 분수를 지킬 줄 아는 것을 원칙처럼 생각하는 그녀, 군말이나 뒷말과 같은 군더더기처럼 미지근하고 떳떳치 못하며 불명확한 것을 단연코 배격하는 그녀. 그러길래 위선이나 가식이 없이 저지르는 청춘의 엔조이와 서로 인식한 묵계, 그 뒤의 깨끗한 작별을 보다 좋게 용납하고 있다. 오히려 관대하기까지 하다.

더욱 재미난 것은 대부분의 여대생들이 여자친구끼리만 짝을 지어서 파리나 이태리를 여행 목적지로 삼고 있다는 사실이다. 이것은 독일 남학생들이 비교적 상냥함이 적고 현학적이고 쌀쌀맞은 데 비해 파리 남자들은 독일 여자의 혼을 뺏는다는 전설이 있기 때문이다. 아무튼 35세 이상의 올드 미스 비즈니스 걸들이 여자로서의 자신을 찾기 위해서는 1 주일간의 파리 여행이면 족하다니 재미있는 일이 아닌가?

몽마르트르나 생 제르맹의 카페에 여자 혼자서 단 5분을 앉아 있게 내버려 두지 않는 것이 아모레의 나라로서의 전통도 깊은, 중세기 이래의 기사도 정신에 닦인 파리의 남자들이라고 한다. 그렇다고 뻔뻔스럽거나 치근대는 것이 아니라, 미소처럼 공기처럼 가볍게 여자를 즐겁게 응대할 줄 알고 자기의 매력을 재발견시키는 것이 그들이라니, 그 세련도에는 오직 탄복할 수밖에! 그래서 안경 낀 독일의 처녀 박사들은 그렇게도 파리에 열망하는 것이다.

또 이태리는 〈스토 부인의 로마의 봄(영화 로마의 애수?)〉에 잘 그려져 있듯이 외국 여자 관광객만 유혹하는 전문적이 아도니스들의 무리가 있는 것이 사실이며, 독일의 격언처럼 "이태리 여행에는 사랑도 포함된다."는 말이 당연한 말로 통하고 있다. 이태리어로 파파갈리(Pappagalli)라고 불리는 이들 외국인 여성 관광객을 노리는 것을 전문업으로 하는 소년들은 종종 범행도 저질러 경찰의 골칫거리로 돼 있으나 역시 미지의 것에 대한 동경과 위험의 스릴이 여행의 큰 매력 중 하나이므로 금발의 육중한 독일 아가씨들은 조각같이 날씬한 흑발의 미소년들이 우글거리는 '영원의 도시 로마'로 대거 가고 있는 것이다.

참으로 이상야릇하게 재미있기도 한 이야기다. 언뜻 잘 이해가 안가면서도 능히 그러고도 남을 유럽의 개방사회다.

전혜린은 이 모든 것을 알면서도 그따위 여행에는 동참할 수가 없었다. 관대히 이해하면서도 당사자로서의 실천은 상상만으로도 불허되는 일이다. 더욱이 그녀로서는 학생들의 단체 여행이나 그룹 여행조차도 함께 나선 일이라곤 없었다. 다만 그녀에겐 혼자만의 비엔나 여행은 있었다. 비엔나를 그녀가 오래 살았던 슈바빙 다음으로 좋아했기 때문이다.

그녀 마음 가운데 언제나 잠재되어 있는 신비로운 고적감이 집시처럼 슬프게 쓸쓸하게 동요될 땐 언제나 이 비엔나와 비엔나를 가로질러 흐르는 푸른 도나우 강(사실은 도나우 호수가 됐지만)이 그녀 마음 속의 영가(靈歌)가 되어 있었다.

그녀에게 있어 비엔나는 작은 그녀의 가슴 속 피를 말릴 듯이 애태우게 만드는 예향(藝鄕)이었다. 이것은 숙명과 같은 그녀 개성이 예술적이었기 때문에 더욱 그랬다. 물론 파리도 예술의 도시이긴 하지만 그 성격이 비엔나와는 다르다. 파리는 비엔나 보다 예술적인 폭은 넓어도 어딘가 혼탁하다. 마치 세느 강이 그런 것처럼……. 그러나 비엔나의 예술품은 도나우 강처럼 푸르고 깊다. 침착한 예술의 깊이를 뚫는 개성파 혜린에게는 그래서 이곳이 더욱 그녀의 성질에 미치도록 와 닿았다.

때문에 그녀는 여름방학의 8월에 들어 혼자서 10 일간의 비엔나 여행을 했다. 정말 집시의 마음이 되어 외로운 집시처럼 이 도시와 도나우 강을 맴돌았다.

비엔나의 골목.

호프만, 스탈, 알텐베르그, 츠바이크 등이 서로 만나 얘기를 나눈 다방들이 있는 골목, 모차르트가 빌리아드(당구)를 친 카페와 베토벤이 맥주를 마셨던 주막집들이 있는 골목.

이런 골목을 찾아 그들의 생애와 예술을 떠올리며 거닐었던 전혜린. 정말 그녀에게 딱 맞는 여행지였다.

또 거리 모퉁이마다 빠지지 않고 우뚝우뚝 서 있는 많은 예술가들의 조각상.

브람스, 슈베르트, 모차르트, 베토벤, 괴테, 실러, 슈트라우스……. 거리의 이름마저 그곳에 살았던 예술가들의 이름을 따서 지었고 이에 걸맞게 오페라며, 브르크 극장이며, 음악대학이며…….

이 도시야말로 거듭 그녀의 여행지로는 최상의 전당이 되었던 것이다. 그녀의 격조에 가장 어울리는…….

그녀는 이 도시를 조용히 거닐며 전신으로 호흡하는 데 조금도 부담스럽거나 거북스럽지 않았다. 방해가 되는 것도, 눈에 거슬리는 것도 무엇하나 없었다. 오로지 심취해서 거닐며 둘러보았을 뿐이다. 스물 네 시간 그대로 예술을 숨쉬며 예술에 취해 예술 속에 살고 있는 도시임이랴!

그녀는 이 도시에 여행와서 '비엔나의 숲'과 '푸른 도나우'도 봐야만 했다. 그래서 그녀는 비엔나의 교외 – 칼렌베르그로 가서 정원 뜨락의 다방에 앉아 무한히 뻗어 있는 저 유명한 슈트라우스의 '비엔나 숲속의 이야기'의 비엔나 숲과 하늘빛처럼 푸른 도나우를 보고 또 보았다.

뿐만 아니라 그녀는 언제나 자신의 핏줄에도 한 방울의 집시의 피가 섞여 있는 게 아닌가 할 만큼 무언가 공허로움에의 방황을 일삼는 집시 – 그 집시가 좋아 이곳 교외의 주막에서는 진짜 집시가 켜는 바이올린의 선율을 들으며, 그 집시의 고향인 헝가리에서 온, 헝가리 포도주를 들기도 했었다.

그 다음날에는 직접 도나우 강가에 나서기 위해 곧바로 도나우 강을 찾기도 했다. 얼마나 그녀의 마음에 와 닿았던 비엔나였는지……. 음악과 시(詩)가 흐르는 비엔나였는지…….

그녀는 이 강물을 보기 위해 우선 가는 길을 물어야 했다.

"도나우 강으로 가려는데 어디로 가야죠?"

"어느 도나우 강을 말하시는지? 새 도나우 강과 옛 도나우 강이 있답니다."

"저어, 슈트라우스의 왈츠곡에 나오는……."

"네에, 그렇다면 옛 도나우 강이로군요! 저리로 가시면 됩니다!"

전혜린은 이처럼 길을 물어 비엔나 시의 교외인 프라타라는 유원지까지 전차를 타고 갔다. 여기서 내려 조금 아래로 가서 '옛 도나우 강'을 만나게 됐다. 생각보다 강폭이 좁았으나 그 물빛은 에메랄드보다 더 푸른빛의 강물이 머무는 듯 고여 있었다. 아주 깊어 보였다. 또한 이 강의 양안으로는 버드나무가 커튼처럼 감싸고 있어 그 풍경은 더할 나위 없이 고요했다.

과연 노래처럼 '수면 위로 미끄러지는' 듯한 순수한 아름다움이 빛나고 있었다.

또한 강변의 버드나무 숲속에는 작은 집들이 도나우 강의 정경에 어울리게 초록빛 또는 분홍빛으로 채색되어 그림처럼 멋져 보였다. 또 이들 작은 집들의 창문은 하나같이 하트 모양을 하고 있어 집마다 강을 향해 마음의 통화를 하는 듯 했다.

그녀는 이 아름답고 멋진 도나우 강의 정취에 취해 파랑, 하양, 하늘 빛의 갖가지 색으로 채색된 곤돌라 모양의 보트 하나를 탔다.

배를 젓는 뱃사람마저 쾌활하고 솔직한 데다 심미적(審美的)인 면이 있는 것 같아 그녀의 마음은 한껏 부풀었다.

"너무 아름답죠. 한폭의 그림 같은 강물에 시(詩)가 떠서 음악처럼 흐르는 듯 해요."

전혜린의 찬탄에 구김살없고 거리낌없는 이 비엔나인 기질 그대로의 뱃사람도 노래를 부르다 말고 대답해 주었다.

"그렇구말구요. 이 강물이 너무 아름다워 여길 못 떠나고 있는 거랍니다. 배를 아무리 저어도 힘이 하나도 안 드는 것 같고, 물빛에 취한 마음이 두둥실 떠서 내가 흰구름같이 느껴질 때도 많답니다."

"매우 건강해 보이네요, 올해 몇이신가요?"

"마흔 일곱요. 아직도 청춘이죠. 아들 하나가 예술 대학에 들어가 조각을 공부하고 있고 마누라는 브르크 극장의 청소일을 하고 있죠."

전혜린은 이 뱃사공과의 대화에서도 비엔나 사람들의 악의 없고 치사한 점이라곤 손톱만큼도 없는 밝은 품성을 느꼈다. 그래서 슈니츨러의 『가련한 소녀』, 『약한 호인(好人)』, 『미워할 수 없는 탕아』 등의 작품 속에 나오는 비엔나 사람들의 기질을 거듭 음미하면서, 이 도시와 이 도시 사람들에게 큰 호감을 갖게 되었던 것이다.

그녀가 이렇게 찾은 이 옛 도나우 강은 요한 슈트라우스가 작곡할 무렵에는 흐르는 강이었으나 지금은 흐르지 않는 호수의 강이라서 새 도나우 강이 흐르는 강물로서의 구실을 맡고 있다고 한다.

새 도나우 강은 유럽 제3의 길이를 자랑하는 장강(長江)으로 기선의 왕복이 수없이 많은 웅대한 바다와 같은 운하다. 그러므로 옛 도나우 강에 비해 꿈이나 낭만, 시적(詩的)이거나 음악적인 정취는 거의 찾아 볼 수 없는 혼탁된 현실의 강일 뿐이다.

전혜린은 흔히 사람들이 옛 도나우 강을 보지 않고 새 도나우 강만 보고 나서 그것이 그림이나 노래 속의 도나우 강의 이미지와 전혀 딴판이었다고 불평할 때, 이렇게 말해 주고 싶다고 했다.

"프라타자의 버드나무 드리운 강변에 가보십시오. 거기에는 우리가 꿈 속에서 본 것과 꼭 같은 새파란 물이 고여 있지요. 지금은 더 이상 흐르지는 않습니다만, 이 옛 도나우 강이 노래 속의 진짜 도나우 강이랍니다."

비엔나와 도나우 강에 대한 그녀의 이 같은 정성은 어디까지나 그녀의 마음 속 고향인 '영원한 예술의 깊은 빛'에 대한 향수 때문에 더욱 그랬다. 이 점을 그녀 스스로도 인정해서 다음처럼 말하기도 했다.

내 눈이 도나우의 빛을 잘못 본 것은 아닐까?
왜냐하면 독일에는 이런 격언이 옛부터 있으니까.
"도나우 강은 사랑하는 사람의 눈에만 푸르게 보인다"라고. 그렇다면 도나우는 나만이 발견한 보석인지도 모른다.
다시 가서 나의 보석을 다짐해 보고 싶어진다.

그녀의 분명한 성격은 이처럼 빈틈없이 철저해서 거짓이나 과장은 철저히 배격한다. 그러한 그녀가 머물렀던 슈바빙 — 과학적인 바탕 위에서 모든 합리적인 것을 추구해 가면서도 어딘가 예술적인 분위기를 가득히 깔고 있는 곳……. 그 양면성을 동시에 지니고 있는 우수(憂愁)와 낭만의 지성녀 전혜린이었기에 모처럼 혼자만의 여름 여행지조차 깊고 푸른 도나우 강과 오래도록 침착한 예술의 도시 비엔나로 받아들여졌음은 거의 당위적이라 할 것이다.

  때문에 우리는 여기서도 전혜린의 독특한 이미지를 능히 엿볼 수 있다. 언뜻 겉만 보고 간과해서는 안 되는 푸른 도나우처럼 그 강의 깊이에 스며 있는 그녀의 영상(映像)과 비엔나의 전통 깊은 옛 거리에 또박거리는 그녀의 발자국 소리를 통해서……

자유의 通風路

 키는 작아도 검은 머리카락을 자연 그대로 치렁하게 길러서 검게 빛나는 눈동자와 조화를 이루었던 전혜린. 검은 머플러를 즐겨, 이것으로 머리를 감싸고 눈을 빛낼 때면 그야말로 멈추지 않고 샘솟는 지적(知的) 샘물을 연상케 했다.
 퍽이나 지적인 그녀이면서도 그 크고 검은 눈동자에 마르지 않는 눈물 같은 것이 항상 일렁이고 있었다고 원로 작가 이봉구 씨는 회상한다.
 "눈 만큼이나 입도 커서 어찌 보면 이국적이었지. 함께 소주를 마실 때 보면 단번에 홀랑홀랑 잔을 비우기가 일쑤였어. 소주가 독하다는 걸 잘 알면서도 성격 탓인지 일단 입술에 갖다대면 그걸 남기는 법이라곤 없이 단숨에 좌악 들이켰지. 좀 멋졌던가!"
 "독일서 배운 주법(酒法)인가 하고 농담삼아 물어 본 적이 있었지. 전혜린은 웃더군. 맥주 한 조끼쯤은 그곳에선 모두들 단숨에 좌악 드는 것이 습관이라 했어. 그렇다고 소주도 그렇게 드는 것은 아니지만, 하여간 하면 하고 안 하면 안 하는 것이 그녀의 성품이었어. 이 성격 탓에 어릴 때부터 공부도 맹렬히 했고, 대학에서는 하고자 한 공부를 위해 궤도 수정을 해가면서 독일로 갔던 거지."

"참, 아까도 이야기했지만 전혜린의 용모나 풍기는 분위기는 매우 독특했었지. 어떤 이는 그녀를 보고 좀 그로테스크해 보인다고 했지만 나는 그렇게 보지 않았어. 정말 상대방에게 매서움을 던지는 날카로운 짐시 같았다고 할까, 매혹적인 이국풍이었다고 할까……. 그런 분위기를 거느리고 있는 여인이었어."

"그래서 한 번은 날 찾아온 그녀를 보기 위해 신문사의 공무국(工務局) 직원들이 편집국 문화부 가까이로 몇 사람씩이고 슬그머니 왔다간 일도 있었어. 당시 『연합신문(聯合新聞)』, 그러니까 그 신문은 뒤에 『일일신문(日日新聞)』이 됐다 없어지고 말았지만, 문화부장 일을 맡고 있던 나에게 서울 법대에 재학중이었던 그녀가 원고를 갖고 온 일이 있었지. 영화 〈인생 유전〉을 보고 쓴 한 편의 수필이었지. 그 글은 지금 생각해도 아주 인상적인 좋은 글이었는데 못 찾아내서 애석하단 말이야. 그건 그렇고, 전혜린이 이 원고를 내게 맡기고 이런저런 얘기를 나누고 있는 사이, 조판(組版)을 짜기 위해 원고를 가지러 왔던 그 공무국 직원이 전혜린을 스페인 여인쯤으로 오인을 하고 간 거야. 그래서 이 친구가 공무국으로 되돌아가서는 멋진 스페인 여인이 문화부장과 얘기하고 있다는 말을 퍼뜨려 그 바쁜 신문사의 업무중에도 호기심 많은 몇몇 사람은 문화부로 다가들었던 거야."

"이때 전혜린은 머플러는 안 했어도 그녀가 좋아하는 검은 옷을 입고 있었던 걸로 알아. 치마도 까만 것이고……. 아직 독일로 떠나기 훨씬 전이어서 그곳에서 익힌 그런 이국적인 것도 아니었는데 말야. 어쩜 그녀가 버릇처럼 말하던 '집시의 피 한 방울' 같은 게 마음으로부터 우러나서 정말 그렇게 보였던 건지도 모르지."

"전혜린이 그토록 해박한 지식을 깊이 있게 갖춘 것은 그녀 아버지를 닮아 머리가 좋았기 때문인 것으로 알아. 법률가이신 그 아버님도 일찍이 고시(高試)를 패스한 비상한 수재였거든. 그 추운 날, 그녀를 이땅에서 결별하기 위해 육신을 불사르는 홍제동(弘濟洞) 화장터에서 그녀 아버지는 애써 눈물을 속으로 삭였어도 대가(大家)집 맏며느리 귀부인답게 둥두렷이 체구가 좋은 그 어머니의 울음은 너무나 애절했지. 그때 나는 처음으로 혜린이 어머님을 뵙게 됐지만, 여인으로서는 키도 크고 몸집도 큰 분이었어. 이로 미루어 전혜린의 천재적인 머리도 그 아버지를 닮은 것이었고, 체격이 작은 것 역시 아버지 쪽을 닮아서일 거라고 생각되었지."

"남편 얘기는 한 번도 꺼내는 걸 못 봤어. 하기야 집안 얘기 같은 건 그녀 성격상으로도 별로 안 맞는 일이었는지도 몰라. 자주 만나서 술을 들면서도 다른 화제가 얼마든지 많아서도 그랬을 것이야. 문학, 음악, 철학 얘길 하다가도 문득 단장(斷章)이나 낙서 같은 메모하기에도 워낙 바빴던 그녀였으니까……."

"언젠가 단 한 번. 나는 그녀의 남편과 서먹한 인사를 나눈 적이 있었지. 내가 술집 은성에서 나오다가 마악 그 명동의 문예서점 앞을 지나는데 뜻밖에 전혜린을 만났지 뭐야. 그때 그녀는 부군과 동행하다 말고 나를 만나게 돼서 거리에서 어설픈 인사를 나누게 해줬지. "우리 그이예요." 하고……. 좀 무뚝뚝한 인상의 법학 교수였어."

이야기 말소리가 나직나직한 이봉구 씨의 전혜린에 대한 추억은 누가 묻지 않아도 소주잔을 앞두면 절로 상기되는 듯했다. 전혜린은 떠났어도 전설 같은 그녀는 지금도 이렇듯 우리에게 있다.
 지성의 밭에 감성을 일구면서 예술 가운데 살았던 전혜린. 그런 그녀도 영혼의 외로움을 느꼈던지 유학 시절, 종교에 귀의하여 막달레나(Magdalena)라는 세례명을 받았다.
 미리 죽음을 예감했는지 요절하기 꼭 11개월 전인 1964년 2월 13일에 그녀의 서울 법대 한 해 후배이면서 동생 같은 친구가 되기도 했던 번역문학자 이덕희(李德姫) 씨에게 보낸 편지에는 발신인의 이름 대신 십자가를 긋고 '죽은 막달레나'라고 써서 부치기도 했던 전혜린. 슈바빙의 분위기를 사랑하면서 그곳 레오폴드 가(街)의 포플러 낙엽밟기를 좋아했고 도나우 강이 있는 저 비엔나의 숲을 사랑해서 그랬던지, 서울에서도 북한산의 숲이 산자락 아래까지 뻗쳐 물 맑고 낙엽 좋은 수유리에서 살았던 그녀.
 지금은 도봉구에 속해 있지만 당시에는 성북구로 된 수유동 영단주택(營團住宅) 131호는 이봉구 씨나 필자와 가까운 이웃 동네이기도 해서 거듭 새롭게 만나 보고픈 마음이 안타깝도록 앞서기도 한다.

  가버렸지만 있는 그대
  안개 속엔 듯
  아니, 마음 가운데 있지.
  이웃엔 듯

아니, 더욱 가까이 귓결에 들리는 목소리
그 마알간 언어
전혜린은 우리의 전설이어라.
전혜린은 우리의 예술이어라.

   그녀에 대한 이봉구 씨의 가만한 추억을 주워 담으며 나는 이렇게라도 추념의 시를 짧으나마 써야만 했다. 이봉구 씨와 함께 나도 마음 가운데 울고 있었기 때문이었다.
   전혜린 - 그녀는 너무나 짧은 방생이었지만 어쩌면 다음 같은 시구에 해당되는지도 모른다.

새는 둥지, 짐승은 굴
모두 쉴 집은 있는데
어쩌다 나 혼자만
고독한 생채기를 평생토록 내누나.

   이것은 김삿갓(金笠, 본명 金炳淵) 시인의 「조소수혈개유거 고아평생독자상(鳥巢獸穴皆有居 顧我平生獨自傷)」이란 원문을 내 나름대로 풀이한 것이다.
   이 시구의 내용처럼 전혜린은 '평범하지 않을 것'을 어릴 때부터의 신조로 삼아 행복 같은 것은 아예 뒷전에 팽개치고 죽는 날까지 독창적 예술에의 집념으로 앓았다.
   웬만한 여인 같으면 한 사람의 교수로서 커다란 긍지와 자부심을 갖고 여기서 적당히 머물거나 그렇잖음 학문의 길에만 전념할 것을 그녀는 예술이라는 독창적인 생채기를 스스로 내면서 아프게 살아야 했다.

또 '평범하지 않을 것'이 아니라 '평범할 것'을 택했다면 한 사람의 아내, 한 사람의 주부로서 가정이란 집 속에 편안히 안주했을 것이다.

그러나 그녀는 이러한 데 만족할 수는 없었다. "오로지 나 혼자만 평생토록 생채기를 낸다."라는 원문(原文)의 뜻처럼 행복이라는 안주의 집은 저만치 놔 두고 문학예술이라는 거친 들판을 핏자국 나는 맨발로 헤매는 정신생활뿐이었다.

그것은 한 사람의 어머니가 되고서도 마찬가지였고, 한 사람의 여교수의 생활 가운데서도 역시 그러했다.

그녀는 푄 바람 불어오는 곳을 지향했다. '푄(Föhn)'이란 알프스 산을 넘어 가끔씩 불어오는 건조한 열풍(熱風)을 독일 사람이 부르는 이름으로서, 이 높새바람이 불어오게 되면 거리에 쌓인 눈이 녹으므로, 무거운 털외투라는 압제를 벗게 된다.

봄다운 바람, 자유로운 통풍(通風)을 맞게 되는 푄 바람이 불어올 때면 가장 이상적이고도 침착한 독일 사람마저도 묘한 작용에 따라 움직이게 된다. 그 작용은 독일에서도 특히 뮌헨 사람에게 심하다. 뮌헨은 독일에서도 남부 쪽에 위치하기 때문에 알프스 산과 가깝고, 그래서 이 열풍의 영향도 많이 받는다.

한해 내내 우중충하기만 했던 뮌헨의 하늘이 이탈리아의 하늘을 복사한 것처럼 새파래진다. 그러면 방 안이나 건물 속에만 있지 못하고 거리로, 공원으로 나가 푸른 하늘을 마음껏 만끽하는 뮌헨 시민들.

　자동차를 최고시속으로 몰고 달리다가 사고를 내기도 하고 싸움이나 실물(失物)도 이때가 가장 많다고 한다. 또한 독일 사람답지 않은 흥분 상태를 나타내는 것도 이 푄 바람이 불어오는 때라고 한다.

　이러고 보니 존귀한 자유, 그러면서도 당연해야 할 자유에는 언제고 이처럼 뜻하지 않은 희생이나 제물이 따르는 것일까?

　자칫 자유의 통풍이 좋아 마음놓다가는 방종으로 치닫게 되는 것도, 압제 없는 시원한 자유가 워낙 좋다 보니 그렇게 되는지도 모르겠다.

　여기에 지적인 통제는 언제나 필요하다. 냉철한 이성이 자유를 본연의 자유로 있게 해서 방종에의 흐름을 제어시켜야 한다.

　전혜린에게는 이 힘이 강했다. 자유에의 통풍을 마냥 찾으면서도 지적인 통제가 그녀를 무섭게 구속시켰다. 이것은 모든 지성인들이 다 그런 것 같지만 보다 깊이 파고들면 그것과는 다르다.

　곧 대개의 지성인에겐 이성(理性)이 감성(感性)보다 더 강하게 작용하고 있어 냉정하고 실리적이며 현실적인 합리성만을 추구하기에 급급하다. 그래서 정신의 방황은 없다. 단순한 목적이나 현실적인 욕구가 충족되면 그것으로 만족하는 속물적 근성이 강하기 때문이다.

　그러나 이 지적인 이성에 못잖게 전혜린같이 감성이 뛰어난 섬세하고도 대담한 열정적 여인에겐 이 현상이 정반(正反)해서 나타난다. 실리적 속물성 대신 추상적인 예술성이 언제나 고뇌거리로 가로막는다. 마치 푄 바람과 같은 열기가 그녀의 내부에서 일어나 그녀를 서성거리게 만들고 예술에의 끊임없는 모색 때문에 잠시도 편히 있지 못하게 만드는 것이다.

이 자유에의 통풍성(通風性)은 그녀의 말마따나 뮌헨 대학 시절에 더욱 강렬해진 안일에 대한 반항성이기도 하다.

이 점을 더 깊이 이해하기 위해서는 뮌헨 대학 안에 있는 세 개의 광장부터 미리 알아둬야 하겠다. 후버 교수 광장(Prof — Huber Platz)은 이 대학의 앞 광장이고, 숄 형제 광장(Geschwister — Scholl Platz)은 뒤쪽에 있는 광장이다. 또 하나의 광장은 이 대학으로부터 약간 떨어진 곳이 있는 국민 사회주의 희생자 광장(Platz de Opfer des Nationalsozialimus)이다. 대학생의 자유의 바람이 불어오고 있는 이들 광장은 히틀러가 영도하는 나치주의에 대항한 진정한 인간의 자유와 학문의 자유를 기념하기 위해 명명된 이름들이다.

제2차 세계대전중 학문의 자유를 되찾기 위한 비밀 지하조직 '백장미'란 저항단체가 있었는데, 이 2차대전도 막바지길에 들었던 1934년의 어느 날, 당시 뮌헨 대학생이었던 한스 숄과 그 누이인 소피아 숄 두 남매는 대담하게도 게슈타포 교수와 게슈타포 학생이 들끓는 이 학교 뜨락에서 백장미의 서명이 쓰인 반나치 삐라(전단)를 뿌려 비인간적인 침략전쟁을 그만두라고 부르짖었다 한다.

이 결과로 두 남매 대학생은 즉결심판에 회부되어 처형되었고 당시의 뮌헨 대학 총장이자 인격자로 이름 높았던 후버 교수도 책임을 져 함께 처형되었다 한다.

그래서 대학의 정문과 후문 두 광장은 그들의 이름을 달고 동상과 분수가 그들의 자유의식을 후세에 영원히 전해 주고 있다. 이런 독재에 대한 반항의식과 학문의 자유, 정신적 자유를 지키려는 전통은 뮌헨 대학의 가장 큰 전통이라고 할 수 있을 것 같다.

전혜린이 소개하는 이 같은 전통의 뮌헨 대학은 그녀에게도 상당한 자유의식을 고취시킨 것으로 보인다. 정의, 진실, 자유와 인간애에 대한 참된 길이 아니면, 반항적인 낙인이 스스로에게 깊이 찍혀져 있다고 말하고 있다.

그녀가 만 4년간 유학한 이 뮌헨 대학의 대학생 가운데 약 80퍼센트는 아르바이트 학생이거나 장학생이라 한다. 특히 외국 유학생이 많이 차지해 학구생활도 호의(好意)에 찬 경쟁이 치열하다는 것이다.

대학생들의 질박하고 검소한 기풍은 그대로 학풍(學風)이 되어 자동차나 스쿠터를 갖추려는 학생은 극히 드물며, 교수와 학생 거의 모두가 도보 아니면 전차로 통학하는 것이 상식처럼 돼 있다고 한다. 또한 영화관에 가도 '학생극장'이라고 이름 지어진 3류 이하의 영화관에서 관람하는 것이 원칙처럼 돼 있고, 로드 쇼를 1류 극장에서 본다는 일은 학생으로서 되레 수치로 여겨졌다 한다.

이 같은 학생 기풍은 연극이나 음악회에서도 마찬가지로 통용되어 좌석에 앉지 않고 입석으로 서서 보고 듣고 하는데, 그 값싼 입석권을 확보하기 위해 새벽부터 입장권 예매처에 길게 줄을 서는 일도 예사라 했다.

공부하는 대학생—. 진실한 자유에의 개념을 익히는 대학생—.

이것을 위해 대학생들은 미술관에 가도 무료일(無料日)만 택해서 관람하고 점심식사는 원칙적으로 생략해 가면서 주린 배로 시간을 아껴 배움을 탐구한다.

뿐만 아니라 여대생들도 복장이 형편없는 남학생들처럼 조그마한 사치도 부릴 줄 모른다. 그래서 미장원 같은 데 가서 머리를 손질하는 여대생이라곤 전혀 없으며, 옷도 검소하기 이를 데 없다.

머리는 생머리 그대로여서 바람이 불 때면 흐트러지기 일쑤였다. 그래서 그곳 여대생들은 때가 묻어도 잘 표가 나지 않는 검은 머플러를 많이 애용한다. 전혜린이 즐겨 검은 머플러로 우수를 감싸듯 그녀의 머리카락을 감싸는 습성도 사실은 뮌헨 대학 시절의 생활이 습성화된 탓인 듯하다.

여름방학 때 같으면 그렇지 않지만 한창 공부할 때는 이것저것 돌보지 않으면서 공부에만 온 정신을 집중시킨다는 이 학구정신은 대학생만이 누리는 특권—참된 자유의 통풍로(通風路)가 되고 있다. 그러길래 남학생들은 언제 이발이나 면도를 했나 싶게 수염이 마구 자라 텁수룩한 것이 되레 매력이 되고, 여대생들 역시 지지고 볶지 않은 생머리에다 옷마저도 검은 스웨터에 검은 플레어 치마가 고작이지만 얼마든지 자유롭다.

이것은 물질적인 부(富)를 경멸하면서 정신적인 이념의 부를 추구하는 것이 유일한 목적이 되어 있는 대학생들로서는 마땅한 현상이라 하겠으며, 나아가 그들은 그러한 극단적인 빈곤을 되레 즐기는 것이라 볼 수도 있을 것이다.

'1회적'이란 말에 이어 '인식'이라는 말을 곧잘 쓰는 전혜린은 이들 대학생의 기풍을 부언해 준다.

인식욕에만 탐욕스럽게 불타 있는 그들도 또한 젊으니만큼 오락의 시간도 없을 리는 없다. 아니 오히려 우리 나라 학생보다 솔직하고 공개적인 것 같아서 과연 변증법의 나라로구나 하고 감탄한 일이 한두 번이 아니다. 공부할 때와 사랑할 때를 분명하게 분간하고 긴 설명 없이 사랑하지 않느냐고 의향을 묻고 그 대답이 나인(Nein : 부정)인 경우에는 서슴없이 다시 인식에 몰두하거나 딴 대상을 찾는 그들이다.

지극히 공부에 열중하면서도 그들 내부에 쌓인 질풍노도 같은 활력을 터뜨리는 때는 대개 사육제 때가 아니면, 한 달에 한 번쯤 있는 다락방 잔치 때이다.

이 아틀리에 잔치는 서로 마음이 통하고 이야기가 통하는 대학생들이 한 열 명쯤 단위가 되어, 정말 다락방 같은 데서 잔치를 벌이는 것이다. 잔치라야 각자가 갖고 온 빵과 소시지, 혹은 값싼 포도주를 먹고 마시면서 나름대로의 기염을 마음껏 토로하는 자리이다.

이 같은 모임의 다락방 풍경도 대학생이란 신분답게 한껏 소박하다. 그림도 화사한 것이 아닌 끔찍스런 그림이 벽에 붙어 있고,

자화상 역시 되도록 비참하게 그린 것이 서가에 걸려 있다.
 또 전기세가 비싸서 이것을 물지 않기 위해 전기가 있어도 켜지 않은 우중충하고 창고 같은 방에 촛불 하나만 켠 채 빽빽하게 둘러앉거나 서서 벽에 걸렸던 기타를 켜거나 고전음악을 틀어놓고선 토론에 열을 올린다.
 의식(意識)의 의식(儀式)과도 같다는 이 다락방 잔치는 먹고 마시는 것은 곧 바닥이 나도 열띤 논쟁은 정말 잔치 같다.
 어느 교수의 강의가 좋다 나쁘다 평판도 하고, 릴케의 위대함과 벤(Benn)의 위대함을 견주기도 한다. 뿐만 아니라 정치에도 관심을 가져 수상이건 각료건 뭐건 간에 몰아붙인다. 긍정적인 측면보다 부정적인 측면을 더 강조하면서 반항적인 것이 특색을 이룬다. 말하자면 자유로운 통풍을 마음껏 쐰다고 할까…….
 이러한 대학생 기질은 학문의 자유, 비판의 자유에 의거해서 신성하게 누려지고 있다. 그래서 반항적이라는 전통이 답습되고 있는 그들에겐 시민적 도덕이나 소시민 근성 같은 것에 못지않게 정치적인 면에 대해서도 질타하기 일쑤다.
 그래서 핵무기 도입이 한참 그곳 언론에서 말썽이 되고 있을 때 뮌헨 대학생들은 거의 전원이 핵무기 도입 반대 데모에 참가했었고 에리히 케스트너 교수가 후버 교수 광장에서 핵무기 도입 반대 연설을 했을 때는 여기에 참석한 학생들마저 그의 경구(警句)섞인 아이러니와 멋진 위트에 모두들 웃음을 머금었다고 한다.
 전혜린은 이러한 뮌헨 대학가의 자유로운 통풍 성향에 대해 이의 정당성을 주장한다.

온갖 물질의 결핍과 가난과 노동, 식사 부족, 수면 부족에도 불구하고 그들의 그 하늘을 찌를 듯한 패기, 오만한 젊음, 순수한 정신, 촌음을 아끼고서 인식에 바쳐지는 정열과 선의, 조금도 외계나 속물과 타협하려고 들지 않는 자기 유지의 노력……. 정말로 이러한 모든 것으로부터 이루어진 팽팽한 세계가 뮌헨 대학생의 세계인 것 같았다. 반항을 위한 반항이 아니라 옳은 것을 끝까지 옳다고 주장할 수밖에 없는 실존적 성질에서 우러나온 반항이고 자기를 외계의 비속화(卑俗化) 작용으로부터 막으려는 – 그럼으로써 정신의 자유를 지키려는 데서 우러나온 빈곤의 감수요, 초연이며 자기 극복이다.

그녀의 이 같은 판단은 자유와 젊음에 대한 적극적인 그녀 인식의 결집(結集)으로 보인다. 혹시 이 점에 대한 인식에 차이를 갖는 사람이 있을지 모르나, 이 같은 인식은 어디까지나 젊은 지성들의 인식의 장(場)임에는 틀림이 없다. 어느 경우, 입지조건 등 상황의 차이로 해서 의견 대립이 풀리지 않는 해묵은 숙제처럼 끈덕지게 문제가 되는 수는 있으나, 그것이 조국이나 겨레에 대한 배반이나 반항이 아닌 다음에야 얼마든지 집권당이나 정권에 대해 반항적일 수는 있는 것이다.

순수한 젊은 지성이기 때문에 때묻지 않은 이들 기질에는 외계에 현혹된다거나 타협이나 굴종 같은 건 있을 수 없다. 그랬다간 씻을 수 없는 수치와 치욕이 된다. 자신의 옳음이 되는 이념에 틀릴 때 부정이 되는 타자(他者)의 이념에 무릎 꿇을 수 없는 것이 젊음의 자유가 아니겠는가!

젊음이라는 순수예술과 자유라는 독창적 예술에 전생(全生)의 존재가치를 건 전혜린으로서는 이러한 대학생의 반항이 푄 바람이 불어오듯 하는, 자연스런 사이클로 보이고도 남는다.

뮌헨 대학뿐만 아니라 이 대학이 자리잡은 뮌헨을 그녀가 사랑함도 결국은 그 이유가 여기에 있다. 슈바빙의 예술적 분위기, 자유의 분위기를 거느리고 있는 우수 어린 아름다움과 더불어…….

유니폼 같은 것은 입었으나
흰 장갑을 끼지 않은 뮌헨!
그래서 너는 권태롭지 않은 자유의 통로이구나.
잿빛 우울한 구름장
우유빛 뽀얀 안개에 갇혔어도
자유가 뭔지 이데아가 뭔지를
너는 푸른 하늘보다 더 명쾌하게 알려 주고 있다.
비록 팔굽을 기운 잠바에
무릎도 못 덮는 짧은 외투를 입었어도
정신의 높이
인식의 곧고 바름
모든 실존(實存)은 가치로와라.
뮌헨 저만치서
편견 없는 자유의 바람은 분다.

전혜린은 〈와이셔츠 단추를 푼 분위기〉란 수필(1959년 7월 『여원』)에서 실용적인 자유와 비인습적인 정신의 아름다움에 대한 뮌헨 시민의 풍습을 얘기하고 있다.

그 한 에피소드는 가난한 젊은이들의 결혼에 관한 얘기다.

그녀가 살고 있는 슈바빙 거리의 이웃 골목에 결혼식이 있었다. 신랑이 되는 젊은 청년은 빌려 입은 것이 틀림없는 유행이 지난 너무 좁고 짧은 연미복 차림에다 화가 수염을 기른 거인같이 덩치가 큰 사내다. 신부는 신랑에 비해 너무 작고 귀여운, 앳된 소녀로서 손수 만든 것이 틀림없을 흰 인조비단 원피스를 입고 손에는 오랑캐꽃 한 다발을 들고 있다.

이들 신랑신부 곁에는 그들의 가난한 사정을 그대로 말해 주는 낡아서 다 찌그러져 가는 고물 자동차가 한 대. 하지만 새롭게 인생을 출발하는 이들 신혼부부를 위해 이 고물 자동차에도 색색가지 종이꽃은 가득히 꽂혀 있고, 가난 같은 건 그들의 빛나는 미소 앞에 아무런 문제가 되지 않고 있다.

이처럼 젊고 싱싱한 출발 앞에는 훗날 그들의 생활을 위협할지도 모를 빈곤이나, 타인이라는 외계(外界)의 눈길 같은 것 앞에서도 굽힐 줄 모르는 당당함이 그들의 정신만큼이나 깨끗해 보여 참으로 인상적이었다고 한다.

또 하나의 인상적인 에피소드는 이렇다.

그녀가 자주 들렀던 '제에로오제'라는 그 음식점은 수백년 동안 내려오는 전통을 완강하게 지키는 그런 집이었는데, 이 집의 주인은 물라 아주머니라는 여자였다.

그녀는 그 음식점을 운영하면서 슈바빙을 점점 균등화시키는 기계문명과 미국 양식의 침투를 일체 못 들어오게 막으려 했다. 집의 증축이나 개수는 전통적인 슈바빙의 이미지를 깨치는 일이 되어 부득이한 개수 때에도 원형에 어긋나지 않는 보수를 조심스럽게 하고 음식점 한 가운데 놓인 거대한 쇠난로에는 계속 석탄만 깨서 난방을 한다.

그리고 음식으로 나오는 쇠고기나 돼지고기도 직접 물라 아주머니가 보는 데서 잡고, 이 요리 역시 그녀가 손수 석탄불에 구워서 만든다. 부엌의 구조가 여간 불편하지 않았지만 이것을 잘 알면서도 고치지 않는다. 그래서 계속 석탄불이었지 편리한 전기로나 가스로는 거부되고 있다.

이 집에 배달되는 맥주도 구식 그대로다. 유리병에 담겨 트럭으로 간단하게 배달되는 다른 집의 맥주와는 생판 다르다. 큰 나무통에 담긴 전통적인 옛날풍의 맥주를 말이 끄는 마차에 싣고 덜커덕거리는 슈바빙의 골목거리로 해서 유유히 운반해 온다.

이렇게 '제에로오제'는 정성을 쏟고 힘들어서 맥주랑 음식물을 마련하는데도 값싸고 양이 많아 학생들과 노동자, 그리고 예술가들의 모임집이 된다.

뿐만 아니라 이 여주인은 슈바빙의 복고적이며 예술적인 분위기를 되살려 간다. 쉬지 않고 영업을 하면서도 영업적이 아니다. 호주머니 사정이 딸랑거리는 대학생들의 자유풍에 젖어 있고, 빈곤한 이웃들과 함께 숨쉰다.

아직 마흔 살가량 밖에 안 된 이 물라 아주머니는 키가 크고 뚱뚱하면서도 언제나 유쾌해 보였는데 새벽마다 문 바깥 길도 말끔

하게 청소한다. 그래서 청소부 할아버지들, 석탄 배달부들, 그밖의 노동복을 입은 노동자들에게도 변하지 않는 인기 속에 산다.

그녀는 이들 여러 가지 직업의 단골들이 들어오면 누가 흑맥주, 누가 노란 맥주, 누가 흰 맥주를 마시는가를 환히 다 알고서 그들 취향에 맞춘 맥주를 갖다 놓고선 그녀 역시 이 사람들 틈에 끼어 정부를 비판하는 정담(政談)에도 가담한다.

그러면서도 그녀는 신기한 표정으로 벽에 장식되어 있는 그림이랑 사진, 칠판에 낙서된 수없이 많은 예술가들의 이름이나 사인을 두리번거리고 있는 독일 각지에서 온 나그네들과 외국 관광객에게는 별 관심을 두지 않는다. 가격은 단골이나 똑같이 받으면서도 마음은 주지 않는다. 거의 무심하고 무표정하다.

에르하르트의 경제부흥정책에 의해 라인 강반(江畔)에 꽃핀 놀라운 경제기적. 그럼에도 먹는 음식보다, 그리고 수지 타산보다는 손님의 의견이나 이야기를 더욱 중시하는 전통적인 음식점의 여주인이 건재한다는 것은 슈바빙의 자랑이 되고 있다.

그 사실은 뮌헨 시내 관광버스의 순회 코스로서, 또한 여러 여행 안내서에도 슈바빙 난(欄)에는 이 '제에로오제'라는 음식점이 반드시 들어 있는 것으로도 증명된다.

이상의 두 가지 에피소드에서 보듯 전혜린이 못 잊어하는 인상기(印象記)는 물질적인 것을 떠난 정신적인 자유라는 차원에 있다. 그녀의 눈빛은 입으로 들어가는 육적(肉的)인 것보다 머리와 마음으로 들어가는 영적(靈的)인 것에 빛나고 있다. 더욱이 그것이 예술적일 때는 그 빛이 더욱 황홀하게 빛난다.

이토록 자유로운 분위기 속에 예술적인 것을 지향하는 그녀의 본질은 뮌헨 또는 슈바빙에서 절로 터득한 건전한 시민양식에 의해서도 뚜렷하게 나타난다.

 아까 얘기한 가난한 신랑신부의 빈곤에서의 빛나는 출발이라든가 '제에로오제' 여주인의 정신적인 식당 경영 같은 것은 그녀 마음에 조금의 거부감도 없이 와 안기는 시민양식이 된다. 참으로 진지한 자유의 통풍로가 된다.

 건전한 시민들은 다락방을 학생이나 화가에게 빌려 주고 그들의 괴이한 그림이나 언어 동작, 이해할 수 없는 복장과 간혹 폭발하는 아틀리에(화실) 잔치의 소란을 참고 있다.

 그들은 뮌헨 사람을 성격지어 주는 저 유명한 '정다움'에서 나온 관대와, 또 결국 그들의 기계 같은 퇴직 관리, 퇴직 사무원, 연금 등의 생활에 무슨 신선함이나 변화를 불어넣어 주는 것이 있다면, 그것은 이 '살짝 돈' 젊은이라는 것을 알 만한 예지를 갖고 있는 것이다. 복장과 언어, 동작 속에서 인습에의 도전을 실천하는 젊은이들과 결국은 꼭 마찬가지로 시민들도 내심으로는 인습을 경멸하고 있다. 뮌헨 사람의 이런 편견 없는 정신과 무조건한 정다움은 특히 이방인들에게는 크나큰 인력(引力)을 지니고 있다.

 그러나 독일의 다른 도시에 가면 마치 빳빳한 흰 칼라의 단추를 끝까지 채운 와이셔츠를 입고 철모를 쓴 사람을 보는 듯한 느낌을 받게 된다. 같은 독일어인데도 여운이 없이 똑똑 끊기고, 같은 맥주도 쓰게 느껴진다. 그 반면 뮌헨이 맥주의 도시로써 세계적으로 유명한 이유는 수백 년

되는 큰 양조장이 많이 모여 있어서 질적으로 맥주가 우수하다는 이유에서보다도 맥주를 어떤 나그네에게나 맛있게 만드는 뮌헨 사람들의 정다움 때문이 아닌가 생각된다.

흔히 비행기나 기차에서 내린 나그네가 여행안내서를 따라서 찾아가는 주립 맥주관이나 기타의 큰 맥주집에 들어가면, 첫째로 귀를 막고 싶도록 무섭게 시끄러운, 아무도 말을 알아들을 수 없게 만드는 그 소란함에 정신이 아찔해지고, 다음에는 입추의 여지없이 꽉찬 새빨간 얼굴의 사람들의 덩어리에 경악하고 그 후에는 어떻게 자리를 비벼서 만들어내는가에 머리를 앓게 된다. 그러나 일단 앉고 나면, 그는 그 테이블에서 형제로서 받아들여지고 한 리터짜리 시멘트 조끼를 수없이 쳐들고 건배하는 동안 어느덧 서로가 "너, 나" 하고 있는 것을 발견하게 된다. 마지막에는 수없이 반복된 악대의 멜로디를 따라서 어느새 사람들과 함께 큰소리로 생전 들어 본 일도 없는 〈건배! 건배! 정다움의 건배!〉며 〈뮌헨에는 한 주립 맥주관이 서 있다〉 등을 노래하고 있는 자기를 발견하게 된다.

젊은 후로일라인(물건을 파는 여인)이 정다운 미소와 함께 목에 걸어 주고 몇 마르크를 받아 간, 새빨간 셀로판 종이로 싼 흰사탕으로「나는 너를 좋아한다」라고 쓰인 초콜렛으로 만든 거대한 하트를 가슴에 큰 훈장처럼 흔들면서 약간 비틀거리는 걸음으로 귀가 떨어질 것 같은 소란 속에서 자욱한 안개에 덮인 뮌헨의 밤에 나온 나그네는 두고두고 '뮌헨은 좋은 곳'이라는 예찬을 그칠 줄 모를 것이다.

뮌헨의 이러한, 전연 와이셔츠 단추를 푼 분위기는 시월절과 사육제에 참모습을 드러낸다. 독일의 다른 도시의 딱딱함과 형식적인 맛과 지나친 정확함이 없는 점에서 뮌헨은 독특한 도시이면서 또 파리 같은 유럽의 다른 도시와는 또 다른 분위기를 가지고 있다. 파리나 브뤼셀의 극도로 개인주의적이고 향락주의적인 차가운 감각과 무엇에 쫓기는 듯한 여유없는 대도시의 생활 리듬이 뮌헨에는 없다.

뮌헨은 어디까지나 시골의 맛을 지니고 있다. 흙 냄새가 아스팔트에 밀려 없어지지 않았고, 구수한 사투리와 함께 뮌헨 사람의 따스함과 정다움은 도시의 때에 닦여 없어지지를 않는다.

이러한 예복 안 입는 구수하고 너그러운 맛과 또 인습의 무시에서 나오는 여러 가지 돌발사와 행사와 뮌헨 사람의 독특한 기질이 누구에게나 뮌헨을 가장 정답고 가장 권태롭지 않은 도시로 만들어 주는 것 같다.

『여원』지에서 밝히고 있는 그녀의 글에서 보듯이 전혜린의 기질은 바로 뮌헨의 독특한 기질과 상통하고 있다. 뮌헨이라는 커다란 개성이 슈바빙의 예술적 분위기에서 우러나듯 전혜린이라는 독특한 개성은 그녀 마음 가운데 지닌 예술성(자유성)에서 우러나고 있다.

연습이라는 딱딱하고 형식적인 것으로부터 자유에의 통풍(通風)을 향해 '약간 비틀거리는 걸음'으로 나오고 있는 '와이셔츠 단추를 푼 분위기.' 그 여유, 그 여운……

멋대가리 없이 짠 물에 젖은 인습 쪽의 사람들이 보면 살짝 돈 듯한 개성으로 보이겠지만, 이 살짝 돈 여유야 말로 진실한 흙냄새가 아니겠는가! 가장 자유로운 바람이 불어오는 예술의 고향이 아니겠는가!

전혜린의 독창성은 바로 여기에 있는 것이다.

T씨와 함께

전혜린이 1955년 10월에 한국을 떠나 독일의 뮌헨에 도착한 후로부터 반 년 뒤가 되는 1956년 봄에 T씨(김철수)가 유학을 왔다.

그녀가 언제나 T 또는 한글로 김철수라고만 밝히고 있는 그는 당시엔 법학도였는데, 그후 귀국하여 서울 법대의 헌법학 교수로서 지금껏 학문의 깊이로나 인격의 정중함으로 해서 존경을 받고 있는 사람이다.

전혜린은 T씨의 도독(渡獨)을 미리 예상하고 있었다고 한다. 그간 그녀의 집안과 T씨의 집안에서는 두 사람을 결혼시킬 것을 합의하고 있었기 때문에, 뒷날 그녀의 남편이 된 이 T씨가 왔을 때는 약혼자라는 이미지보다 고독한 외국에서의 그녀에게 남편이 와준 것이나 다름이 없었다 할 것이다.

전혜린은 T씨가 오기 이전인 1955년의 가을에 가톨릭에 입교하여 마리아 막달레나라는 세례명을 가졌으며, 이 T씨가 온 해 함께 결혼한 것으로 알려져 있다.

그리하여 그녀는 1959년 5월에, 그해 3월 15일(일요일) 새벽에 출산한 귀여운 젖먹이 딸 김정화(金貞和) 양을 품에 안고 귀국할 때까지 T씨와의 행복한 신혼 시절을 갖기도 했었다. T씨는 전혜린보다 훨씬 뒷날 귀국한 것으로 보인다.

그건 그렇고, 그녀의 모교인 경기여고에서는 그녀가 독일 유학 중에도 주옥 같은 많은 글을 발표하면서 훌륭한 문학작품 역시 원작에 못지 않게 번역한 공로를 기리기 위해 '영매상(英梅賞)'을 준 바 있다. 이 영매상은 경기여고 출신의 자랑스런 많은 인사들 가운데서 그 중 뛰어난 업적을 이룬 사람들에게 주어지는 권위 있는 상이다.

전혜린이 이 상을 받기까지엔 그녀의 남편인 T씨의 힘이 컸다. 그의 주선에 따라 그녀가 맨 처음으로 번역한 F. 사강의 『어떤 미소』가 국내 출판되기에 성공하였고, 이어서 또 다른 작품들이 번역되어 국내에서 햇볕을 볼 수 있었기 때문이다.

그녀의 솔직한 회상에 따르면 T씨와의 관계는 행복하고 아름다웠다. 그리고 어디까지나 학구적이었다.

처음에는 어느 신혼부부나 마찬가지로 두 개의 개성이 닳아 하나의 개성으로 둥글어질 때까지는 약간의 마찰은 서로의 사이에서도 있었다고 한다.

그러나 이 두 사람은 젊었고 대체로 행복했다고 한다. 이 행복이란 의식주 같은 부부생활의 기본 패턴보다는 책을 사는 것과 책을 읽는 것을 제1의적(第1義的)으로 중시하면서 심취하는 대학생 부부의 그것이었다.

이런 점에서는 두 부부의 의견이 서로 완전 일치한 모양이었다. 또한 그녀는 1962년도에 쓴 어떤 글에서도 "그것은 지금도 마찬가지예요."라고 말하면서 "가령 수입의 반을 넘는 책 한 권을 사기를 우리는 한 번도 주저해 본 일이 없다."라고 공개하고 있다.

  책과 공부에 대한 두사람의 생각과 행위가 이랬으니 가뜩이나 돈이 부족되기 마련인 외국 유학 시절의 어려움은 말할 나위도 없다.

  하지만 책 구입으로 해서 언제나 가난에 쪼들렸으면서도 그녀는 그 시절이 재미있었다고 회상하고 있다.

  전혜린이 사강의 『어떤 미소』를 번역하게 된 동기는 간단하다.

  1956년 독일의 어느 잡지에 연재된 이 작품을 읽은 그녀는 T씨에게 아주 재미있는 소설이라고 그 스토리를 자주 얘기해 줬다. 하지만 이때 사실 전혜린은 번역이라는 것은 별 대단한 일이 못된다는 생각을 평소에 늘 가져 왔었고, 또 F. 사강이라는 작가도 그렇게 탐탁스레 여기지 않는 편이었다. 하지만 이것이 뜻밖에도 T씨의 주선에 의해 한국에서의 출판이 결정되어 버리자, 그녀는 약속한 기간 안에 이것을 번역해야만 했다.

  번역 원고는 항공우편료가 비싼 것을 감안해서 아주 작은 글씨로 항공 편지에 빼곡하게 써보내야 했고, 그런지 몇 달 지나지 않아 처음으로 국내에서도 햇볕을 보게 되었다.

  그녀는 이것이 계기가 되어 거듭 작품 번역을 해야만 했다.

  1958년에 번역 출판된 E. 슈자벨의 『안네 프랑크 – 한 소녀의 걸어온 길』도 이와 비슷한 경위로 해서 국내에 있는 그녀 아저씨의 출판사에서 나오게 되었고, 다음해인 1960년에 출판된 『압록강은 흐른다』의 원작자 이미륵(李彌勒) 씨는 독일에서 소설을 쓰다 독일에 묻힌 한국인임은 이미 알려진 사실이다.

그밖에 E. 케스트너의 작품 『화비안』이 1960년에 번역 출판된 것을 비롯해서 그녀가 죽던 해인 1965년에 번역, 유고로 나온 H. 노바크의 『태양병(太陽病)』에 이르기까지의 7~8편의 작품들은 모두 우연이 계기가 되어 번역을 하게 된 책들이라고 한다.

아무래도 딱딱한 문장과 리듬으로 해서 다른 나라의 작품에 비해 번역에서는 손해를 보기 쉽다는 독일 작품이었지만, 그녀의 유려한 문장력과 문체(文體)의 흐름은 매우 정확하고 분명한 것이어서 국내에서의 반응은 썩 좋았다. 그런 연유로 해서도 그녀의 번역 작품들은 선배나 동기, 친지의 우정 가운데 여러 출판사에 주선되었고, 출판사들 역시 그녀의 번역 작품을 얻고자 했던 것이다.

그녀가 출판을 위해 단 한 번도 적극적으로 발벗고 나선 일이라곤 없이 항상 피동적이었으면서도 우연처럼 ― 우정이나 타의에 의해 나온 이들 번역 작품으로 해서 그녀의 작품을 꿰뚫어 보는 지성의 눈은 독자들에게 널리 인식되어 갔다. 하지만 그녀의 빛과 향기가 스민 수필에서 보면 그녀는 어쩌다 번역 쪽에 치우친 것을 자괴(自愧)하고 있다. 그것은 참으로 단독(單獨)의 개인이 이뤄야 할 독창의 작품이 자꾸 세월 속에서 밀린 채 아직껏 유예되고만 있는 스스로의 조바심에서 더욱 심했던 것으로 보인다.

처음에 무한한 가능성으로 열려 있던 것 같은 자신과 포부 ― 그리고 내 운명은 내 손 안에 있다는 낙천주의 시대는 나도 모르는 사이에 지나가 없어져 버리고, 어느새 어떤 기성품의 현실이 열망됨 없이 자기에게 주어져서 그 테두리 안에 들어가 고정되어 버린 것이 나의 회고가 다시금 시인하는 결론인 것 같다. 즉, 내가 미치도록 그것이 될 것을 원했던 것으로 되는 대신에 자기가 미처 생각지도 못했던 가장 의외의 방향으로 어느새 자기가 형성되어 버린 것을 발견한다. 크게 보아서 내가 중학교 때 썼던 글 속에 있는 한 구절 '절대로 평범해져서는 안된다'라는 소망겸 졸렌(Sollen : 當爲)이라는 정반대의 사람으로 형성되어진 것 같다. 이 사실에 대해서 나는 때때로 스스로 경탄을 금치 못하고 있다.

 작가로 나설 것을 그처럼 꿈꿔 왔던 그녀로서는 현재의 번역문학이란 것은 마음 바깥의 일이었다. 그러면서도 전혀 피동적으로 그녀는 이렇게 되어져 왔던 것이다. 미치도록 되고 싶어했던 본격적인 작가로서는 아직 출발치 못하고(그것은 작품이 없기 때문이다), 그 반대의 자기로서 형성되어 있음을 번민하는 그녀의 순수성 — 이것은 그녀 본질의 손실인 것만 같아 그녀 존재의 상처가 되었던 것이다.
 그녀가 서울 법대에서 공부하던 법철학에서 뮌헨 대학으로 옮겨 독문학으로 든 것도 따지고 보면, 그녀의 본성을 찾는 존재 확인에의 길이었다. 그럼에도 지금 자신은 남이 이뤄 놓은 독창성을 옮겨 주는 충실한 운반자에 지나지 못함을 탄식했다. 그녀와 같은 천재에게 이 같은 탄식은 당연할 수밖에 없었으리라.
 그러나 '천천히, 그리고 꾸준히'라는 말처럼 그녀에게 빛나는 독창적 예술은 얼마든지 가능하고도 남을 일이었다. 하지만 운명의 신이 죽음의 사신을 그토록이나 빨리 이 천재에게 보낼 줄이야

뉘 알았으리오. 결국은 그녀의 요절은 이 탄식을 적중시킨 결과가 되고 말았지만……

그렇다고 전혜린이 작품을 번역하는 데 있어 열정을 기울이지 않은 것은 아니었다. 일단 일에 들면 피나는 노력을 경주했다. 웬만한 창작에 못잖은 재창조의 정열을 집중시키기가 일쑤였다. 보람도 있었고 긍지도 있었다. 그러니깐 스스로의 작품을 못 쓴 데 대한 자괴적인 탄식은 하나의 숙명적인 결과론이라 해야 할 것이다.

그녀는 『압록강은 흐른다』를 번역하면서 이국에서 숨진 고독한 한국작가 이미륵 씨의 무덤을 찾는 정성도 보였다. 훌륭한 작품을 쓴 우리 한국인의 무덤이었던 만큼 이런 점에서 한없이 다감한 그녀로서는 그 무덤을 찾고도 남을 일이었다.

그녀의 인간적인 일면이 그러한 점에서도 잘 드러나고 있다.

작품의 번역만으로 끝나지 않는 작가와 작품에 대한 동일관(同一觀)이라 해도 좋겠다.

이미륵 씨의 무덤을 찾는 길에는 남편인 T씨와 또 한 사람 S라는 독일 노처녀와 동행했다. S양은 쉰 살도 넘었으면서 끝내 결혼하지 않은 올드 미스로서 젊었을 때의 아름다움이 아직도 가시지 않은 섬세한 선(線)의 여인이라고 소개되고 있다.

이 여인은 이미륵 씨에 대한 깊은 사연을 알고 있는 여인으로 이미륵 씨의 사진도 계속 보존하고 있고 아울러 그녀 집에 그가 기거한 비밀도 있는 것으로 알려져 있다. 때문에 그녀는 지금껏 혼자 살면서 이미륵이라는 인간과 그의 고귀성이 자신의 영혼에 깊은 추억의 주름살로 남아 있는 것을 지키는 순결성으로 종생(終生)할 지도 모를 여인이었다.

전혜린은 T씨와 함께 이미륵 씨의 무덤을 찾으며 상록수의 가지로 엮은 꽃다발을 가져갔다고 한다.

그의 무덤은 뮌헨 교외의 거친 들판 한가운데 있는 작은 공동묘지 안에 있고, 작은 돌로 된 비석 하나에 한문으로 「李彌勒」이라 씌어져 있어 찾기는 쉽다고 한다.

이들 세 사람이 이 무덤을 찾은 것은 뮌헨에서는 아직도 겨울에 머물고 있는 3월 20일, 이미륵 씨가 독일에서 작고한 날이기도 했다. 아무런 장식도 없이 작은 돌비석 하나뿐인 이미륵 씨의 이국 묘(墓), 참배객도 거의 없는 한없이 쓸쓸한 묘였다.

이미륵 씨가 독일에 온 것은 1910년이었다. 그는 한일합병을 반대해서 압록강을 건너 만주와 중국을 통해 독일까지 망명해 와서 이곳 뮌헨에서, 더욱이 뮌헨에서도 슈바빙에 방을 얻어 자취를 하면서 학생 시절, 청년 시절, 중년 시절을 보내고 역시 이곳에서 병사했다고 한다.

그는 말년에 뮌헨 대학에 강사로 나가 한문학과 동양사상을 강의했다고 하며, 1943년 나치에 의해 처형당한 뮌헨 대학 총장 후버 씨와는 둘도 없이 친한 벗이었다고 전해진다.

이미륵 씨는 이렇게 슈바빙에 살면서 뮌헨 대학과 깊게 인연을 맺고 살았었기에 아직도 그를 아는 사람들은 그곳에 많다고 한다.

조용한 사람, 독특한 인격의 소유자, 훌륭한 사람으로 통하고 있는 그는 에피소드도 많이 지니고 있다.

그 중 하나는 나치가 한참 극성을 떨던 때의 일로서, 그는 기차를 타고 스웨덴에 가게 되었다. 마주 앉은 독일 여인이 한참 동안 그에게 히틀러에 관한 찬양을 거듭해 왔다. 다 듣고 난 이미륵 씨는 그 여인에게 "히틀러가 누구입니까?" 하고 시침을 떼고 물었다. 이 물음에 "아니, 당신은 우리의 지도자 히틀러도 모르신단 말씀입니까? 도대체 위대하신 히틀러의 이름도 모르신다니 당신은 어느 나라에서 오셨습니까?" 하고 이 여인은 되레 히틀러를 모르는 이미륵 씨가 신기해 이렇게 되묻지 않을 수 없었다. "독일서 왔습니다!" 조용한 이미륵 씨의 대답에 그 독일 여인은 기차가 종착 역에 닿을 때까지 한마디도 더 말하지 못했다고 한다.

이미륵 씨의 저서는 『압록강은 흐른다』가 유일한 것이다. 같은 한국인이고 슈바빙에서 살았고 의학과 독일 문학과 철학을 공부한 뒤 그곳의 신문과 잡지에 기고하면서 뮌헨 대학의 강의를 맡아 보기도 했던 그. 그러한 그였기에 전혜린 그녀로서는 『압록강은 흐른다』를 깊이 사랑하면서 심혈을 다 기울여 번역하지 않을 수 없었던 것이다. 이것이 그녀 인간성의 구김살 없는 한 면모이기도 하다. 아울러 이 작가와 작품을 함께 기리면서 그녀는 이렇게 말하고 있다.

"그가 살고 생각한 생(生)은 유리알처럼 조화에 찬 고전의 세계였다"라고—.

T씨와 함께 있어도 늘 고독한 정신의 여로(旅路)를 찾기 일쑤였던 그녀 — 그러나 바쁜 생활 속에서도 긴 여름방학을 이용해서 T씨와 함께 알프스를 여행한 적도 있었다. 그것은 1956년 8월의 일

이었다.

그녀와 T씨는 독일의 알프스 산정에서도 가장 높다는 주크슈피체(Zugspitze) 봉을 가기 위해 별 준비도 없이 입은 옷 그대로의 여행을 떠났다. 웬만큼 돈이 있더라도 책을 사느라고 고달픈 형편이었으니 설사 준비를 했다 한들 뭘 더 했으랴.

이 두 사람은 방학 동안의 나날들은 도서관, 헌 책방, 그리고 기껏해야 뮌헨 시내나 시장 같은 데를 산책하다가 문득 본 알프스의 백설에 덮인 사진을 보고서 매혹적인 그 광경에 함께 떠나기로 의견을 모았던 것이다.

그들은 뮌헨에서 약 한 시간 반쯤 기차를 타고 남쪽으로 가다가 동계 올림픽이 열렸던 곳으로 이름난 가멋쉬 파아덴키르헨이라는 소도시에서 내렸다. 여기서 두 사람은 경사 45도의 산비탈을 올라가는 터널 기차를 갈아타야 했다.

이들은 알프스에 대한 별다른 상식이 없었기 때문에 이 기차를 타고 나서야 자신들의 복장이 잘못되었다는 것을 깨달았다. 알프스의 기온과 뮌헨의 여름 기온과는 바로 겨울과 여름의 차이였기 때문에 다른 승객들의 복장은 하나같이 겨울복장이었고 심지어 담요까지 준비한 사람도 많았다.

그렇지만 이 곤경도 약 두 시간 — 터널 기차가 3천 미터 높이에 있는 호텔 슈네에훼른 하우스에 승객들을 내려 놓자, 이 부부 대학생들은 영하 15도의 추위도 잊고 알프스가 주는 장엄한 설경에 심취되어 버렸다. 뜨거운 혈기를 지닌 젊은이답게 알프스의 그 기막힌 아름다움과 웅휘(雄輝)로움을 그들 자신과 동화시켰던 것이다.

T씨는 전혜린에게 지도를 펼치고 정답게 설명해 주었다. 여기는 오스트리아, 저기는 스위스, 이쪽은 프랑스, 저쪽은 이탈리아라고 일일이 산봉우리들을 손가락으로 가리키면서.

추위 같은 것은 그만 깨끗이 잊고 알프스 만년설에 도취되어 있는 이 두 사람의 정경은 한마디로 멋진 신혼부부요, 가난한 대학생들이었다.

저녁이 되어 그녀와 T씨는 호텔 슈네에훼른 하우스에 들었다. 독일식의 견고한 건물이라 호화스럽지는 않았으나 설비가 잘된 집이었다. 그녀는 이 호텔을 시적(詩的)으로 '설원(雪原)찻집'이라고 표현했다.

이곳에서 저녁식사를 마친 두 사람은 한 잔의 백포도주를 앞에 놓고 오랫동안 노을이 비치는 알프스의 산정들을 홀린 듯이 바라보았다.

이 노을이 머무는 시간은 참으로 길어서 처음엔 노란꽃빛 같았다가 붉은꽃, 그러다가 보라꽃빛으로 변해 가면서 이윽고 잿빛에서 엷은 먹빛으로 바뀌었다.

노을이 다 하자 그녀는 먼저 병실 같은 인상을 주는 흰 침대 속으로 들어가 잠들었다 한다.

그러나 잠이 채 들기도 전에 T씨가 불렀다.

"어서 나와 봐요! 어서요!"

그녀는 얼른 테라스로 나가 보았다. 바라보니 바로 눈앞의 산봉우리에 그림처럼 둥근 레몬빛 달이 둥두렷이 떠 있었다.

레몬 달─. 그렇다. 알프스 산정에 걸린 달은 레몬에 틀림없는 그런 달이었고, 전혜린 그녀는 지구가 아닌 다른 별나라에 와 있는 듯한 신비경을 느낄 수밖에 없었다.

"나는 별 속에 있는 하나의 미물(微物)."

"자연은 위대하면서도 기이한 거인(巨人)."

"달은 처절한 빛을 지니고서 빙양(氷洋)에 떠 있는 영원의 램프."

다음날 아침, 그녀는 목욕탕 속에서나 볼 수 있는 희고 불투명한 농도 짙은 안개로 위용 있던 알프스가 그 산정도 아무것도 안 보이는 자연현상에 또 한번 경탄해야 했다. 이것이야말로 '흰 카오스'라고 그녀는 말했다.

기나긴 노을, 레몬 달, 흰 카오스—. 그녀가 알프스 산정에 T씨와 함께 가서 얻은 이 단어들은 그녀만의 독창적인 훌륭한 시어(詩語)라 할 것이다. 또한 그녀는 그곳의 자연경관을 보고 다음과 같이 말하기도 했다.

나는 빙하 시대와 우리 사이에 우리가 생각하는 것처럼 큰 거리가 있는 것은 아니라고 느꼈다.

그녀의 지성과 감성은 이처럼 빼어난 것이었다.

T씨와 함께 느낀 알프스에서의 순수감정을 순수자연 속에 두고 이렇듯 못 잊어한 그녀는 정말 원로 여류작가 한무숙(韓戊淑) 씨의 애도처럼 "한 송이 알핀 바이올렛"이었다.

꽃 중에서도 유독 바이올렛 - 오랑캐꽃을 가장 좋아한 그녀는 일찍이 독일 유학중에 그곳으로부터 한 다발의 알핀 바이올렛을 생화(生花)인 채 소포로 한무숙 씨에게 보낸 적이 있었다.

  이 한 묶음의 진보랏빛 오랑캐꽃, 그것은 어쩌면 그녀의 맑은 행복, 맑은 지성, 맑은 감성으로 상징될 수도 있으리라.

  좋아하는 꽃을 택해도 자신의 개성과 같았던 꽃, 알핀 바이올렛을 택했던 전혜린 - 이 꽃이야말로 "그대의 별인 토성(土星)은 그대가 보낸 그대의 꽃, 알핀 바이올렛이 피는 풀밭 위에로 떠 있으리……"라고 애닳아 한 한무숙 씨의 조문(弔文)처럼 지금 우리에게도 진보랏빛으로 피어 있다.

憂愁詩集

한 생애를 절정(絶頂)에 오른 청춘까지만 살다 떠나 버린 우수의 여인, 전혜린.

그녀는 시인 김남조(金南祚) 씨가 애도시로 괘재(掛再)한 제목과 같이 '흰 눈발 더 희게' 살다 마감한 순백한 한 권의 우수시집이었다.

그대 꽃다운 나이에
하마 생명의 잔을 비우고 떠나는
허적(虛寂)한 뒷모습이여.

간간이 흰 눈발 뿌리고
그대 탄생월의 보석
자홍 석류석에도
눈물이 괴었어라.

총명하여 총명하여

불구슬처럼
빛나고 아프던 눈망울이여,
그대 눈망울이여.

아침 날빛에
저녁 으스름에 되살아나는
영 못 잊을 눈망울이여.

새삼 사람의 무상(無常)을
그대로 해 알겠거늘
고단한 어족(魚族)떼처럼 지쳐
흰 목덜미 더욱 외롭던 이여.
하지만
유한(有限)이야 없으리.

그대가 받은 시간과 사랑
남김 없이 다 쓰고
첫 새벽 흰 원고지 위에
한 자루 촛불 다 타듯
눈감은 이여.

흰 눈발
더 희게 나부낄 저승길을

너그러운 마음씨로
부디 모든 일 다 잊고 가라.

가버린 전혜린에 대한 애련은 그녀의 서울 법대 후배이며 지성(知性)의 벗이기도 했던 기자 출신의 번역문학가 이덕희(李德姬) 씨에 의해서도 간절하게 나타나 있다.

한마디로 전혜린 씨 — 그 여자는 생을 사랑했다. 아마도 전존재로서 그 여자는 생을 사랑했고 또한 자기가 생을 사랑한다는 것을 순간순간 자기에게 의식시킴으로써 생을 사랑했다. 그는 끊임없이 되풀이했다. "나는 생(生)을 사랑해"라고. 마치 생이 그 여자로부터 도망쳐 버릴까봐 두려워하는 것처럼. 혹은 그 여자 자신이 생의 권태에 걸려 넘어질까봐 겁내는 것처럼.
 마치 그는 그것을 자기에게 인식시킴으로써 생의 일체를 그처럼 덧없고 그처럼 아름다운 이 지상의 모든 것을 전력으로 껴안으려는 것 같았다.
 그 여자가 이룩하는 온갖 시선과 몸짓은 스스로 생의 리듬에 충만해 있는 것이 아니고 오히려 공허를 충만으로 바꾸기 위한 격렬한 몸짓인 것 같이 느껴졌다. 그래서 나는 그 여자가 한 번도 지친 것을 보지 못했다.
 하지만 적어도 그 여잔 '지치게 보이지 않는' 것이었다. 나는 기진맥진한 상태로 축 늘어져 있는 그 여자의 모습을 절대 상상할 수가 없다.
 '권태'와 '광기' — 이 두 낱말은 그 여자가 아마도 가장 자주 입술 위에 떠올리던 언어였다. 그 여자는 광기로써 권태를 극복했던 것이다. 스스로 광기를 불러일으킴으로써(이 광기란 말이 오해 없이 받아들여지기를 바란다) 모든 천재들에게 때때로 나타나는 저 섬광 같은 광기는 언제나 창조적인 것이 아니었던가.

〔중략〕

그 여자의 눈은 나를 매혹했다. 내가 그 시선에 닿자마자 대번에 나는 여태까지 그렇게 수수하게 예지에 빛나는 눈을 본 적이 없었다.

그처럼 집중된 정신적인 눈을 이미 결혼을 하고 한 아이를 가진 삼십 세가 가까운 여자의 눈이 어쩌면 저렇게도 맑을 수가 있을까? 그것은 마치 초겨울 살얼음이 끼기 시작하려는 직전의 호수가 지닌 일종의 영기(靈氣)를 풍기는 것 같았다. 그 여자는 자주 미소했고 다정하게 거의 수줍음조차 지닌 부드러움을 가지고 얘기 도중 팔을 잡곤 했다.

그 여자는 거의 쉬지 않고 줄곧 얘기했다. 큰소리로 빠르게 그처럼 격렬한 몸짓으로……. 침묵은 그 여자에게 어울리지 않는 것 같았다.

마치 정적을 무서워라도 하는 것 같은 저 다변(多辯)의 의미를 나는 훨씬 뒤에야 이해했다. 나는 어째서 그 여자가 그처럼 격렬하게 마치 항거하는 것처럼 쉴새없이 얘기하지 않으면 안 되었던가를 지금은 너무도 잘 이해한다.

그 여자는 '입을 다물고', '움직이지 않고' 있기에는 너무나 생기에 넘쳐 있었고 너무나 권태를 무서워하고 있었다.

그 여자는 침묵 속에서 구제를 발견하기에는 너무나도 동적(動的)이었다. 대화는 언제나 그 여자를 구출했던 것이다. 일상성의 피로로부터, 고독으로부터, 권태와 공허로부터…….

또 가혹하고 쌀쌀하다는 것 ― 이건 그 여자에겐 불가능하게 보였다.

그 여자는 관대하고 누구에게나 따뜻하고 친절했다. 그 여자 자신도 그렇게 말하지 않았던가. 온갖 행위는 후회를 필연적으로 수반한다는 것을. 그럼에도 불구하고 범(氾) 한다는 것을. 왜냐하면 그건 무(無)보단 낫기 때문에.

그는 절대를 손아귀에 쥐어 볼 것을 꿈꿨었다. 하지만 그 여자의 의식이 극단을 향해 치달려 갈 때 생활은 그곳에의 길을 차단했던 것이다. 사소한 법칙과 견고한 습관과 거만한 안정감들로 이룩된 일상성의 질서는 '잔인한 테두리'를 치고 극단으로 날아가려는 정신은 너무도 잦은 일상성의 메커니즘 속으로 추락하지 않을 수 없었던 것이다. 하지만 그것은 또다시 비상하기 위해서 무한한 노력으로써 날개를 퍼덕거렸음에 틀림없다. 이른바 저 "짜라투스트라의 가장 긴 사닥다리로써 가장 깊은 데를 내려갈 수 있는 영혼, 가장 멀리 자기 안에서 달리고 번민하고 방황할 수 있는 가장 드넓은 영혼"의 높이에까지 도달하기 위해서 그 여자의 정신은 얼마나 많은 투쟁을 겪어야 했던 것이다.

어제 그 여자는 영원히 갔다.

나도 또 저 다윗의 지혜를 빌어 다음과 같이 말해야만 옳을 것인가. "헛되고 헛되고 헛되니 모든 것이 헛되도다"라고?

위대한 정신은 결코 죽지 않는다. 육체가 썩은 후에도 그것은 영구히 남아 생자(生者)들의 정신 속에 씨를 뿌리는 것이다. 혜지자(慧智者)가 남긴 말은 마치 과일 속에 씨가 박혀 있듯이 다른 사람의 정신 속에 박혀 있는 것이다.

어쨌든 그 여자는 열심히 살았었다. 그 여자는 살아서 '무엇인가'를 했었다.

또는 적어도 그렇게 하려고 시도했었다. 죽음은 잔혹하게도 이 모든 것을 좌절시켜 버린 것이다. 그것은 영원히 애석한 일이 아닐 수 없다. "이젠 난 니나야. 마르그레트가 아니고 이젠 니나야." 하고 생활에 넘쳐서 외치더니……. 참으로 니나처럼 살아보기 시작하려는 바로 그때에 동경하고 숭배했던 니나의 생을 스스로 구현해 보려는 온갖 시도를 다할 수 있는 바로 그러한 때에 죽음은 그 여자를 데려가 버린 것이다.

 니나처럼 온갖 절망에서도 좌절되지 않고 생을 가득한 충만함으로 생기롭게 살려 했던 전혜린. 하지만 그녀의 그 무언가 하고자 한 빛남의 눈망울도, 안개처럼 털어버릴 수도 없는 운명 앞에 어쩔 수 없이 깊은 우수에 잠겼어야만 했나 보다.
 시인 전봉건(全鳳健) 씨가 〈문학춘추(文學春秋)〉사 주간으로 있었던 1964년 2월 22일 당시의 날짜로 초원다방(草原茶房)에서 써 보낸 그녀의 서신에 따르면, 바로 한 해가 채 차지 않고서 죽을 운명을 예감키나 한 듯하다.

 결국 운명은 부재중이었던 모양입니다. 선생님과 내가 각기 같은 공간 속에서 동시각에 기다렸다는 ― 헛되게 ― 사실은 알레고리인 것 같습니다.
 벤(Benn)의 시 〈여행〉이 생각납니다. 문득 "당신은 취리히는 뭐 특별한 도시인 줄 아십니까?"로 시작되고 "5번가에서도 공허는 닥쳐 오는 법", 그리고 "아, 여행이란 헛된 것, 너무 늦게야 우리는 그것을 인식한다."로 끝나는 시입니다.

떠나겠다는 것, 그러나 떠나겠다는 의욕만으로 누구보다도 행복한 생을 마친 노수부(老水夫)도 있지 않을까요. 그는 꿈을 먹고 산 것입니다. 빵대신에.

이 편지처럼 전혜린은 자신의 생을 빵 대신에 꿈을 먹고 살았고, 아무런 신명나는 일도 없는 도시를 우수를 몰고서 살았었는지도 모른다.

그녀 정신 가운데 보이는 우수의 인자(因子)는 두 갈래다. 그 하나는 자유로운 정신의 방황이고, 다른 또 하나는 미치도록 격렬하게 일에 매달리고픈 묶임에의 자초(自招)다. 다음의 편지는 그녀의 은사이시며 그녀가 성균관대학교의 조교수로 재직할 때 동(同)대학교의 문리대학장이었던 박인수(朴仁守) 교수에게 보낸 글이다. 그녀가 몹시 존경한 박인수 교수에게 보낸 이 글에서도 그녀의 두 갈래 생각은 역력히 나타난다.

미칠 듯한 불안이 엄습해 오는 황혼입니다.
긴긴 강의들 끝에 먼지 덮인 길을 걸으면서 정화에게 약속한 군밤을 한줌 사서 호주머니에 넣었습니다. 그리고 나서 문득 보니 손금쟁이가 눈 앞에 가게를 벌이고 있었습니다. 저는 십 원을 내고 손을 읽어 받았습니다. "직업에 성공"이라는 한마디가 귀에 들어와 내 자조(自嘲)를 돋구었습니다.
선생님, 들에는 마가렛과 양귀비꽃이 피어 있겠지요? 거기에 방갈로나 세우고 토끼와 사슴과 죄없는 사람들과 살고 싶습니다.

가을, 벌써 내 마음 속에는 흰 눈이 내리고 있습니다.
선생님, 저의 일 때문에 너무 애쓰셨습니다. 더 이상 그 일 때문에 괴로워 마십시오.
저는 어떤 형태로든지 선생님 밑에 일원으로 일하면 행복이에요.
그것으로 만족합니다.
언제나 선생님 밑에서 공부하길 바라고 있습니다.

새해에 들어오니 더 허망한 느낌이 납니다. 어디론지 떠나고 싶고 미칠 듯한 초조를 누를 수 없습니다.
무엇이든지 꽉 잡고 싶다, 유지하고 싶다, 반복하여 습관화하고 싶다, 이런 고정관념이 있어야 하는데, 그래야 자기 자신을 어떤 곳에 정착시킬 수 있을 것인데, 어떤 곳이란 결국 이 세상에서의 어느 한 위치이겠지요 (어느 의미로든지). 저는 그런 포착하고 유지하고, 길들이고 하는 이런 온갖 개념에 혐오를 느끼고 있습니다. 온갖 흐르지 않는 것, 응결된 것, 그 자체로서 그냥 있는 것은 생명이 없는 것들입니다.
제가 원하는 것은 생명이 유동되는 것, 매일매일 변하는 것, 어떤 새로운 것, 습관적인 것인데! 미칠 듯한 순간, 세계와 자아가 합일되는 느낌을 주는 찰나, 충만한 가득 찬 수난 등 손에 영원히 안 잡히는 것들이 나의 갈망의 대상입니다. 손에 잡히고 나날의 생의 반복이 그것을 확증해 주는 모든 것은 이미 거짓 감동 밖에는 나에게 줄 수 없습니다. 타아(他我)와 자아(自我)가 합일될 수 있었던 순수한 상태, 우주와 나 사이에 아무 모순도 없었던 때는 어릴 때 이외에는 다시는 없는 것일까요? 우리의 모든 욕망은 결국 어릴 때 우리를 도취시켰던 조갑지 하나만큼의 가치도 없는 것일까요?

끊임없는 동경의 영원한 대상은 결국 언제나 '불가능'인 것입니다.

어린 시절에의 동경, 또는 다 지나간 뒤에야 깨닫게 되는 첫사랑, 또는 결혼하기 전에, 즉 속된 언쟁이나 친척이나 가계부나 상호간의 자질구레한 속임이 열을 식힐 수 있기 전에 와해되고 만 로미오와 줄리엣의 사랑, 또는 비인간을 대상으로 한 중세적인 '초월적인 것'에 대한, 신에 대한 창백한 관념만의 사랑, 이런 온갖 불가능의 집적이 우리의 영혼 밑에는 깔려 있습니다.

그리고 언제나 우리의 영혼을 목마르게 하고 있습니다. 한마디로 우리는 무엇이 그리운지를 말할 수 없습니다.

그리고 언제나 우리의 영혼을 목마르게 하고 있습니다. 한마디로 우리는 무엇이 그리운지를 말할 수 없습니다.

우리의 동경 속에는 온갖 색채와 음향과 냄새가 담겨 있는 것이니까요. 우리는 무엇이 되든지, 무엇을 하든지, 언제나 그리움에 울어야 하는 것입니다. 이러한 그리움이 없는 사람(또는 적은 사람, 또는 둔하게, 멀게 밖에 느끼지 않는 사람도 이 세상에는 있습니다. 그리고 지상(地上)은 그들의 것입니다) 그들은 돈을 사랑하고 모으고 계산하고 아무 생각도 없이 죽어갈 것입니다. 그리고 그러한 현실주의자들만이 이 세상에서 자기를 주장하고 마치 가구가 "나는 의자다." 하고 방안에 놓여 있듯 실재(實在)하는 것입니다.

신년의 인사로써의 저의 편지는 너무 심해진 것 같습니다.

끝으로 제가 제일 좋아하는 시(詩)의 하나를 선생님에게 적어 보내드립니다.

취하게 하라, 언제나 너희는 취해 있어야 한다.
모든 것은 거기에 있다. 그것이 유일의 문제다.
너희들의 어깨를 짓누르고 너희를 지상(地上)으로 누르고 있는 시간이라는 끔찍한 짐을 느끼지 않기 위해서 너희는 여지없이 취해야 한다.
그러나 무얼 갖고서 취하는가?
술로 또는 시(詩)로, 또는 당신의 미덕(美德)으로.
그건 좋을 대로 하시오.
그러나 하여간 취하여야 한다.

— 샤를르 보들레르
서울, 1964년 1월 혜린

박인수 교수에 대한 제자로서의, 또한 후학으로서의 그녀의 편지는 그녀 생각의 모든 것을 토로하고 있다.

딸 정화 양을 위해 그녀가 뮌헨 대학 시절에서도 곧잘 사먹었던 군밤을 사서 호주머니 안에 넣은 것이며, 정말 집시의 피 같은 성격으로 손금을 본 것이며, 긴긴 강의의 힘듦보다는 전원생활을 그리워하는 것이며, 이어서 습관화되어야 할 인간사 등을 고스란히 다 적고 있다.

뿐만 아니라 가장 믿고 존경하는 스승에 대해 새해 인사를 올리면서도 인간의 근원적인 순수성과, 그렇지 않고 현실적, 동물적인 타아(他我)와의 불협화음에 대해서도 심층 깊이 다루고 있다.

아울러 끊임없이 떠돌고 싶은 방황에의 떠돌이 심정과 어차피 운명지어진 인생이라는 생각에의 집착 – 이 양면성도 기탄없이 피력하고 있다.

　그녀가 박 교수께 보낸 또 하나의 편지에는 정치적 목적을 위해선 수단 방법을 안 가리는 마키아벨리즘(Machiavellism)의 횡행과 이의 뻔뻔스런 세속화를 비탄하기도 한다.

　이것은 순수와 자유로움, 영원한 동경과 있는 그대로의 본질적 진실을 탐구하는 그녀에겐 상상할 수도 없고, 또 견딜 수도 없는 속된 현실이 되어 충만된 생을 그토록이나 갈구하는 그녀를 좌초한 배마냥 혼자 있도록 만들기도 한다.

　그러므로 그녀에게 남는 것이란 우수뿐이다. 먼 곳에 대한 그리움을 두고 거듭 못잊을, 안개에 싸인 낭만적인 우수와 그렇지 못하고 현실에서 자꾸 밀려나기만 해야 하는 고고성(孤高性)에의 우수가 그것이다.

　모든 순수한 것은 순간 속에 있기에 이것을 지속시키고 응결시키려는 노력만이 진실로 인생을 사는 것이라고 믿는 그녀의 지론(持論)은 그렇게 못되고 있는 이 현실에서는 합일은커녕 불가능 쪽으로만 기울기 마련이다. 때문에 그녀에게 자꾸 끼이는 우수라는 것은 당연한 정신적, 생리적인 산물 – 인간 본질과 원류(源流)에 대한 동경이 되고 있다.

　이 같은 우수의 깊이는 정신에 있다. 정신 가운데서 인간을 원치 않는다면 살아갈 가치조차도 없는 동물적인 삶에 불과한 것이라고 그녀는 말하고 있다. 종교에 대한 신앙이란 것도 따지고 보면 정신에서의 구원이다.

　공수래 공수거(空手來空手去)라는 흔한 말을 인용치 않더라도 인간이란 모든 소유했던 것을 두고, 그 자신마저도 무(無)로 돌아가는 것임엔 틀림이 없다.

때문에 우리는 의식을 잠재워 둘 수는 없다. 가장 순수한 상태의 의식, 최고도로 승화된 상태의 의식으로 깨어 있어야 한다.

이러한 의식의 순결, 정신의 순결은 언제까지나 육적(肉的)인 것에 앞서 있어야 하고 우위에 있어야 한다. 그러므로 남녀간의 사랑이라는 것도 정신적인 합일로부터 육체적인 결합으로 내려가야 한다. 그렇잖고서 육체적 결합만을 목적으로 한다면 사랑이라 할 수가 없다. 다만 육체적인 유희에 지나지 않는다. 쾌락이나 향락을 추종하는 동물적인 욕구 충족에 지나지 않는다.

이성적인 인간에 있어서 사랑이란 정신적인 것만으로서도 높이 승화되기도 한다. 육체 같은 걸 전제로 하지도 않는다. 순수한 사랑의 의식 그 자체로서 얼마든지 숭고한 사랑을 연출하기도 한다.

그러나 여기에는 현실적인 엄연한 문제성이 가로놓이기도 한다. 정신적인 사랑만으로는 소유코자 하는 본능을 감당치 못한다. 순수한 의식은 지속되더라도 영육(靈肉)의 결합은 불가능한 것이 된다.

그럼에도 이 정신적인 사랑의 승화는 정신이 없는 육욕적인 결합보다 인간 가치를 드높이는 것이 된다. 비록 이것이 현실에서 이루어지기 어려운 비현실적인 사랑이라 할지라도 육욕적 향락이 가능한 만큼이나 얼마든지 가능한 세계로 남는 것임엔 틀림이 없다.

결국 남녀의 사랑도 영육간의 완전 합일된 결합이어야 가장 이상적인 것이 된다.

헌신과 봉사라는 순수의식의 지속이 선행되면서 그 과일의 달콤함을 따야 한다. 그렇지 않고 육적인 과일만 딴다면 한마디로 그건 생리적 배설에 지나지 않는 것이다.

누가 사랑을 한다고 치자. A라는 남자와 B라는 여자가. B는 세상에서 손가락질 받는 창녀다. 그럼에도 A는 B라는 여자를 받아들인다. 사랑하므로 결혼도 하고 아내로서 아이도 낳게 만든다. 아이가 큰 다음에는 훌륭한 어머니였다고 칭송도 해준다. 이 경우 두 사람의 사랑은 영육간의 합일이 이뤄진 사랑이 된다.

A는 B가 비록 어두운 과거를 지닌 창녀임에도 아랑곳 않는다. 순수한 사랑이 육체적인 과거의 과오를 덮어 준다.

정신적인 순결한 사랑이 지나간 날의 육신의 더러움을 순결하게 씻어 주고 있다. 육신은 씻으면 깨끗하다는 순수의식의 사랑의 논리가 성립되고 있다. 육체에 닿은 다른 육체의 더러움을 정신의 깊이, 사랑의 깊이로 맑게 씻을 때 육체가 저지른 과거는 문제가 되지 않는다. 그러나 정신적인 간음이 결혼한 다음에도 지속된다면, 이것은 순수한 순간의 파국을 가져오기 마련인 것이다.

전혜린은 정신의 중요성을 사랑 안에서도 찾고 있다. 사랑도 정신에 의해서 깨끗하게 된 것이 아니라면 무가치한 것으로 보고 있다. 가장 순수한 의식의 상태를 중시하기 때문이다.

하지만 그녀는 이 같은 문제도 세상이라는 현실적 여건 때문에 겨우 겨우 순간에 의해서 순간적으로만 머무는 것이라고 말하고 있다.

왜냐하면 순수한 순간, 순수한 사랑은 잠시뿐이고, 여기에는 언제나 불순성(不純性) 또는 불순물이 끼어들기가 십중팔구라고 보고 있기 때문이다.

그녀는 고독이란 것도 '영혼의 전달'이 불가능한 데서 생기는 것이 아니고, 이것의 지속이 불가능한 데서 기인하는 불안과 회의에서 싹트는 것이라 보고 있다.

사랑이나 영혼의 전달이라는 것은 순간에서만 가능하고, 그래서 우리들은 실존(實存)과 마찬가지로 매순간마다 선택하고 의식적으로 받아들여져야만 한다고 한다.

그러기에 이 받아들임과 선택함을 위한 결단성이 자신을 결정하는 모든 것이라는 것을 우리는 깊이 알아야 하겠고, 그래서 이것을 터득한다면 사랑이나 기타의 대인관계가 얼마나 투명하고 밝은 관계가 될 것이냐 하고 아쉬워하고 있다.

그녀 의식의 깊은 골짜기가 되고 있는 순수의 지속이란 이러한 생각은 영혼, 사랑, 우정, 대인관계의 모든 점에 걸쳐 마찬가지로 나타나고 있다. 말하자면 스스로의 의식을 나날이 선택하는 자신의 태도에 따라 이 모든 것은 존재할 수가 있고 절정으로 지향되어 승화할 수도 있다고 믿었다.

따라서 사랑이란 것도 따지고 들면 절정으로 승화된 순간을 말하는 것이며, 자기의식과 타의식이 완전히 하나가 된 순간을 가리키는 것이라고 여겼다.

그녀 우수의 순수한 골짜기는 사랑과 더불어 죽음에 관해서도 그 의식을 흘러내리고 있다.

우리는 흔히 죽음을 두려워해서 의식적으로 이에 무관심한다는 것. 의식을 마비시키면서 자신을 기만하고 있다는 것.

　이와 반면에 죽음을 직시하는 용기를 실생활 속에서 실현시키고 있는 사람들도 가끔은 있다는 것―. 이 사람들은 자기의 생을 하나의 체제로 구성하고 나서 존재의 근원과 결과를 탐구한다. 그러다가 끝내 존재의 근원도, 또 결과도 파악되지 않을 때는 이 불가능한 사유(思惟)에 괴로워한 나머지 깨어 있는 의식의 종료(終了)를 택한다. 존재의 부정이다. 존재의 부정을 택하는 사람들―.

　전혜린의 존재와 의식에 대한 사고(思考)는 죽음에 대해서도 자살을 부정치 않는다. 존재의 탐구를 애쓰는 존재 파악이 불가능할 때면 존재의 부정 ― 자살이 되레 자신을 기만하지 않는 순수라 보고 있다. 죽음을 똑바로 볼 줄 아는 용자(勇者)라고 일컫고 있다.

　순수한 순간의 지속이나 의식에 묶이고, 사랑과 우정, 일과 대인관계, 그리고 죽음에까지 진실되게 묶이고자 한 그녀.

　이제 그녀 우수의 또 한 갈래 인자(因子)가 되고 있는 끝없는 방황 쪽으로 시선을 돌려 생각키로 해보자.

　먼 곳에의 그리움 ― 이것은 끝없는 정신에의 자유로운 방황이 된다. 그녀는 안개로 싸인 뮌헨의 슈바빙 거리 ― 레오폴드 가(街)로 다시 가고 있고, 그러다가 이 분위기에서 정신의 맑음을 찾아 헤세에게도 가고 있다.

　이처럼 독특한 그녀의 우수는 그녀가 아니고선 갖지 못할 우수시집(憂愁詩集)이 된다. 그녀는 이 시집을 가슴에 품고 지금도 고독하게 거닌다.

살아 숨쉬는 땅은 슈바빙─.
나의 순수한 순간의 지속이 사는 땅─.
자유로운 정신
자유로운 인간이 현대를 살 수 있는 거리로구나!
그래서 나는 거닌다.
안개낀 가는 비가 자욱이 내리는 그대의 오지랖
잠잠하게 그려낸 도시 마을의 긴 거리를……
나의 머리카락, 나의 몸뚱이
안개에 젖었는가, 실비에 젖었는가.
눈에 보이면서도 잡히지 않고
잡히지 않으면서도 눈에는 보이는
슈바빙 레오폴드 거리의 잿빛 분위기
그대 못 잊을 분위기가 좋아
시인도 소설가도 화가도 음악가도
이곳 주민들이랑 어울려 술잔을 드는가.
학생이나 교수도 함께 어울려 합창을 이루는가.
맥주 실은 달구지는 고풍(古風)스레 지나가고
나는 그들을 향해 천천히 걸어간다.

　라이너 마리아 릴케, 토마스 만, 스테판 게오르게, 토마스 울프, 야콥 왓싸만, 루 살로메, 루드비히 토마, 그리고 우리 나라의 이미륵 등을 위시해서 수많은 화가와 표현주의 시인들이 학생과 교수 속에 어울려 한 사람의 주민으로 살았던 예술과 대학의 타운 슈바빙―.

그래서 '제에로오제' 같은 음식점에서처럼 사인 전람회, 시의 밤, 소설 낭독의 밤, 여류작가의 밤 등이 매일같이 열리고 '노아 노아'와 같은 다락방 전시실에선 하루도 빼놓지 않고 그림 전시회가 열리고 있는 곳도 세계의 그 어디를 가나 오직 그곳 밖에 없을 것이라는 슈바빙―.

또한 생활의 온갖 면에 있어서도 현대의 얄팍한 것은 물론 전통이나 인습적인 것에까지 반기를 들고 끊임없이 탐구하고 실험하면서 내내 쉬지 않고 발표하는 곳도 이곳이라 해야 되겠다.

그러기에 이곳은 같은 독일이면서도 독일적인 딱딱함과 관료적인 모든 것이 거부된 자유의 통풍로가 돼 있고, 이론적인 격식이나 비친 밀성은 아예 발을 들여놓지도 못하게 하는 풍토로 이루어져 있다.

더욱이 이곳의 모든 주민들은 마음이 순박하게 넓은 데다가 개성을 존중해 남의 일에 팥 놓으라 콩 놓으라 간섭이라고는 없다. 이러한 주민들의 성격은 전혜린의 말대로 천의무봉(天衣無縫)한 그들의 선천적인 예술가 기질과 물질에 구애받지 않는 소박하고 탈속한 생활양식이 만든 것으로 보고 있다.

그래서 남을 흉본다거나 간섭하는 일도 없으며, 마찬가지로 자신의 개성에 대해 이러쿵저러쿵 침해받기를 거부하는 전혜린으로서는 이 슈바빙이 자신의 독특한 개성을 마음껏 발휘할 수 있어 매우 흡족했던 것이다.

그러나 다만 이곳에서는 고국과의 거리감이라는 청춘의 우수는 있다. 고독에 휩싸이는 우수 - 아무래도 밀려드는 이 우수를 쫓기 위해, 그리고 유학생으로서 겪어야 하는 가난을 쫓고 책을 많이 사기 위해 그녀는 이곳에서 많은 일을 했다.

매일같이 쉬지 않고 학구에 몰두해야만 하는 그 맹렬한 시간의 틈바구니에서도 스스로 일을 찾아 해야만 했다. 낮과 밤이 따로 없다고 해도 좋을 만큼—.

사강의 『어떤 미소』를 시초로 해서 슈나벨의 『안네 프랑크 - 한 소녀의 걸어간 길』, 이미륵의 『압록강은 흐른다』, 케스트너의 『화비안』, 구드리히 및 하케드의 공저(共著) 『안네 프랑크의 일기』 등등……. 뿐만 아니라 겔트 루게(Gerd Ruge)의 『파스테르나크 방문기』, 파스테르나크의 『툴라에서 온 편지』와 같은 짧은 글로부터 임신한 몸이면서도 역경을 견디며 번역한, 역시 파스테르나크의 난해한 장편소설 『여권(旅券)』에 이르기까지 그녀의 일에 대한 집념은 대단했던 것이다.

특히 몹시 심한 고통을 겪으면서, 그리고 어려운 외국 유학처지에 있으면서도 몇 차례에 걸쳐 많은 송료(送料)를 부담가며 끝끝내 탈고하여 송고한 파스테르나크의 『여권』, 이 작품은 그녀의 간절한 노력에도 불구하고 출판마저 안 되고 말았으니 이국에서 느끼는 그 심정이야 오죽했으랴…….

잠깐 그녀의 열성과 이 열성을 완수키 위한 희생 - 고통을 읽어 보자.

약 네 시간 동안 『여권(Geleitbrief)』을 번역했다. 아주 귀찮은 일이었다. 젊은 파스테르나크의 상징어의 그물은 여러 번 나를 절망으로 몰아넣었다. 참으로 아름다운 이야기지만 번역 불가능의 것이다.

유감스럽게도! 노어(露語)로 그것을 읽고 싶다.

— 1959년 1월 3일의 일기에서

맑은 하늘, 햇살, 어제의 설경(雪景)……. 멋진 날이다. 6시간 동안 번역을 했다. 오른쪽 팔이 아프다. 더 이상 쓸 수가 없다. 빵에 버터를 바르는 일조차 힘이 든다.

— 동년 1월 17일 일기의 전문

오늘 제2부를 끝냈다. 이제 약 40페이지와 부록만 번역하면 된다.

나 자신이 맘에 들지 않는다. 이 번역은 지독하게 힘들다. 많은 노력이 필요하고 성과도 좋지 않다. 게다가 아무런 경제상의 이익도 가져다 주지 않는다. 반대로 우리는 무게가 많이 나가는 원고와 원본(原本)을 항공 우편으로 보내지 않으면 안 된다.

— 동년 1월 18일의 일기에서

달 밝은 밤.

이제 막 하루의 과제를 끝마쳤다. 즉 11페이지를 번역했다. 오늘 제10장을 마쳤다. 그러나 같은 한국 사람 하나가 이미 『여권』을 번역하기 시작했다는 좋지 않은 소식을 들었다. 그는 이미 2/3를 번역했다고 한다. 유감이다.

그러나 그게 무슨 상관인가? 나는 나대로 번역하는 것이고 그는 또 그대로 번역하는 것이다. 내버려두자!
 모든 사람은 자기 최선을 다할 수 있을 뿐이다. 여타의 것은 자기 별에 이미 적혀 있다. 그것은 인간의 예상을 초월한다.

— 동년 1월 20일의 일기에서

 어머니에게서 멋진 편지가 왔다.
 극평론가 Y씨에게 희곡 『안네 프랑크의 일기』가 접수돼서 빠른 시일 내에 출판되리라는 소식이다. 나는 안심했고 기뻤다.
 그러나 슬퍼할 소식이 있다. 미스터 리가 우리의 『여권』을 인쇄도 하지 않고 아무런 해명도 없이 어머니에게 돌려 주었다는 것이다. 어머니는 여원사(女苑社)에 대해 상담해 오셨다. 어머니는 그것을 문고판으로 발행했으면 하신다. 그러나 나는 매우 회의적이다.
 첫째, 이미 너무 늦었다는 점(경쟁상으로).
 둘째, 여원사에서 사실상 인쇄할지 의문이라는 점에서.
 그러나 만일 그것이 문고판에 끼일 수만 있다면 난 몹시도 행복하리라.
 나와 T와 우리 아기를 위해서 모든 일이 꼭 성공하리라!
 나는 많은 작품을 번역해야 한다. 나는 전속력으로 일해야만 한다. 일해야만, 일해야만 한다.

— 동년 3월 11일의 일기에서

 모든 것은 꿈과 같이 지나갔다. 모든 것은 그렇게 돌변하고 압도적이다. 13일 저녁에 나는 병원에 입원했다.

— 동년 3월 13일 일기의 전문

그녀 일기의 군데군데에서 절실히 느낄 수 있듯, 전혜린은 임신한 몸으로도 뮌헨 슈바빙의 가난과 어려운 여건을 이기고서 일하고 또 일했다.

출산을 얼마 안 둔 임신한 몸으로 『여권』과 같은 어려운 작업까지 다 해내었던 것이다.

비록 그것이 햇빛을 보지 못하고 출판 경영상의 차질로 해서 그녀에게 손해만 끼쳤음에도, 그녀는 다시 일하고 또 일할 것을 다짐하고 있는 것이다.

뮌헨의 깊은 우수 속에서…….

아니, 사실은 그녀 자신의 깊은 우수의 골짜기를 메우기 위해 즐겁게 묶임을 당하고자 하는 정신 — 순수한 순간의 지속을 의식적으로 찾았던 것이다.

 Ⅱ. 認識의 바다

일생에 한 번, 한 개라도 좋은 작품을 쓰고 싶다.
그것을 위해서 살아나간다.
모래를 씹는 것 같은…….
그러나 때로는 은빛 안개에 잠긴,
낙엽이 깔린 아침길과 같은, 또는 파란 하늘에
둥둥 분홍 구름이 더 있는 황혼과도 같은…….
이런 여러 개의 수많은 순간들로 구성되어 있는
나의 삶은 결코 쉽지만도,
또는 즐겁지만도 않다.

정신의 言語

 순수의 지속을 위한 전혜린의 노력은 피를 말린 정신의 결정(結晶)이었다. 겹겹이 쌓이는 우수를 한결같이 거느리면서도 꽃을 꽃으로만 보지 않고 열매로까지 결실시키기 위한 그녀의 실천적 언행은 자유로운 정신의 바탕 위에서 꽃 피고 열매 맺은 열정임에 틀림이 없다. 이를 일러 정신의 언어, 실행의 행동이라 하겠다.
 순수의 지속과 영원한 그리움에의 가능성을 향한 그녀의 노력은 꽃을 노래하면서도 꽃에 머물지 않고 그 열매에 언어의 생명을 불어넣는 언실불언화(言實不言花)의 시였다. 실(實 열매)과 행(行 묶임)이 함께 따른 언행합일(言行合一) 지행합일(知行合一)의 정신의 언어였고 스스로의 묶임이었다.
 정신으로 밝힌 언어 가운데 자신의 몸을 묶는 이 묶음은 자유로운 정신으로 내닫는 예술성을 지닌 그녀에겐 퍽이나 어려운 일이었으나, 그녀는 이것을 이지(理智)의 지성(知性)으로 이뤄냈던 것이다. 이 정신의 실현에는 무섭도록 강인하면서 결코 다함이 있어서는 안되는 의지(意志)와, 쉼 없이 날카로운 의식(意識)의 지속이 언제나 따라야만 했다.

사르트르(Sartre)의 작품 『존재(存在)와 무(無)』에 있는 말 「나는 내 존재에서가 아니라 내 존재방식에 있어서의 나 자신을 선택했다」라는 어구(語句)를 그녀 일기의 맨 첫머리 앞장에 서서(誓書)함으로써 보여 준 그녀 정신의 의지는 지향성으로서의 실천과 결실을 의표하고 있는 것이 된다.

환언하면 존재한다는 그 자체가 중요한 게 아니라 존재를 존재이게끔 하는 존재가치의 구현(具現)을 위한 존재방식 — 실행의 방법을 그녀 의지 속에 고착시켰음을 알려 주고 있다.

그녀가 선택한 이 존재방식은 역시 그녀 일기의 또 하나의 서서(誓書)가 되고 있는 사르트르의 『상황Ⅲ(Situation Ⅲ)』에 나오는 어구 — 「인간이란 하나의 상황일 뿐이다……. 자신의 직위와, 봉급, 자기 일의 성격에 의해 완전히 자신의 정서와 사고까지도 규정지워진…….」이라는 타율(他律)에 묶임을 당할 것까지도 포함시키고 있다.

사실 그녀에게 있어 이 같은 타율이라는 상황은 마음에 들지 않는다. 그러나 존재방식이야 어떻든, 거부할 수 없는 사회적 존재로서의 한 개인인 바에야 존재가 놓인 상황은 어찌할 도리가 없다. 결국 그녀는 자유로운 정신의 순수한 지속 — 순간 순간의 영원한 지속이 불가능함을 인지하곤 이 달갑잖은 상황이라는 싸임(周圍)에도 함께 할 뜻을 나타내고 있다.

하지만 이 상황이란, 그녀에게 있어서는 실행이나 결실을 전제로 한 묶임에 국한되고 있다.

사회적인 직위나 급료 따위에 의해 자신의 개성마저도 규정지워지는 그런 세속화된 상황이 아니라 되레 이렇게 되는 상황을 금제(禁制)하고서 자신의 개성을 자유로운 정신바탕 위에 결실시켜야 하겠다는 의지의 반어(反語)로서 서서하고 있는 것이다. 곧 그렇게 될까봐 두려워해서 ― 자신을 질타시키기 위해 적어 놓은 경구(警句)라 하겠다.

> 울기는 쉽지 눈물을 흘리기야
> 날면서 달아나는 시간만큼이나 쉽지.
> 하지만 웃기는 어렵지
> 찢어지는 가슴 속에 웃음을 짓는다는 건―.
> 이빨을 잔뜩 악물고
> 돌과 먼지와 벽돌 조각과
> 끊임없이 넘쳐나는 눈물의 바다 속에서,
> 웃음지으며 남을 믿으며
> 우리가 짓는 집에 방을 만들어 나가면
> 주위에서도 지옥은 사라진다.
> 그러나 웃기는 어렵지.
> 웃음이 삶인데도―.
> 그리고 우리의 삶은 그처럼 위대한 것임에도―.

1958년 10월 21일자에 쓴 그녀 일기에는 스스로의 정신 자세를 아무리 어려운 상황 가운데서라도 웃으며 이기게끔 두겠다는 의지로, 루이스 휘른베르크(Louis Fümberg)라는 독일의 현대시인이 쓴 시 〈울기는 쉽지〉를 적어두고 있다.

이와 함께 릴케와 열렬한 사랑끝에 동거까지 한 여류시인 루 A. 살로메의 시 〈볼가강〉도 완역(完譯)해 놓음으로써 그녀 정신의 행방을 더욱 또렷이 밝히고 있다.

너 비록 멀리 있어도 난 너를 볼 수 있다.
너 비록 멀리 있어도 넌 내게 머물러 있다.
표백될 수 없는 현재처럼, 나의 풍경처럼
내 생명을 감싸고 있구나.
개 기슭에서 내 한번도 쉬지 않았더라도
내 광막(廣漠)함을 난 알 것만 같다.
꿈결은 항상 네 거대한 고독에
날 상륙시킬 것만 같다.

자유로운 정신 위에 먼 곳을 향한 그리움의 집을 짓고, 그러면서도 스스로를 묶는 전혜린의 존재방식은 이 두 편의 시에서 잘 나타나 있기도 하다.

그녀는 참으로 많은 시인의 작품을 좋아하고 또 그것을 줄줄 외고도 있다. 그러면서도 그녀 일기의 서서(誓書)에 이어 이 두 편의 시가 먼저 적혀 있다는 사실은, 이들 작품의 예술적 가치가 높음에서 적어 둔 것은 결코 아니다. 시가 지니고 있는 마음의 흐름 — 그 정신방향이 맞았기에 적었을 따름으로 여겨진다.

더욱이 그녀는 이 두 편의 시를 다 적어 놓고서도 이렇다 할 아무런 얘기가 없다. 좋다거나 나쁘다거나 아무런 논평조차 없다. 오히려 그 날씨의 일기 앞머리부터 이 두 편의 시를 써 놓기까지의 전면(前面)에는 그녀의 부군을 기다리는 현실적인 얘기와, 한 교수의 능금에 관한 얘기로 채워져 있다.

　10시도 지나고 난로의 불도 이미 다 타 버렸다. 밤은 춥고 바람은 멀리서 웅얼대고 있다. 그이는 아직도 돌아오지 않는다. 기다리는 시간을 빨리 보내고자 이 일 저 일을 해본다. 책을 읽기도 하고 세탁도 해본다. 방도 치우고 라디오도 튼다……
　하지만 무슨 일을 해도 가슴 속 한쪽에 작은 바늘이 박혀 있듯 그이의 부재(不在)가 마음에 걸려 뭘 해도 마음에 안 차는 것을 발견할 따름이다. 다만 차가운 침대 속에서 웅크리고 기다릴 수밖에는……
　정말 그이 없이는 아무것도 할 수 없다. 살아 있다고도 말할 수 없을 정도로 이것을 통감한다. 요즘 갑작스레 바느질이 하고파서 못 견디겠다. 작은 방석이나 꽃병받침이라거나 커튼 같은 수예품이 만들고 싶다. 이 어둡고 큰 방안에도 그런 작은 것으로써 아기자기하게 꾸민다면 한결 따사롭고 정다운 집안이 될 것만 같다. 처음 샀을 때는 꽃망울이 다섯 개 밖에 안 달렸던 핑크빛 시클라멘 화분에 지금은 꽃망울이 아홉, 꽃송이가 세 개씩이나 피어 있다. 집안에 마치 봄이 온 것만 같다.
　오늘 에카르트(Eckardt) 교수가 뜨락에서 땄다면서 무척 향기로울 것 같은 붉고 큰 능금을 한 상자 보내왔다. 포장지를 열기 전에 확 하고 향기가 뜰 것만 같은 능금이었다. 먹어 보니 연하면서 과즙이 적은 맛이었다……. 시큼하고 달고 과즙이 많은 편의 능금을 나는 좋아하지만, 어쨌건 고마웠다.

 밤에 남편을 기다리면서 이것저것 자질구레한 일들을 해봐도, 책을 읽어 봐도 마음의 안정을 못 찾고 있던 그녀. 그러다가 바느질이나 수공예품 같은 데 상상을 돌려 보고 꽃에 눈길을 보낸다. 그러는 가운데 에카르트 교수가 보내 주신 능금으로 그녀의 연상 작용은 펼쳐지고, 일기를 쓰고…….
 결국 이만큼 온 데서 그녀의 남편이 귀가하였는지 우리는 모른다. 그러나 우리는 여기서 예술적인 분위기에 닿는 감각적인 여인의 섬세함을 읽을 수 있다. 정신의 언어를 찾는 그녀 특유의 마알간 분위기를 한 페이지의 일기에서도 능히 맛볼 수 있다.
 이것은 그녀를 이해하는 데 중요한 몫이 되고 있다. 한 사람의 지성녀(知性女)이면서도 역시 늦은 밤 지아비를 기다리는 여인의 마음. 개성이 강한 지성녀라 해서 지아비를 기다리지 말라는 뜻은 아니다. 하지만 아직도 남편이 돌아오지 않은 이상 넋두리엔 빠질 수 없다. 평범한 여느 아내처럼 창문을 열어 보거나 문 밖을 나서거나 목을 빼놓고 마냥 기다리기만 할 수는 없다는 것이다. 그 기다림만이 그녀 세계의 전부일 수는 없다는 것이다.
 그대신 그녀에게는 분위기를 가꾸며 거느릴 줄 아는 예술의 세계가 있다. 아기자기한 수예품, 아름다운 꽃송이, 붉은 능금.
 그녀가 다스리는 이 분위기는 이어서 〈볼가강〉이며 〈울기는 쉽지〉와 같은 시를 외게 하고, 이것을 또 일기에 적어 두게 하고 있다. 때문에 항상 모색하는 그녀의 정신은 깊은 밤 남편의 귀가를 기다리면서도 결코 무료할 수만은 없는 정신의 세계에 가 있는 것이다.

　결혼이란 확실히 인간을 좁힌다. 벽난로 앞의 단란과, 의식주의 안정과, 안락 이외에 아무 엠비션(Ambition)도 안 남기고 만다. 둘만의 평안과 행복 — 그 이외에는 아무것도 안 바라게 된다. 세계가 어떻게 움직이는가. 인류의 미래, 원자(Atom), 비행기, 달 로켓, 대만의 앞날, 팝스트(Pabst)의 서거……. 이 모든 것이 의식의 가장 바깥을 가깝게 스쳐 지나가 버리고 아무것도 안 남고 만다.
　적어도 나에게 있어서는……. 그리고 나는 그것을 결코 자랑으로는 생각지 않는다. 쿠션 위에 길게 몸을 펴고 누워 있고 싶어하는 고양이의 본능 이외의 무엇이랴! 이기(Ego) — 여자의 작고 비소한 이기심 — 날카로운 손톱과 교태, 자기 자신에게도 교태와 분장 없이는 허할 수 없는 비본질적인 존재가 여자다. 여자의 생은 모방이지, 참 생(生)은 아니다. 여자는 자기를 잊을 수도, 초월할 수도 없으므로 위대함에는 부적당하다. 커다란 우(愚), 위대한 무심, 부작위가 너무나 여자에게는 결핍되어 있다. 생활에의 작은 기술에 익숙하면 익숙할수록 더욱 참과는 멀어지고 본질을 등지게 되는 것이 여자다.
　위대한 사랑조차도 여자에게는 따라서 불가능한 것이다. 자기를 타인 속에 초극하고 또 세계 속에 초극해 가야 하는 것이 참사랑이라면, 여자는 사랑에는 너무 본능이 앞서는 종족인 것 같다. 나 자신 속에서 발견한 여자가 나를 절망케 한다.

여자로서의 결혼관은 반드시 이렇진 않을 것이다. 만일 모든 여인들이 모두 이러한 결혼관을 가졌다면, 이것은 어쩌면 기존질서에 대한 위험성을 크게 안은 사상이 된다. 가정이라는 것이 자칫 와해될지도 모른다. 굳이 결혼이라는 것이 필요 없기에 필요에 따라서는 필요한 기간만큼의 계약 결혼이나 동거생활만으로도 족할지도 모른다.

개성을 앞세우고 지적인 것만을 앞세우고, 또한 가장 자유로운 개성과 행동을 앞세운다면, 결혼은 확실히 좁은 세계이며 불편한 구속이 되기도 한다. 더욱이 여자의 처지로서는 가정이라는 울타리, 어머니라는 얽매임에서 좀처럼 헤어나기는 어렵게 돼 있다.

그렇다고 대부분의 여인들이 결혼을 거부한다면 이 사회는 어떻게 될 것인가? 두말 할 나위도 없이 사회의 안정은 깨지고 만다. 호흡이 숨막히고 리듬이 깨어지며 맥락도 끊기든가 없어지고 만다.

부부의 윤리, 가정의 윤리, 전통적인 사회도덕의 윤리가 흐지부지 무질서해지는 혼돈 상태만 계속시키는 것이 된다. 그러나 다행스럽게도 이 세상에는 인습을 따르는 평범한 여인들이 훨씬 더 많다. 다분히 개성이라는 것을 죽이든가, 또는 찾지 않으면서 결혼이라는 감금된 울타리 속으로 기꺼이 든다. 그것이 인생의 무덤이라고 알려져 있더라도 그 속으로 계속 드는 것이다.

"만약에 23세에서 무슨 바람이 불었는지 남보다도 빨리 결혼해 버리지 않았더라면……" 하고 뒷날 결혼 생활 7년째가 되고서도 결혼이라는 좁은 세계를 견디다 못해 독백처럼 탄식(?)한 전혜린.

그녀는 평범한 여자가 아니었기에 결혼이라는 무거운 짐이 그녀의 개성엔 맞지 않았을지도 모른다.

내가 현재까지 미혼이었다면 나는 물론 계속해서 미혼일 것이다. 인생이나 세계에 대한 견해가 그만한 기간 동안 고독하게 성숙해 버린 내면세계를 가졌고, 또 생활 기반이 다소라도 있을 나이에(삼십 세면) 새삼스럽게 모든 것을 새로 시작하고 싶은 사람이 어디 있을까? 또 그런 용기도 없을 것이다.

내가 지금 미혼이라면 타인(남편)과 결코 지금의 나의 생활에 있어서의 정도로도 합일되고 융화될 수가 없었을 것이다. 그러기에는 자아와 자기의 세계관이 너무 굳어져 있었을 것이니까. 그리고 모든 것을 이성으로 처리했을 것이다. 그러니 번거롭게 생각되고 무언지 구속되는 듯한. 또 무시무시한 것을 내포하고 있는 듯한 미지의 세계. '지변(地變)이 없는 늪과 같은 육(肉)의 세계', 문자 그대로의 의미로 '생산의 세계에 빠져 들어갈 생각'이 좀처럼 났을 리가 없다. 그러기에는 너무나 관념적으로 투명하고 맑은 것만 찾는 영혼만의 세계 속을 헤매고 있었을 것이니까. 맹목적인 용기 내지는 어느 연령만이 갖는 충동적인 힘이 결여되어 있었을 것이라 생각된다. 내가 현재까지 미혼이었다면 말이다.

대상에 관한 공상은 나에게는 없다. 전기한 것처럼 우리는 남편과 결혼하는 것이니까……. '결혼생활'이라는 테마는 내 머릿속에서는 어떤 피타고라스의 정리처럼 기성적인 것으로 일반화되어 있다. 따라서 각 개인개인의 그것을 알거나 비교하고 싶은 마음은 안 일어난다.

'오필리아도 안 미치고 그의 왕자를 얻었다면', '로미오와 줄리엣도 무사히 식을 올렸다면', 결국은 마찬가지였으리라는 — 시적(詩的) 이미지의 대상이 되지 않았으리라는 것이 나의 지론이다. 그것을 위해 미치거나 죽거나 영아 살해를 하거나(파우스트에서처럼) 할만한 무엇이 아닌데……하는 것이 결혼 경력 7년째 되는 나의 현명(?)한 독백이다.

내 정신적 풍토와 꽉 와서 닿는 결혼 생활도(生活圖)는 이상하게도 모두 어둡다. 『테레즈 데케이루』니 『생의 한가운데』니 『데리아 또는 죠르즈 상드의 생애』니 『메데아』니 『율리에양』이니 점묘된 결혼생활의 이 모습 저 모습이 내 심금에 와 부딪친다. 공감을 준다. 물론 내가 꿈에도 그런 결혼생활을 하고 있는 것은 아니다. 또 하고 싶어하는 것도 아니다. 그러나 결혼생활이란 원칙으로 마땅히 '그런 것'이 아닐까? 하는 생각이 내 뇌리에 도사리고 있는 모양이다.

이렇게 내 뇌리에 와 닿는, 당연히 그러리라고 생각되는 결혼생활도 영 그런 다크한 색인 것을 보면, 틀림없이 나도 독신을 고수했을 것만 같다.
〔후략〕

그녀가 1963년 11월호의 『여상(女像)』지에 발표한 〈남자와 남편은 다르다〉란 제목으로 쓴 글의 일부만 봐도, 그녀 정신의 언어는 결코 집안의 남편에게 있는 것이 못된다. 남편에게서 멀어져서 고독한 지적(知的)활동 가운데서 얻어져야 한다고 믿고 있다.

"꽃 – 그것은 가정이란 용어와 뗄 수 없는 단어다." – 언젠가 이런 말을 한 적도 있는 그녀에게 꽃은 어쩌면 남편을 위한 아내의 구실이 되고, 또 설혹 아까의 일기처럼 처음에 가져왔을 때는 다섯 망울의 꽃망울이 아홉 망울의 꽃망울을 달면서 세 송이의 꽃으로

핀 실제의 꽃이라 할지라도, 이것은 가정이라는 단어, 가족이라는 단어, 분위기라는 단어의 뜻은 될지언정 정신의 단어(언어)는 못된다고 생각하고 있다.

꽃에 대한 이런 개념은 늦도록 아직 귀가하지 않고 있는 남편을 기다리는 가운데 유도된 일기 속의 한 단면이지만, 〈남자와 남편은 다르다〉라는 그녀 수상(隨想)의 전반부(前半部)를 더 읽어 볼 때, 그녀 정신의 언어가 과연 꽃 따위나, 혹은 받들고 있는 남편에게서 생성되는 것이 아님을 분명히 알게 된다.

결혼 전과 결혼 후에 안 달라진 사람이 있을까? 있다면 끝없이 아내의 저주를 감수한 소크라테스 정도가 아닐런지? 이 달라진다는 것 — 자아의 동일성을 침식당하는 것이 두려운 나머지 결혼을 포기한 사람들도 많다. 키에르케고르나 그릴파르찌(오스트리아의 희곡작가)가 약혼을 파기한 이유가 다만 '자아에 대한 계속적인 방해'가 싫었고, '자기 내부에 있는 고독에의 요구'를 채우기 위해서라고 일기 속에 고백하고 있는 것이 그 좋은 예다.

나도 물론 달라졌다. 외적으로 볼 때 일견 큰 변동이 안 일어난 것처럼 보이지만, 첫째로 나는 시집살이를 해본 일이 없다. 그리고 남편을 받드는 아내도 아니다. 이것은 나의 환경에서 오는 것인지도 모르고 또 내 천성에서 오는 결함인지도 모른다. "남편에 의한, 남편을 위한, 남편의 생활을 내가 영위하고 있다"고 말할 양심은 나에게는 없다. "남편 곁에서", "남편과 함께" 생활하고 있다고 하는 편이 나의 결혼생활을 표현하기에 보다 적절한 문구인 것 같다. 여러 가지로 남편에게 손이 안 가며 오히려 도움받고 있는 나는 늘 미안하다는 의식 밑에서 생활하고 있다. 그리고 그가 그런 의미로는 나에게 한번도 불평을 토하지 않고 오히려 내가 무엇이든지 정신적 노동을 하는 것을(가사(家事) 대신에) 장려하며 도와준 것에 대하여 감사하는 마음을 잊지 않고 있다. 이국에서의 결혼 후에 계속해서 서로 공부를 해야 했고, 귀국 후에도 소위 '맞벌이'인가를 하고 있는 우리는 얼굴을 보는 시간이 서로 적다. 따라서 나의 생활 상황 때문에 나는 결혼 후와 전에 외부적으로 보아서는 현저한 차이를 모르고 지내도록 강요되어 왔다.

그러나 이것은 어디까지나 생활 면에서의 이야기고, 정신 면에서 한 남자를 완전히 포괄적인 의미로 알게 되고 공존하게 된 것은 물론 커다란 내적 변화를 나에게 가져오지 않았을 리가 없다. 특히 나는 7공주 자매 틈에 자라나서 남성의 심리를 연구할 기간이 없었다. 남편이야말로 나의 관찰과 연구의 대상이 된 것은 무리가 아니리라. 어떤 저명한 평론가는 "여자는 남편하고 결혼하는 것이지 남자하고 결혼하는 것이 아니다."라고 말했다. 정말로 지언(至言)이다. 그 반대로 남자의 케이스에도 물론 진리일 것이다. 나는 남편과 결혼했다. 그리고 그 남편 속에서 '남자'를 추상해 내려고 노력해 보았다. 그리고 그것이 무리인 것을 알았다. 남편은 필경은 남편인 것이다. 그러나 그러한 모색과정 속에서 나는 의외로 남성의 본질의 어떤 태생을 어렴풋하고 흐릿하게나마 잡을 수 있었던 것 같다.

좀더 나의 결혼생활(다시 말하면 남편 연구기간)이 흘러감에 따라 이윽고 일반적인 만사에 대한 관용과 타협과 비속화(卑俗化)와 체념…… 그리고는 숙명론과 마침내는 "몇 번이라도 좋다. 이 끔찍한 생이여, 다시!"의 운명애(運命愛)……. 이런 것들이 검은 양떼들처럼 내 시야에 와 덮이리라는 것을 나는 잘 알고 있다. 그러나 그것을 슬퍼해야 할지…… 다시 말하면, 비속화(卑俗化)로부터 무슨 짓을 해서라도 지켜야 할만한 생산적이고 객관적 가치가 있는 순수한 무엇이 내 속에 있는지를 나는 지극히 회의하고 있다.

내가 확실히 알고 있는 것은 다만 내가 보통대로 결혼해서 아이가 있고, 그 아이가 내 마음에 귀엽게 비친다는 가장 단순한 사실뿐이다. 후회는 없다. 물론 자랑거리도 못되지만—.

이 글에서 보듯 그녀는 결혼 같은 것을 대수롭게 생각지 않는다. 남편은 존경이나 감사의 대상은 돼도 정신적 언어의 대상은 못되고 있다.

어쩌다가 남들보다 일찍 결혼해서 가정을 이루고 살고 있긴 하지만 이 같은 단위는 그저 보통으로만 보고 있다.

남편에 대한 그녀의 생각은 청렴결백해서 욕심이 없는 경지에 있기도 하다. 그야말로 고담지경(故淡之境)이다. 그러한 반면, 외동딸 정화 양에게만은 집중된 사랑을 퍼부었지만…….

이러한 그녀의 성향은 여섯 명이나 되는 여동생 가운데서도 바로 아랫동생 채린(彩麟)만을 지극히 사랑하는 데서도 이채를 띠고 있다. 하기야 형제들이 많은 집안의 형제간에서는 묘하게도 아래위 둘씩 둘씩 단짝이 되는 것이 대부분의 경우이기도 하지만…….

그러나 그녀에게 유난스레 지향되고 있는 것은 스스로 전생(全生)을 불어놓고 있는 예술 성향과 철학적인 대상이어야만 그녀가 걸핏하면 잘 쓰는 '광기(狂氣)의 것'이 된다. 그러길래 영영 잊지 못하는 친구 주혜가 그렇고, 보들레르, 그릴파르찌, 파스테르나크, 헤세, 릴케, 카프카, 모리악, 루이제 린저, 뵐, 케스트너, 게오르게 등이 그녀 광기의 대상이 된다.

　이 광기의 대상은 한결같이 정신의 언어를 갖고 있다. 그녀 숙명의 그림자마냥 언제나 떨어지지 않고 붙어 다니는 정신의 언어 때문에 그녀는 정신의 언어 속에 살아 나가고 이것 없이는 죽은 목숨이나 다름이 없게 된다. 그래서 정신의 언어 속에 살면서 일생에 한 번 — 단 한 편에 끝나도 좋겠다면서 훌륭한 작품을 남길 것을 소원하다. 소원할 뿐만 아니라, 이것을 위해 살아가는 삶이 되어 있다. 이 사실은 그녀 일기의 여러 곳에서, 또 수필 가운데서도 드문드문 나타나 있기도 하다.

　일생에 한 번, 한 개라도 좋은 작품을 쓰고 싶다. 그것을 위해서 살아 나간다. 모래를 씹는 것 같은, 또는 폭풍우가 아프게 뼈까지 때리는 것 같은……. 그러나 때로는 은빛 안개에 잠긴, 낙엽이 깔린 아침길과 같은, 또는 파란 하늘에 둥둥 분홍 구름이 떠 있는 황혼과도 같은……. 이런 여러 개의 수많은 순간들로 구성되어 있는 나의 삶은 결코 쉽지만도, 또는 즐겁지만도 않다.

　긴 소설(또는 짧더라도 소설)을 쓰고 싶다. 올해 안에 꼭 한 개는 써 보겠다.

　앞의 인용문은 1958년 10월의 일기 가운데 일부분이고, 뒤의 짧은 인용문은 햇수로 3년 뒤인 1961년 2월에 쓴 일기 속의 한 구절이다. 또한 그로부터도 3년이 흐른 1964년의 5월 11일자에 쓴 또 한 구절의 일기 "나는 아직 잠자고 있나? 태어나고 있지 않나?"라는 회의문(懷疑文)에서 아직 이루지 못하고 있는 작품에의 한(恨)을 뚜렷이 표시하고 있다. 한편, 정신의 언어를 채우기 위한 노력을 보자. 무서울 만큼 놀랍다.

〔전략〕 너무도 지치고 지쳐서 진절머리가 난다. 많은 곳에 밑줄이 그어진 내 책을 누군가가 읽는다는 것을 좋아하지 않는다. 특히 그 누군가 정신적인 욕구가 없는 무미건조한 인간일 경우에……
나는 분명 까다롭다.
나에게 완전히 낯선 사람이 내 책을 샅샅이 뒤지는 것이 싫다.
오늘 저녁 나는 분명 신경과민이다.
그러나 나로서는 어쩔 도리가 없다.
내 책을 몹시도 사랑한다.
그것은 내 관념의 일부이기 때문에.
누구에게도 보여 주고 싶지 않다. 혐오감으로 인해 전율한다. 분개한다. 〔중략〕 나는 어느 책으로 인해 죽지 않는다. 그러나 누가 알겠는가? 〔후략〕
— 1959년 2월 28일의 일기에서

〔전략〕 깜짝 놀랄 일, 우주가 새것으로 느껴지는 순간으로 가득 찬 생(生)이란 책 속에서 가능하리라.

책과 나, 생과 나, 여자와 나와의 관계를 좀더 생각해야겠다.
— 1964년 9월 30일의 일기에서

전혜린은 결국 그 스스로가 정신이었고, 언어였고, 책이었다. 눈 뜬 의식이 총총하게 빛나는 별밭같이 잠잘 줄 모르는…….

숨겨진 詩人

아무도 전혜린을 시인이라고 부르는 사람은 없다. 응당 그럴 수밖에 없는 일이기도 하다. 그만큼 시라고는 공식적으로 발표한 일이 없었고, 또 스스로도 시를 쓴다고 알린 일이라고는 없었기에 더욱 그렇다.

그러나 알고 보면 전혜린은 빼어난 시인임에 틀림없기도 하다. 다만 그녀가 쓴 시의 편수가 적어 그렇지, 시적(詩的) 이미지나 흐름(리듬)은 상당한 것이 되고 있다.

만일 나에게 추인권(追認權)이나 추서권(追敍權) 같은 게 허락된다면 나는 조금의 망설임이나 서성거림이 없이 "그녀는 훌륭한 여류시인!"이라고 공언(公言)하겠다.

희고 작은 알약을 먹는다
30분
아무 일도 없다
30분
정신에 불이 켜진 듯

내면생활이 휘황찬란해지고
신경이 끝까지 확 깬다
위트, 에스프리, 아이러니
…… 더 있으면 더 주문해라
얼마든지 튀어나오니까!
보통 때의 내가 아니니까!
또
30분
어쩐지 좀 이상하다
또
30분
어쩐지 좀 이상하다
또 30분
손이 무겁다
팔이, 목이, 머리가
눈이.
아, 전등이 부셔서
눈이.
아, 전등이 부셔서
눈이 아프다
불을 끄자―.

이 작품은 그녀가 습관처럼 사용해 오던 수면제 가운데 하나인

'스리나'란 것을 복용한 다음, 〈스리나〉란 시제(詩題)로서 어쩌다 쓴 한편의 시이다.

쉽게 읽히면서도 우리의 공감을 끌고도 남는다. 이 공감대는 '스리나'나 '세코날' 따위 수면제라곤 한번도 먹어 보지 못한 많은 사람들에게도 충분히 와 닿는 이해와 감명의 띠를 형성한다.

비교적 단조로운 시의 흐름이면서도 진술하다. 이것저것 군더더기가 없는 언단의장(言短意長)의 알맹이를 남기면서 점층적으로 시를 심화시키고 있다.

'아무 일도 없다'가 '정신에 불이 켜진 듯' 해진다. 30분이라는 시간의 흐름에 따라 시의 깊이 역시 점층적으로 깊어가고 있다.

'정신에 불이 켜진 듯' 하면서 '내면생활이 휘황찬란해진다.' 그러니까 '신경이 끝까지 확 깬다'가 되어 기지(機智)며, 정신이며, 빈정거림 투의 반어(反語)까지 분명해진다.

이렇듯 내면정신의 휘황찬란한 의식의 잠깸에서 뭐든지 분명히 마구 쏟아져 나오고 있으니까 "더 있으면 더 주문하라"면서 당당해진다.

'보통 때의 내가 아니니까!' 라면서 이 천재는 '얼마든지 튀어나오니까!'를 앞세우고 있다.

그러다가 그녀는 잠시 소리를 낮추면서 가라앉는다. 휘황찬란했던 내면의식의 잘 발달된 상황은 가고 약물로 인한 인상을 느낀다.

이 이상은 '스리나'라는 수면제를 과용한 이상, 누구에게나 오기 마련이다. 때문에 '어쩐지 좀 이상하다'는 누구나 다 할 수 있는 말이 된다. 그리고 '손이 무겁다'거나 '팔이, 목이, 머리가, 눈이 무겁고 시리다'와 같은 느낌도 모두 갖기 마련이다.

그러나 그녀는 이 느낌의 마지막 부분에 가서 '눈이 / 아, 전등이 부셔서 / 눈이 아프다 / 불을 끄자—'라는 클라이맥스를 속도 있게 결련지음으로써, 시가 지닌 리듬과 함축성을 명료하게 성공시키고 있다.

이 작품은 쉽게 읽히면서도 스리나를 복용하는 사람의 상태를 복용치 않는 사람에게까지 예술적으로 공감케 해준다. 체험으로 얻은 시인의 시적 에스프리(詩精神)임에 분명한 것이 된다.

밖에는 회색 어둠과 함께 눈에 안 보이고 소리도 없이 가랑비가 내리고 있다. 뮌헨 특유의…… 비라기 보다는 젖은 공기가 내린다고 하는 편이 적당할 것 같은……. 아무것도 눈에는 안 보이는 데도 머리카락과 아스팔트가 축축하게 골고루 젖는다.

벌써 노란 가스등이 켜졌다. 거리에는……. 잎이 없는 나무만 서 있는 빈 마당에서 누가 모닥불을 피우고 있다. 새빨간 불꽃과 하늘 높이 올라가는 보랏빛 연기가 어둠 속에서 무슨 그림같이 뚜렷하다.

여느 상업작가와는 달라, 분위기가 상황을 짙게 깔면서 우리의 인간상(人間像)을 음영(陰影) 깊게 파고드는, 작가 천승세(千勝世) 씨가 어느 날 내게 와서 느닷없이 읊조린 산문시였다.

그는 내가 살고 있는 이 수유리 골짝을 가끔씩 찾아온다. 일찍이 전혜린이 살았던 무넘이골 — 북한산의 산자락이 동쪽으로 뻗치면서 맑은 수류(水流)의 계곡을 몇 개씩이나 흘리고 있는 이 수유리에 그 역시 정에 겨웠던지, 소설을 쓰다 말고 머리를 식히기 위해서도 가끔씩 찾아오는 것이다.

"방금 하동(河童 : 천승세 씨의 아호)이 읊은 산문시, 좋은 것 같은데……. 뭔지 분위기가 퍽도 서정적이야."

"그렇지, 이건 그녀가 일기체로 쓴 산문이지만 시라고 봐야 해."

"아니, 그녀의 일기체 산문이라니?"

"응, 내가 방금 읊은 글은 죽은 전혜린의 어느 날의 일기지. 1958년 가을에 썼는가, 그럴 거야."

"그럼 전혜린이 독일 뮌헨에 있었을 때 쓴……."

"맞아. 누구에게 공개하기 위해 쓴 일기가 아닌데도 그 일기 가운데 이런 좋은 산문시가 있었던 거야.

일기였기 때문에 느낀 그래도 단 한번으로 죽 쓴 글인데도 좋은 산문시가 됐으니 어떤가?"

"하기야 전혜린은 역시 시인이었어! 좋은……."

"숨겨진 여류시인이었지. 세상에서는 수필가, 또는 그냥 번역문학가로만 소개되고 있었지만……."

나와 천승세 씨는 이런 대화를 제작년 여름 수유리 계곡에서 나누기도 했다. 천승세 씨는 시를 보는 눈이 학생 시절부터 예리해서 작가로 데뷔한 지 30년이 다 돼 가는 오늘에 와서도 웬만큼 좋은 시는 다 외고 있는 재사(才士)이기도 하다. 그러기에 그의 소설 가운데서도 시정시는 살아 꿈틀거리고 작중인물의 내면세계 역시 살아 있는 것이 되고 있지만…….

"전혜린을 심연(心然 : 필자의 아호)도 한 사람의 가버린 여류시인으로 보고 있었군 그래. 좋았어! 술이나 한잔 더 들게나."

"좋아. 전혜린의 시를 일기 속에서까지 발견할 줄을 몰랐어. 정말 하동이는 소설가면서도 시를 정확히 아는 사람이야."

"어, 이거! 서로 자화자찬에 아전인수(我田引水)가 됐군! 그래서 우리 둘이 친한 게 아닌가."

우리 두 사람은 전혜린을 주제로 해서 술이 취할 때까지 문학을 얘기했다. 서로 가난하게 사는 처지이면서도 시정신이 있기에 얼마든지 서로가 떳떳할 수 있고, 별스런 안주도 없으면서도 소주 맛도 좋았다.

친구란 이래서도 좋은 것이다.

전혜린이 조금은 쓸쓸하게 살았던 수유리. 부군 T씨와의 약간의 불화로 해서 이곳 수유리에서 남학동(南學洞) 친정집으로 가 있다가 요절한 전혜린이지만 그녀의 수유리로서 이곳은 뜻이 깊다.

그래서 우리는 중간에 화제를 좀 바꾸기도 해서 다른 얘기도 하긴 했지만 나는 거듭 수유리에 대한 얘기를 더 계속했던 것 같다.

"전혜린이 수유리를 떠날 때쯤 해서 거꾸로 나는 이 골짜기에 들어왔단 말야."

"그래서?"

"그저 그렇다는 거지. 좀 묘하다 이걸세."

"그러니까 더 관심이 깊을 수도 있지. 사랑한다는 건 정신의 자유이기도 하니까, 짝사랑도 하면서 글도 좀 써 보게."

"그야 하동이 그렇잖아도 요즘 와서 갑자기 짝사랑을 하고 있다

네. 그녀가 생각했던 것과 내가 생각하는 것이 우연스럽게도 많이 일치하고 있거든……. 때로는 전적으로 동감되는 것이 많다 이걸세. 전혜린에 대한 글도 꼭 한번은 써 볼 참이라네."

"생각이 맞으면 써야지. 사상이나 이념이랄 것까진 없다고 하더라도 그건 꼭 써야 하네. 더군다나 심연은, 요즘 와선 죽은 전혜린을 짝사랑도 하고 있는 중이니까."

"물론!"

하동 천승세 씨와 나는 그해부터 지금까지 내처 이곳 수유리 골짜기에서 만나고 있다. 봄이나 여름, 가을 같은 야외로 나가는 계절만이 아니라 겨울철에도 한 달에 한 번씩은 술잔을 나누고 있다.

수유리, 이 산골 동네에는 전혜린 그녀처럼 살다가 떠난 문인도 더러 있다. 수필가 이양하(李敭河) 씨와 김소운(金素雲) 씨, 소설가 오영수(吳永壽) 씨는 이미 고인이다.

현존하고 있는 문인들로서는 시인 김요섭(金耀燮)·장호(章湖 : 본명 金長好)·유경환(劉庚煥)·김경수(金京洙)·조남기(趙南基), 아동문학가 이영희(李寧熙), 문학평론가 천승준(千勝俊)과 원형갑(元亨甲), 작가로는 이영우(李英雨 : 본명 李俊雨)·이규희(李揆姬)·천승세(千勝世)·김원일(金源一) 등이 모두 이곳에서 살다 다른 데로 이사간 분들이다.

또한 아직 수유리에 계속 머물러 사는 문인들로는 원로작가 이봉구(李鳳九) 선생과 시인 이원섭(李元燮)·김종길(金宗吉) 씨, 중견작가 김국태(金國泰)와 김문수(金文洙) 씨 및 여류작가 송원희(宋媛熙)·최희숙(崔姬淑)의 두 여사, 수필가로는 김승우(金承禹)

씨와 김효자(金孝子) 씨 내외, 문학평론가 구중서(具仲書) 씨와 여류시인 김윤희(金閏喜) 씨 내외—.

시인 송영택(宋永擇)·이종학(李鐘學)·송혁(宋爀)·정진규(鄭鎭圭)·김영목(金英穆)·김연균(金年均)·송동균(宋東均) 씨 등 제법 많은 시인들 역시 필자와 함께 수유리의 주민들이다.

전혜린은 그녀가 죽기 전 이 수유리에 살면서 『현대한국단편집』의 독일어 번역에 들어 거의 완성 단계에 있었다. 그 가운데 실린 오영수(吳永壽) 씨의 단편 『갯마을』에 대해 그녀는 편지로 이렇게 묻기도 했었다.

선생님! 저의 미흡한 번역을 허락해 주신 것을 우선 감사드립니다. 의외로 잘 안 되어서 근래의 '고민'이에요.

첫째, 제목 〈갯마을〉의 마을은 촌락(村落), 즉 'Dort'이고 '갯'은 고유명사인 줄 아오나(또는 해변가, 냇가의 의미?) 저는 자의(恣意)로 "여자들의 마을(Frauedorf)"이라고 했습니다. 마음에 안 드시면 말씀해 주세요. 곧 바꾸겠습니다. 될 수 있는 대로 원의(原意)에 충실하고 원작의 분위기(바로 그것에 끌려 내가 번역할 야망을 품은 것이오니)를 그대로 우러나게 하는 것이 번역의 사명이라기 보다 존재 이유일 것이니까요.

'후리막' 때문에도 고민했어요. 국어대사전을 보니 '후리질하다'라는 것이 나와 있었어요. '큰 그물로 고기를 잡다'와 '막'은 幕, 막사의 뜻이 아닐까요? 그것을 번역하면 '어부들이 고기를 잡은 큰 그물을 간수해 두는 작은 오막(die Hütte, wo die Fischer grobe Netze Fischer aufbewahren)'이라는 끔찍하게 긴, 맛없는 단어로 되니 어떻게 하지요?

예를 들면, "니캉 내캉 살자"를 번역하면,

"Ich will mit dir leben(나는 너와 살고 싶다)."
"Willst du mit inir leben(나와 살고 싶으냐)?"
"Ich will dich(나는 너를 갖고 싶다)."

그 중에서도 다 마음에 안 들어 고민중이에요.

저의 번역이 선생님 원작을 망칠 것은 정한 이치이니 죄송하기 짝이 없습니다. 다만 저는 선생님의 작품 전체를 다 극히 좋아하고 감탄하고 있는 사람이라는 것만 알아주십시오.

1. 한국적인 냄새, 2. 오리지널리티(Originality), 3. '그럼에도 불구하고 인간은 산다'는 의미, 4. 완전한 암흑이 아니고 훈훈한 무엇이 느껴지는 결말, 분위기.

이러한 이유가 대체로 저로 하여금 선생님의 작품들을 택하게(그리고 독일어로 망가뜨리게)한 동기입니다. 내가 『갯마을』을 택하고 났는데 어떤 학생이(내가 뭘 번역해야 좋을지 고민이라고 말한 일이 있는) 나에게 『머루』를 갖다 주면서 그 중에서 하나 번역할 것을 종용해서 유쾌했습니다. 자기는 선생님 저서는 다 가지고 있다 해요.

의외였고(연대적으로 보아 오히려 모던한 테마의 소위 '문제작'에 끌리는 학생으로 나 혼자 독단하고 있었기에) 내가 그들을 과소평가 했다는 걸 재인식했습니다. 정말로 뛰어난 지성들은 나이가, 연대가 문제 아니게 진짜를 정확하게 탐지해 내는 촉각을 가진 것을 비로소 안 듯했습니다. 횡설수설한 것을 용서해 주시고 모르는 것 있을 때 묻고 의논드리겠습니다.

— 이대(梨大) 교수실에서 1964년 11월 3일

혜린 드림

여기서 우리는 편지 문장으로서야 어쨌건, 그녀가 간파하는 서정적인 분위기와 인간적인 결구(結構), 그리고 그 정확성에 유의할 필요가 있다. 아울러, 번역문학이 또 얼마나 어렵다는 것도……

그녀가 만일 강물이나 냇물이 흘러 바다와 합치는 – 그래서 질펀한 갯벌을 이루고 있는 경상도의 바닷가 어촌에 살았다면 『갯마을』은 〈여자들의 마을〉이 안 됐을 것이다.

예컨대 갯마을은 질펀한 어촌, 작고 질펀한 어촌, 혹은 작은 은촌으로, '후리막' 은 고기잡이 막사 쯤으로 표현했을 것이다. 이어서 경상도 아이들의 특유한 사투리 '니캉 내캉 살자(너랑 나랑 살자)' 도 '우리 둘 짝짜꿍' 이나 '결혼해서 함께 살자', '두 사람이 늘 함께' 쯤이면 고민 없이 풀었을 것이다.

그러나 그녀가 지닌 명료성은 그녀 자신이 시골이나 갯마을 같은 곳은 전혀 모르고 자란 아스팔트 킨트인데다, 가장 과학적이고도 실용적인 — 그래서 언어마저도 빈틈없이 분명하게 꽉 짜여진 독일 문학을 전공한 데서 기인하는 복합적인 환경으로 해서 이러한 어중간한 불명료성은 스스로 용납하지 않았던 것이다.

시인이 갖는 언어—. 이것이야말로 실로 단순해서는 안 되는 다의성(多義性)을 지니면서도 되레 아이러니컬 하게도 뚜렷이 명료해야 한다는 것—. 전혜린은 이 점에서 언제나 철저하게 시학적(詩學的)이었다.

작가 천승세 씨가 외웠던 그녀의 일기 — 그 산문에서도 그녀의 시적 에스프리는 빈틈없는 언어로 구현되어 서정의 분위기를 마알갛게 거느리고 있다. 일기이면서도 한 편의 분위기 있는 서정 산문이요, 여기에 미루어서 오영수 씨의 『갯마을』 역시 단편 소설이기는 하나 한 편의 서경시(敍景詩)와 같기 때문에, 시인으로서의 그녀의 마음에 들어 어려운 몇 곳이 있음에도 불구하고 번역에 착수했던 것이다. 곧 그녀에게 시적 에스프리가 없었다면 이러한 작품 번역은 처음부터 마음에 없었을 것이었다.

이 점은 『머루』라는 오영수 씨의 단편소설집을 번역하시는 게 어떠냐 하고 그것을 갖고 온 어느 제자 학생을 보는 그녀의 안목에서도 능히 엿볼 수 있다. 시적 에스프리를 갖춘 '진짜 작품'은 시대가 아무리 변해도 그 예술성을 아는 '진짜'들에 의해서 죽지 않고 살아 있음을 깨닫는 기쁨이다.

여기서 또 한 가지 — 그녀가 이곳 수유리에서 극작가이며 연극인이었던 故 유치진(柳致眞) 씨에게 띄운 또 한 편의 산문시 같은 편지를 보자. 이 편지는 유치진 씨에게 보낸 그녀의 네 번째 편지다.

선생님!

너무나 먼 데서 이사한 것 같습니다. 선생님을 뵙는 일이 기적같이 어려워진 것 같습니다.

여기는 물이 매우 좋고 공기도 맑고 또 조용해서 생활하기에는 좋은 곳인 것 같습니다. 선생님의 고마우신 글과 초대권 두 매는 눈물겹게 읽고 받았습니다.

첫째로 선생님의 글에서 발(發)하는 어느 역점 같은 것을 느끼고 왈칵 울고 싶었습니다. 요사이 저의 지칠 대로 지친 공사(公私 : 공사라면 말이 크지만)의 생(生)과 건강, 그리고 한 주일 동안이나 아무 학교도 못 나가고 독촉이 빗발 같은 번역에 손도 못 대고 무력하게 누워 있는 저의 병상에 선생님의 글이 날아왔던 거예요.

선생님, 제가 너무 문화와 동떨어진 먼 곳에 살고 있나 봐요. 그리고 학교 일이 너무 바쁜 것 같아요. 심신의 하모니가 말이 아니에요. 매우 슬픈 상태입니다. 생에 의해 오해받고 있는 느낌, 오식(誤植)활자의 의식이랄까요…….

선생님, 저도 〈밤주막〉은 대찬성입니다. 영화도 보았어요, 루이쥬베의. 만약 아직 번역이 없으시면, 그리고 제가 해도 된다면 독일어에서 번역해 드렸으면 합니다. 제목은 〈Nachtacy〉인데 혹시 드라마센터 도서실에 없는지요? 저도 찾아보겠고 주문해 놓겠습니다. 곧 알려 주셨으면 매우 감사하겠습니다.

— 수유리에서 1964년 5월 5일

그녀의 이 편지는 하필이면 5월 5일 어린이날에 쓴 것이다. 그래서인지 편지의 내용도 동심으로 차 있다. 몸은 바쁜 일로 해서 병상에 누워 있다. 1주일째 대학에도 못 나가고 빗발 같은 번역 독촉에도 손을 못 대고 있다. 그럼에도 그녀는 막심고리끼의 작품 〈밤주막〉의 번역을 자원하고 있다.

이율배반이 되는 편지의 내용—. 그러나 우리는 이 모순된 틈바구니에서 티없는 동심과 같은 그녀의 시심(詩心)을 읽기에 충분하다. 〈밤주막〉과 같은 리얼리티(Reality) 있는 작품 – 그러기에 그녀의 예술에의 욕망은 존경하는 유치진 선생께 보내는 편지에서 일의 앞뒤 순서도 없이 그 책을 찾는 데에 귀결하고 있다. 약속한 번역 일이 아직도 산더미처럼 밀려 있으면서도…….

잎 떨어진 말끔한 수목 사이로 푸른 게 보인다.
앵글리쉬 가르텐(Englischer Garten : 영국 공원)의 호수다.
하얗게 얼어붙어 있었고, 스케이트를 타는 어린애들로 바빴던 호수가 오늘은 말짱하게 풀려 푸르디푸른 물을 찰랑대고 있다.
백조(白鳥)는 언제 돌아오는 것인지?

바람이 몹시 분다.
차갑지는 않으나, 허파 깊숙이 파고드는 매운 바람이…….
여러 가지로 꿈꾼다.
환각이라거나 예상이라거나 또, 예상하지 않았던 것들도…….
어젯밤에는 괴롭도록 줄타기 하는 꿈을 보았다.
— 1959년 1월 7일의 일기에서

어둠 속, 아름다운 촛불 앞에서 글을 쓰고 있다.

크레센도(Cresendo)로 점점 커져가는 이 피아노 소리는 어디서 들려오는 것일까?

별들은 검은 바닷속에 침몰하고, 파도가 부서지는 소리, 바다냄새······.

가로등처럼 어두운 골목길에서 타오르는 별들······.
그들의 모든 것은 봄과 동경을 숨쉰다.

수정같이 맑은 별, 지상적인 것을 증오하고 모든 육체적인 것을 멸시하며, 창백한 영상으로 정신 속에서만 살고 있는 것, 여명(餘名) 속 나르시스의 숨결에 불과한······.

별아, 네가 있는 것을 알기에 나는 행복에 겨워 울고 있다.
별아, 결코 너에게 도달할 수 없다는 걸 알기에 나는 동경으로 자신을 소모시킨다.
별아, 자아(自我)의 진정한 모습아.
— 1959년 1월 20일, 따스하고 맑은 날의 일기에서

오늘 오후에 에카르트 교수와 철수와 함께 커피를 마셨다. 그래서 난 지금(거의 새벽2시) 잠을 이룰 수 없다. 지독하게 춥고 떨린다. 잠이여, 빨리 와서 너의 부드럽고 검은, 커다란 외투로 휘감아 다오!
어젯밤 꿈 속에서 동경에 대한 멋진 시를 썼었다. 깨어났을 때는 유감스럽게도 단 한 줄도 쓸 수 없었다.
— 1959년 2월 2일의 일기에서

오, 신이여! 인간의 좋은 점만을 내가 깨닫고, 나쁜 것은 아무것도 알지

못하게 도와주옵소서! 모든 것이 나를 격동시키고 있습니다. 인간에 대한 사소한 약점과 부담이 나를 너무도 미혹시켜서 생의 맛을 잃어버리고 있습니다.

나는 황야에 살고 있는 것 같다. 내 앞에도 뒤에도 광활한 황야가 있다. 이런 분위기 속에 나는 너무나 쓸쓸하고, 너무나 버림받고 의지할 데 없음을 느낀다. 생이며 인간의 영혼이며…… 모든 것이 그렇게도 불결하다. 아, 소름끼치도록 불결하고 비천하다.

신이여, 내가 더 살아내기를 바라게 구원하소서. 제발 나에게 생에의 의지와 욕망을 베풀어 주옵소서.

모든 것이 너무도 망가졌다.
수선할 수 없도록 망가졌다.

난 아무래도 상관없어.
아무것도 더 이상 나를 매혹시키지 않았다.
아무것도 나를 움직이고 감동시킬 수 없다.
의지 없이 존재할 뿐인 하나의 돌, 혹은 나무에서 떨어진 하나의 잎사귀가 나이다.

재즈, 재즈, 재즈 – 트럼펫, 클라리넷…… 미친 듯한 소음. 도대체 무엇 때문에? 근심을 불어 꺼 버릴 수 있기 위해? 왜? Pourquoi?

깊고 깊은 밤 - 2시 반. 무서운 정적(靜的).

　　　　　　　　— 1958년 2월 19일의 일기에서

12월 25일 전에 스테판 게오르게(Stephan George)가 죽었다.
자신의 예언자─.
그는 사람을 잡아 끄는 자석이었다.
1880∼1930 = 게오르게 시대(時代).
문학 = 선택 절제 울림
엘리트 ─ 귀족정신
외관(外觀) ─ 형식
우겐트(Ugend)식 ─ 그로테스크
"송가(頌歌)"
"인생의 융단 가운데서"
"약속의 별(Stern des Bunds)"

날은 저물고
별이 돋았다.
오늘도 아니 오는 이는
내내 멀리 있으리.

그는 한번도 집을 가져 본 적이 없고 주소도 없었다.

「Küppen」-두 권으로 된 전집 「Dündruck」

그는 랭보, 보들레르, 셰익스피어, 로제티 등 가장 위대한 독일 번역자였다.

— 1958년 12월 1일의 일기에서

어두운 밤 - 자욱한 안개, 별들과 냄새, 얼음이 녹는다. 아주 얄팍한 얼음 밑으로 물이 속삭이며 흐른다. 나는 어둠 속으로 들어갔다. 빨아들이듯이…….
그것이 죽음이라고 생각했다. - 어둡고 숨 막히는, 그리고 한계가 없는…….
나는 가고 또 갔다.
내 발 밑에서 빙판이 깨어졌다. 그러나 끝까지 알 수 없었다.
집들과 거리에서는 불빛이 타고 있었다. 나는 내가 관 속에 누워 있는 것을 보았다. 거의 감미로운 고통이 - 집에 대한, 따뜻한 침대에 대한, 인정에 대한 동경이…….
나는 집으로 돌아왔고, 방은 어두웠고, 황무지와도 같이 텅 비고 황량했다.
나는 소파에 앉아서 정신을 차렸고 내 이성에 명했다. 내 마음을 돌렸다.

— 1959년 2월 28일의 일기에서

이상 6편의 일기에서만 보더라도 그 내용이 일상적인 생활일기와는 판이하다.
다분히 철학적이 내용이 담겼으면서도, 이것들은 철학적인 관념에 머물지 않고 한 편의 산문시 또는 자유시의 운율까지 뚜렷한 운문시로 이뤄져 있고 전체로 봐서 시로 승화된 시작품인 것이다.

다만 여기서 굳이 시의 틀(詩型)을 무너뜨린 듯한 일기가 있다면 12월 1일자의 스테판 게오르게의 죽음에 관한 내용이라 하겠다. 하지만, 이 일기 역시 희곡(戱曲) 형태에 가까운 시극(詩劇)형식으로 봤을 때, 약간은 난해한 것도 같지만 한 편의 변조(變調)있는 – 진폭의 흔들림이 강한 시로써 충분한 것이 되고 있다.

아울러 2월 28일자의 일기에 오면, 우리는 모두 '의식의 무의식' 상태에 함께 함몰해 든다. 차디찬 죽음의 층계를 내려가면서 미로에 함께 든다. 그러다가 이윽고는 거리와 집의 따뜻한 불빛을 보고 되돌아 오긴 하지만 다시금 황량한 현실과 마주치기도 한다.

이만하면 더 나무랄 데 없이 훌륭한 시다. 한번 쓰면 고치지 않는 일기 가운데서 이러한 시들을 발견했다면, 우리는 그녀가 훌륭한 시인 — 그러나 숨겨진 시인이었다는 사실에 조금도 인색할 수는 없는 것이다.

明洞의 샛별

전혜린이 독일로 떠나기 이전까지의 서울생활은 기껏 1년 반 남짓 한 짧은 기간이었다.

그녀가 부산 영도의 피난 가교사에서 서울 법대로 진학한 다음해 — 그러니까 서울 법대 2학년 때 — 환도가 되어 서울로 올라온 뒤로부터 한 해 뒤인 1955년 가을에 출국하기까지 서울에 머물렀던 때는 전국이 한창 경황 없이 어수선하던 시기였었다.

그 당시 서울은 환도한 지 얼마되지 않아 아직도 전쟁의 잔해가 허무처럼 깔렸고, 명동은 이 부서진 폐허 위를 겨우 일어나 주유와 낭만을 다시 찾으려 안간힘을 쓰고 있을 때였다.

이즈음, 명동에서 이름난 음악감상실, 음악다방, 또는 찻집과 술집들을 중심으로 한 환도 후의 낭만적 분위기의 명동에, 당시 서울 법대에 재학중이던 전혜린이 등장하던 때의 이야기를 이봉구 선생의 논픽션 『명동(明洞)』에서 간추려 보면 대충 이렇다.

환도가 되자 명동 모나리자 다방은 부산과 대구서 올라온 사람들로 터져나갈 지경이었다. 이 찻집은 1949년이 다 저물어갈 무렵에 개업한 곳으로서 정면 벽에는 '모나리자의 미소'가 걸려 있어서 그 신비로운 미소가 실내 분위기를 아늑하게 해주었을 뿐더러 항상 상냥하게 미소 짓는 홍(洪) 마담의 서비스 또한 누구든 기쁜 마음으로 이 집을 찾게 한 요소였다.

그러니깐 모나리자 다방은 돌체 다방의 연파(軟派)라고나 할까. 이때 일제 때부터 서울역 앞 2층에 있었던 돌체 다방이 명동 한복판으로 진출했었는데 성벽(城壁)처럼 쌓아올린 명곡 디스크와 웅장한 실내장식은 단연 타(他)의 추종을 불허하는 명소였다. 그래서 돌체는 예술인이나 언론인, 그리고 대학생들의 단골로 늘 빼곡 차던 음악감상실이었다.

털보라는 별명을 가진 이집 주인 하석암(河錫岩)의 착하고 어진 눈동자에 비해, 그 부인의 수선스런 동작과 히스테릭한 목소리는 돌체의 음악과 함께 묘하게 어울리는 때도 있어 야릇한 분위기를 자아내기도 하던 곳이었다.

당시에는 FM음악도 없었거니와 오디오도 매우 귀한 때라 폐허 위에 아무것도 없이 빈손으로 돌아온 사람들로서는 그래도 명곡다운 명곡을 들으려면 부득이 이런 곳엘 나와야만 했다.

전화 시설도 초라하여서 누구와 만나거나 연락을 하려 해도 명동의 모임 장소로 나와야 했고, 그래서 웬만큼 전화가 놓인 집이 아니면 서로 메모판에 꽂아두는 메모가 성행하기도 했을 때였다.

이런 돌체에 멋진 스타일리스트면서 시사평론가인 박기준(朴埼俊)이 술만 취하면 쪽 뺀 옷차림에 두터운 근시안경을 매만지며 전축 앞에 나가, 울려 나오는 드보르작의 〈니가〉를 지휘하느라 두 팔을 휘두르며 무아경에 빠져 들어가곤 했다. 그럴 때면 손님을 비롯해 주인 내외는 어이가 없어 멍하니 바라보는 수밖에 없었다.

이 같은 분위기의 돌체는 음악을 몹시 좋아하는 전혜린의 단골 다방이기도 했다. 그녀는 이곳에 앉아 음악을 감상하다가도 특별히 마음에 드는 곳이 나오면 어디론가 전화를 걸기도 했다.

전화가 퍽 드문 그때에도 전화가 있는 가까운 친지에게 전화를 돌려 상대방이 나오면 수화기를 손에 든 채 "이 곡을 들으세요." 하는 양 수화기를 통해 음악을 들려주는 것이 버릇이기도 했다.

"음악을 들으세요, 심취하도록……."

그만큼 고전 음악 팬이었던 그녀는 새로 생긴 모나리자에도 더러 와서 음악 감상을 하곤 했다.

이렇게 당시 불우했던 예술인들의 집회소로 각광을 받던 모나리자가 주인이 바뀌고 당분간 분위기도 달라져 버리자, 단골들은 맞은편에 있는 몽블랑이라는 찻집으로 옮겨 앉았다. 하지만 이것도 잠깐—. 자리도 비좁고 주인도 마음에 들지 않았다. 때문에 모나리자를 잃은 단골들은 그 근처에 있던 술집 '두붓집'으로 해서 미도파 건너편의 명동 어귀 왼쪽 골목 안에 있는 명천옥(明泉屋)으로 대거 또 자리를 옮겼다.

명천옥은 육계장과 술안주로 이름난 대중음식점으로 모나리자 단골 손님 이전에도 많은 문인들이 단골로 다녔던 곳이었다.

이곳은 갈 때는 제가끔 가도 만나서 한자리에 앉게 되면 함께 추렴을 해서 모은 돈으로 다시금 술을 거나하게 마시는 즐거운 자리로 변했는데 주로 갈채(喝采) 다방과 문예 살롱에 모이는 문인들이 주류를 이루었다. 나중에 전혜린도 이 집엘 많이 왔었다. 그러다가 모나리자에 또 주인이 새로 바뀌었다는 소문이 들려 왔다. 주인만 바뀐 게 아니라 이 집 단골인 젊은 시인 정운삼(鄭雲三)이 자포자기의 극한상황에서 목을 매 자살했다는 소식도 뒤따랐다.

"그 손님이 밤낮 혼자서 멍하니 앉아 있더니 기어코……. 우리집을 아꼈던 손님들이 다 잘돼야 할 텐데요."

새로 이 집을 인계 맡은 마담은 문화인들 때문에 골치가 아프다느니, 장사가 안 되느니 하면서 명곡 대신 유행가를 틀어 장사 잘 시켜주는 단골을 잡으려 애쓰던 여인이었다.

"유행가를 걸어도 손님이 많지 않으니 이 집에 무슨 귀신이라도 붙은 모양이에요."

마담은 며칠새 불평을 하다 말고 어쩐 일인지 갑자기 새 마음이 되었다. 묵은 단골손님이라도 불러야 장사가 되겠다는 결심을 단단히 한 모양이었다. 어느 날 불쑥 고사를 지내겠다며 예전의 단골 문화인들을 일일이 초대하는 열성을 보이는 것이었다.

그래서 그 고사를 지내던 날 밤은 많은 옛 단골들이 다른 술집에 갔다가도 2차로 모나리자에 모이게 되었다. 오랜만에 활기가 넘치고 흥청거리는 밤이었다.

한창 흥이 익어갈 때, 마담이 이봉구 씨에게 말을 걸었다.

"선생님, 저 색시 눈이 무서워요. 머리를 길게 늘이고 큰 눈을 두리번거리는 저 여대생 말이에요."

"응, 전혜린!"

"어제는 갑자기 와서 김진수(金鎭壽) 선생을 찾더군요."

전혜린은 가끔씩 명동에 나오면 돌체말고도 모나리자에도 오곤 했었다. 자기 친구들과 지난날 여중고 시절의 선생님을 만나는 게 일이었다. 아마 그날도 돌체에 들렀다가 혹시나 하고 온 모양이었다.

며칠 뒤 다시 나타난 전혜린은 모나리자에 앉았다 말고 이봉구 씨에게 말했다.

"이 집이 그 전엔 안 그랬는데……."

"뭐가?"

"분위기 말이에요. 유행가로만 판을 치고 있군요."

"주인 마음인걸 어쩌지?"

내 말에 잠시 묵묵하다 말고 혜린은 끝내 마담이 가까이 오자 말을 뱉고 말았다.

"유행가 뿐인가요, 이 집은?"

"명곡은 너무 지루해서요."

"그런가요?…… 마담의 교양이 그렇진 않을 텐데요."

"교양이라뇨?"

"그래요. 교양의 척도랄까요, 그걸 알 수 있겠다는 말이에요."

"뭐라구요, 교양의 척도? 아니……."

"분명히 말하죠. 다시 말해서 모나리자 마담답잖게 무식하다는 말예요."

이 말에 마담의 얼굴빛이 달라졌다.

"무식하다? 그래, 원래 나는 무식한 여자예요."

"그게 자랑스런 일은 못되잖아요. 그런 줄 아신다면 고치셔야죠.

모나리자에 갑자기 유행가가 뭔가요? 이럴수록 손님이 더 줄지 않아요. 미안해요, 너무 떠들어서……. 냉수 한 컵 주세요."

이처럼 전혜린은 그녀 생각 내키는 대로 솔직하게 말하고 대담하게 행동했다. 말하고 싶었던 걸 다 말하고 나서 냉수까지 청하는데는 마담도 더 할말이 없는 모양이었다. 정말 구김살 없는 전혜린의 태도에 마담은 되레 빙그레 웃음마저 머금고 냉수 한 컵을 탁자 위에 놓고 갔다.

"선생님, 나가십시다. 두붓집에 가서 막걸리라도 마시는 편이 좋겠어요."

이렇게 말을 맺자마자 혜린은 찻값을 치른 다음 먼저 쏜살같이 나가버렸다.

"이름이 뭐라고 해요?"

그녀가 나가자 마담이 입구 쪽으로 이봉구 씨를 따라 나오면서 물었다.

"전혜린!"

"저 여자가 법대(法大)에 다니나요?"

"그렇대두."

"머리가 너무 지나치게 똑똑한 것 같아요. 오늘은 꼼짝 못하고 호령을 들었어요. 내일이라도 이곳에 나오면 제가 차 한잔 대접해야겠어요. 유행가는 끄고 모르는 것은 배워야죠."

마담의 말 가운데는 진정 반, 불만 반이 섞여 있는 듯했다.

"어딜 잘 나가죠, 그 여대생?"

"돌체라는 순 명곡 다방."

"그렇군요. 여간 보통내기는 넘는 여대생이에요. 정말 제가 슬슬 비위를 맞춰 줘야 하겠어요. 진정이에요! 그 아가씨가 우리 다방에 나오는 거, 환영이에요!"

이봉구 씨는 모나리자를 나와 전혜린이 혼자서 기다리고 있는 두붓집으로 가 함께 막걸리를 들었다.

"술 좀 많이 마셔 봐야겠어요. 취하는 기분, 음미해 보자는 것이지요."

"돌체로 나갔다가도 따분해지면 친구에게 말하죠. 우리 나가서 막걸리 맛을 즐기자고 말예요. 자유의 맛! 하고서 강조할 때도 있죠."

이렇게 말하면서 막걸리잔을 앞두고 있는 전혜린의 폼은 제법 멋지기도 했다. 어디까지나 그 큰 눈에 정기(精氣)가 서글서글하게 일고 있는 것이 초점이 되면서…….

그런데 모나리자의 마담은 그 뒤에 전혜린에게 차 한잔을 대접했는지 안 했는지는 모르나, 다시금 주인이 바뀐다는 소문이었다.

유행가를 틀고 온갖 신경을 다 썼으나 그 얼마 후 문이 닫히고 말았다. 문을 닫았으면 새 주인이 와서 인계 맡아야 할 텐데도 유리창이 깨지고 문짝이 비스듬히 있는 그대로 몇 달이고 빈 집으로만 있었다.

늦가을이 돼도 이 상태로 있기만 해서 초상난 집 아니면 정말 흉가와 같았다. 참으로 명동의 모든 향기는 이 집에서 끝나고, 이제 조객(弔客)도 없이 떠나는 유령섬을 보는 기분이었다.

전혜린이 서독으로 떠나기 전, 그 로맨틱 하고 풍류적이었던 명동을 회상하던 이봉구 씨는, 그녀가 4,5년 동안 서독에 있는 동안 명동의 흐름도 많이 달라졌다고 했다.

그녀가 뮌헨 슈바빙의 젊은 우수(憂愁)에 잠겨 있을 때, 명동의 흐름 역시 전화(戰禍)의 생채기를 서서히 씻어 가면서 저 자유당 말기를 향해 곪아 가고 있었다. 하기야 가난한 주머니만 대폿잔 앞에 매일같이 탈탈 털어 가면서 정치나 농간, 권세와 아부, 이권과 부채, 작당한 음모 ― 이 모든 권모술수의 마키아벨리즘과는 인연이 먼 예술인들은 돌체니 갈채 같은 음악다실이나 대폿집 같은 데나 이리저리 떠돌며 우울함을 달랬을 뿐이었다. 너나 할 것 없이 대부분이 가난했던 그들로선 돈이 적게 들면서도 마음놓고 울분과 회포를 토론할 수 있는 장소가 필요했던 것이다.

그러던 차에 '포엠'이란 위스키 시음장과 예술인을 위한 '동방살롱'이 생겨 한때 번성했으나 얼마 안 가 또 문을 닫아 많은 문화인들을 서운케 하기도 했다.

공초(空超) 오상순(吳相淳)을 중심으로 한 청동(靑銅)다방과 '현대문학(現代文學)' 파들을 중심으로 한 갈채다방 등만이 그런데로 문화인들의 집회소로 맥을 잇고 있던 중에 '은성(銀星)'이란 술집이 새로 명동에 등장했다.

찻집 갈채에 이어 빈대떡 술집 은성이 이름을 떨치기 시작했다고 할까―.

이 무렵은 어느덧 1950년대가 저무는 때요, 1960년 4월의 피 냄새와 죽음으로 새롭게 역사의 장(章)을 여는 1960년대를 향한 추이(推移)의 시대이기도 하였다.

전혜린이 독일에서 귀국한 것은 그 즈음으로서 즉 1959년 5월의 어느 날이었다. 1955년 10월에 떠난 이래 햇수로는 5년째가 되지만 거의 만 4년 만에 돌아온 셈이다.

그녀는 아직도 공부가 많이 남은 T씨와 뮌헨 공항에서 일단 작별하고, 그들의 귀여운 아기 정화(貞和) 양만 품에 안고서 돌아온 것이다.

정화는 태어난 지 겨우 만 2개월 밖에 안된 젖먹이였기 때문에 그녀는 비행기 안에서 우유를 끓여 먹였다.

그다지 건강한 편이 못되는 혜린은 비행기 안에서 멀미가 났지만 사랑하는 그녀의 분신(分身)에겐 여러 차례 우유를 먹여야 했다. 에어 프랑스의 스튜어디스들이 뜻밖에 불친절해서 그녀는 직접 비행기 안의 조리실로 가서 우유를 끓여야 했다. 우유병 소독마저도 아기를 품에 안은 채 직접해야만 했다.

이것은 모든 어머니들이 출산의 고통에 이어 거듭 잇따라 겪어야 하는 즐거운 괴로움이기도 하다. 그러나 가라앉고 떠오르고 하는 비행기 안에서 아기를 품에 안은 부자유스런 처지의 혼자 몸이라 여간 힘들지 않은 귀국길이었다.

특히 공해에 닿을 때마다 자기의 짐을 자기가 갖고 비행기를 떠나야 하는 일은 매우 힘들었다. 어쩌다가 동승한 손님이 짐을 들어줘 고맙기는 했으나 정말 외롭고 힘든 여행이었다.

그녀는 귀국하자 정다운 우리 냄새에 다시 젖어들었다. 아기에게 먹일 야채죽이나 과일죽이 없어 약간 불편하긴 했지만 야채나 과일이 뮌헨보다 값싸 좋기도 했다.
 야채나 과일을 매일같이 사서 그녀는 연탄불에 죽을 만들었다. 냄비에 넣고 올리면 곧 끓고 타 버려 뚝배기를 사서 정성들여 죽을 끓였다. 제법 부엌 지혜도 자낸, 어머니로서의 성숙함도 엿보이게 되었던 것이다.
 이런 그에게 뮌헨의 슈바빙, 신의주의 압록강변, 그리고 피난 시절 부산 영도의 바닷가만큼은 감성 깊이 아로새겨진 곳은 아니어도 서울 명동 역시 잊을 수 없는 곳이기도 했다. 돌체 음악감상실 출입과 어쩌다가 들른 모나리자, 두붓집, 명천옥 등 모두가 한창 자신의 진로를 모색하기 위해 번민하던 그녀에게 아름다운 추억이 담겼던 곳이었다.
 그러나 어린 정화와 함께 귀국한 그녀로서는 이 갓난아이에게 온통 매인 몸이었기 때문에 근 1년간은 거의 명동으로 나가 볼 수가 없었다.
 그녀가 한 아이의 어머니로서, 또 고국에서의 새 출발을 위한 생활로 정신 없는 나날을 보내고 있을 무렵은 포엠과 동방 살롱을 잃은 예술인들이 찻집은 흩어져 갔을지라도, 술집만은 새로 생긴 은성을 향해 모여들기 시작하던 때이기도 했다.
 더욱이 새로 생긴 이 은성은 포엠과 동방 살롱을 잃은 옛날의 모나리자 다방 단골문인들의 발걸음이 좋게 모나리자 다방 맞은편의 없어진 몽블랑 다방 자리에 있었다.
 주인 마담은 순수한 서울 태생으로 싸늘한 인상이면서도 대범하고 고운 마음씨를 지닌 중년의 과부였다.

처음엔 몽블랑 다방을 사서 경영하다가 이것이 실패하자 오뎅집을 차렸고, 그러다가 오뎅집을 아예 대폿집으로 개조해서 늘 주머니 사정이 빈약한 예술인들을 수더분하게 맞아 주자 이 은성이 새로운 명소로 알려지기 시작했다.
　그래서 전혜린도 어느새 은성의 소식을 듣고 귀국한 지 1년이 채 안돼 이곳에 가끔 들르는 단골이 되었다. 아기도 갓 돌이 지나 맡아 보는 유모도 구했고, 학교에도 출강해야 했기에 집으로 돌아가는 길에 잠시 짬을 내 들르기는 쉬운 일이었다. 주머니 사정이 빈약한 예술인 따라지들이 마치 그들의 마지막 교두보인양 마냥들 죽치고 앉아 문학이며 철학, 음악, 미술 등 예술을 안주삼아 술을 마시던 은성.
　그 시절 은성을 드나들었던 많은 사람들은 그 중에서도 전혜린의 그 거침없는 행동, 기지에 찬 한마디 한마디는 그녀의 독특한 용모와 함께 유달리 빛났었다고, 지금도 얼큰히 취기가 돌면 더욱 그리워들 하고 있다.

새로운 認識의 분출

새벽 4시경 간간이 계속되는 총성에 놀라서 들어 보니 매우 격렬해져서 온 집안이 깨고 마을과 온 도시가 깨었다. 약 20분가량 격렬했던 총성이 멎고 방송에서 육해공군, 해병대 등이 합해서 쿠데타를 일으켰음을 육군 참모총장 장도영(?)의 이름으로 설명했다. 그리하여 '제3공화국'은 탄생한 것이고 아까의 총성은 그의 진통(鎭痛)이었던 것이다.

이 인용은 그녀의 1961년 5월 16일의 일기 전문이다. 매우 간략하면서도 정리(整理)된 뜻이 담겨져 있다.

1960년 4.19 혁명이 낳은 '제2공화국'은 겨우 1년 만에 막을 내리고 1961년의 5.16 군사혁명이 '제3공화국'을 낳았던 것이다.

이 무렵의 전혜린은 출렁대는 숲처럼 차츰 신선한 감각에 젖어가는 듯했다. 이것은 5.16 군사혁명이 비록 그녀 자신에겐 무관한 것이라 할 지라도, 항상 생(生)의 충만한 출렁거림을 원하면서 지루한 권태로움 속에서는 자칫 죽음도 불사하려는 그녀의 기질에 새 바람을 일으킨 것일까. 정말 그녀의 죽음에 대한 인식은 찰나적이며 순간적인 것에 틀림이 없다. 생(生)과 사(死)에 대한 그녀의 인식을 5.16 앞뒤의 일기 가운데서 살펴 보자.

'새벽에 총성이 나고, 제3공화국의 탄생을 위한 진통'이 지난 지 며칠 안 되는 5월 21일의 일기는 다음과 같이 생기에 차 있다.

밀수선 나포, 선장 구속, 미곡가 올린 쌀장수 구속, 2할 이상 잡곡 섞으라는 지시를 어긴 음식점 3일간 영업정지, 무허가 댄스홀 습격……. 아무튼 제3공화국은 제2공화국보다는 훨씬 활발한 움직임을 보여 주고 있다.

정말로 깨끗한 정치가들이 정치를 해준다면 유니폼을 입고 잡곡 먹고도 전국민이 불만 없이 일할 것이다. 꼭 성공하기를, 국민을 기만하지 않고 실망시키지 않기를 빈다.

다음 일기는 5.16 이전이 되는 3월 24일자의 것이다.

산다는 것의 의미를 매일 더 잃어가는 느낌이다. 모든 행위가 불가능하고 모든 인간이 괴이하게만 보이는…….
온갖 것에 있는 근본적인 허위의 냄새만이 내 코를 찌른다. 극도로 취해서 모든 것을 잊고 모든 것에서 탈주하고 싶다.

이 두 개의 일기문에서 나타나듯 3월과 5월의 두 달 사이에 갖는 그녀의 심경변화는 상당한 차이를 보여 주고 있다.

"극도로 취해서 모든 것을 잊고 모든 것에서 탈주하고 싶다."라는 3월의 일기에서는 그녀가 극도로 싫어하는 피곤한 권태와 의식의 잠이 깔려 있다. 어떻게 보면 희망적인 봄날에 생을 포기할 것 같은 위험성마저 내포된 듯하다.

그러나 "총성에 놀라 일어나 보니 제3공화국의 탄생이 왔더라."는 5.16 이후의 그녀 의식은 3월과는 확연히 다른 새로운 생기에 출렁대고 있다.

그러므로 이때부터의 그녀의 움직임은 활기에 차 새로운 인식의 세계를 열고 있다.

사물을 보는 눈에서, 부부간의 생활에서, 일에서, 심지어 술을 마시는 데서도 권태로움이 없는 아름다움과 감사와 긍정적인 심리가 작동하고 있다.

꽃을 봐도 크나큰 위안이 되어 온갖 슬픔과 절망 같은 걸 이길 수 있게 해주는 생기에 찬 아름다움으로 비쳐졌다. 또한 그러한 느낌을 오래 누리고 싶어서 완전 개화된 것은 이내 져버릴까 근심이 되어 약간 덜 핀 꽃을 화병에 꽂으면서 어떤 것은 아예 꽃망울이 열리지 않은 단단하고 어린 것으로 봉우리째 꽂기도 했다.

미인(美人)의 혼(魂) – 말할 수 없는 미인의 혼이 꽃이 된 게 아닌가 하는 생각도 문득 나고, 또 꽃에 잔뜩 둘러싸여 살고 싶다는 환희로운 욕망이 일기도 했다.

또한 그녀는 이 세상이 어떻게 변하더라도, 또 자신에게 무슨 불행이 닥치더라도, 꽃의 아름다움에는 영원히 감동할 것이라고까지 생각했다.

이렇게 생을 아름답게, 감동으로 출렁대면서 살아가는 그 즈음의 그녀에게 있어 꿈 또한 없을 수 없다.

가장 추상적인 것이 꿈이라 하겠으나 꿈마저도 너무 아름답게 느껴진 모양이었다.

꿈 – 새파란 새벽 하늘에 빛나는 눈썹같이 가느다란 달과 별 한 개가 있었다. 너무 아름다워서 바라보고 있으려니까 갑자기 모양이 변해서 달이 없어지고 별이 여러 개 생겨나서 그것이 전체로 별 하나를 이루었다.
이상한 꿈이다!
어젯밤은 스리나를 안 먹고 자서 간헐적으로 약 한 시간 내지 두 시간마다 깨면서 잤다. 깰 때마다 파스테르나크를 2페이지쯤 읽으면 다시 잠이 왔다. 그것을 오늘 아침까지 반복했다.

이것은 같은 해 6월 6일자의 일기로서 꿈이 너무 아름다운 것과 이상스러움을 기술하고 있다. 아름다운 것 그 자체에 감동할 뿐 이상스러운 것에 대해서는 회의치 않고 있다. 삶과 아름다움을 긍정적으로만 받아들이고 있는 증좌다.
또한 그녀가 상습적으로 복용하고 있던 수면제 스리나에 대한 얘기도 이어져 있으나 그 고통에 대해서는 한마디도 없다. 잠을 한 시간 내지 두 시간마다 깨면서도 이에 대한 괴로움은 말하지 않고 되레 파스테르나크의 작품을 2페이지씩 읽음으로써 잠이 들었다간 다시 깨고 하기를 아침까지 반복했다는 사실만 적고 있다.
잠을 잘 못 이루고 있으면서도 생기발랄한 의욕 같은 게 엿보이고 있는 것이다.
이때가 6월로서 이미 초하(初夏)를 넘겨 더위가 한창 더해드는 성하(盛夏)로 접어드는 때다. 그녀 말대로 초하에서 성하로 이르는 시즌은 인간으로부터 가장 '생의 기쁨'을 뺏아가는 계절임직도 하다. '매미소리도 멎은 정오' 같은 권태가 끼이는 변화 없는 환경에 파묻혀 혹서를 피해 낮잠이나 청하는 — 짜증스럽도록 불쾌지수만 높은 후덥지근한 때임이 틀림이 없다.

그러므로 이때쯤만 되면 아무 일도 아닌 걸 갖고 시비가 오가고 서로 다투기도 한다. 다른 때 같으면 능히 이해하고 웃어 넘길 일도 이때만은 그렇지가 못하다. 별일 아닌 것을 갖고서도 서로 삿대질을 하며 싸우기까지 한다.

부부간에 싸움이 잦은 시기도 이럴 때쯤이다. "여보!" 하고 부르면 "예." 하면 될 것을 "왜요?" 하고 반문조로 나갔다가 금실 좋은 부부 사이에 그만 언성이 높아지기도 한다. 그러나 그건 불쾌지수가 높은 한여름의 계절 탓이지 사람의 탓만은 아닐 것이다.

아마 그래선지, 전혜린 역시 이 여름에 남편과 다툰 듯하다.

다음의 인용문은 그녀가 남편과 다투고 나서의 느낌을 적은 일이다. 그러나 그것은 여느 부부싸움과 달리, 어디까지나 아름답고도 지성적인 싸움이다.

부부싸움이란 권태의 한계를 밀어내기 위한 공동의 액션인 것 같다. '행복'이라는 막연하고 불가능한 것에 지향하는 소치도 결국은 곧 사라질 한 개의 생명의, 젊음의 발광이었다고 볼 수 있을 것이다.

이렇게 노란 등불 밑, 흐린 벽에 마주앉아 무언의 대치를 지속하는 우리도 얼마 안 있어 흔적도 없어질 약하고 우연한 생명체인 것이다.

얼마 동안 서로 만나서 한솥의 밥을 먹고 한방에 숨쉬도록 우연에 의해서 정해진 우리인 것이다. 결코 흔하거나 쉬운 일로는 생각할 수 없다. 따라서 이 공존이 가져오는 여러 마찰과 불쾌는 어떤 타인과도 장시간 있을 때 느껴지는 불쾌감의 한 긴밀화된 상태로 볼 수 있을 것이다.

물건도, 대인관계도 수선이 불가능한 데까지 성실하게 고쳐 보아야 하는 것이다. 우선 가능성의 한계의 절반은 자기 책임에 귀속하는 것이고—.

모든 것에 눈을 감자.

그도 나와 마찬가지로 휴식과 위안을 요하는 한 피곤한 나그네임을 잊지 말자.

이 세상에 태어나서 아직 한번도 어리광을 모르고 살아온 나니까, 웬만한 박해는 견딜 수 있으리라고 믿는다. 구박당함은 내 생리의 일부를 이룬 것이니까. 정화가 약하디약한, 가엾디가엾은 내 아기임을 잊지 말자.

어떤 좀더 큰 과제(課題)에 불타고 싶다. 이런 사소한 부부간의 감정의 갈등쯤은 초극할 수 있도록. 언제나 이런 데 걸려 있어 가지고는, 언제나 진흙에 발을 담그고는 나는 영영 헤어날 수 없을 것이다.

영혼만이 충만한 공간, 조금도 외롭지 않은 가득 찬 고독, 모든 것이(나의 외면도 내면도) 접촉하지 않은 훈련된 감수성, 이러한 것들이 지금 나의 동경의 초점이다.

내가 아니고 싶다.

생(生)이란 24 시간의 의식적인 구성 속에만 존재한다.

3월 16일자 일기의 전문인데, 여기서 그녀 역시 한여름에 들면서 '사소한 감정의 갈등'을 빚고 있다.
  그러나 그녀는 이만한 부부싸움은 '권태의 한계를 밀어내기 위한 공동의 액션'으로 보면서 그녀의 남편 역시 자기와 마찬가지로 '휴식과 위안을 요하는 한 사람의 나그네'임을 깨닫고 있다.
  얼마나 아름답고 값진 상대방에의 인식인가! 이해인가!
  이 순수한 감수성은 봉숭아 꽃잎을 손톱에 물들이는 만큼이나 지순(至順)한 감성이다. 가식이 없는 순수성으로 "수선이 불가능한 데까지 성실하게 고쳐 보아야 한다"는 것을 전제하면서 부부간에 화해의 징검다리가 되고 있는 자녀까지도 생각하고 있다.
  뿐만 아니라 이러한 사소한 감정의 갈등을 넘어 좀더 큰 과제라는 일에 열중할 것을 다짐하고도 있다.
  '충만한 영혼만의 공간'과 '가득 찬 고독의 비고독(非孤獨)', '순수감성' 가운데 생(生)을 살면서 24시간 불타는 존재이고자 하는, 의욕적인 바람이 생생하게 꿈틀대고 있다.
  그녀의 이 같은 긍정적인 의식의 숲의 출렁댐은 실제적인 일에서도 행동으로 나타난다. 당시 신동문(新東門) 시인의 주간을 맡아 일하고 있던 신구문화사(新丘文化社) 발행의 『전후문학전집(戰後文學全集)』 속에 넣을 '전후문학의 새 물결'에 루이제 린저의 적극적인 삶을 테마로 한 작품 『생의 한가운데』를 여주인공 '니나의 경우'를 들어 평석(評釋)하기도 한다. 의욕적인 삶을 지향하는 그녀에게 이 작품이 매우 진지했기 때문이었다.
  그래서 무덥고 권태롭고 머리가 띵한 여름날, 그녀는 땀을 뻘뻘 흘리면서도 계속 일에 매달려, '전후문학의 새 물결'에 평문을 쓴 바 있는 루이제 린저의 『생의 한가운데』의 완벽본을 위한 마지막 교정까지도 스스로 본 것이다.

땀내가, 쉰 풀 냄새가 나게 무더운 하루가 가까스로 숨을 할딱거리면서 지나갔다.
 방을 말끔히 소제하고(물론 땀을 뻘뻘 쏟으면서), 벽을 새로 장식하고, 못에는 풀벌레 초롱과 작은 맥주병, 묵주를 걸었고, 마당에 있는 흰 백합과 커다란 아이리스꽃 두 송이를 따서 꽂았다. 기막히게 강하고 달콤한 향기와 창포꽃의 화려하고도 침착한 보라색이 방안에 쾌적한 학문의 분위기를 자아내어 주고 있다.
 오늘로 『생의 한가운데』의 교정을 끝마친 셈이다.
 빨리 책이 나왔으면! 예쁘게……. 그리고 모두 읽어 주었으면!
 비를 암시시키지 않는, 그러나 무더운 내일의 날씨를 암시시키는 허연 회색 구름이 하늘 전면에 덮여 있는 저녁때다. 발을 친 낭하에 앉아서 서늘한 바람을 쏘이면서 바로 발 밑에 있는 연못의 무섭게 큰 연잎과 간단히 고개를 드는 실같이 가느다란 붉은 금붕어를 바라보는 것은 평화스러운 느낌이다.

애써서 일을 끝마친 뒤 저녁 바람을 쐬며 연못가에 앉아 있는 그녀. 어려운 일을 끝마치고 나서 느끼는 쾌적함과 평화로움이 있다.
 힘들이 그녀의 평문 『생의 한가운데 — 니나의 경우』를 '전후문학의 새 물결'에서 읽기로 한다.

이 작품에 나오는 여주인공 니나야말로 전혜린 그녀가 죽기까지 생(生)을 살아가는 하나의 상징이기도 했으므로…….

린저가 『생의 한가운데』에서 그린 니나라는 여인 초상은 매우 특이한 초상화. 그러나 온갖 것의 본질은 그의 특이성 속에 가장 뚜렷이 표현되는 것이므로 이 초상화 속에서 우리는 여자의 모든 문제성을 날카롭게 파악할 수 있는 것 같다. 니나는 매우 순수한 인간이다.

무엇보다도 자유를, 정신의 자유를 희구하는 그의 본능적인 충동에 지배되어 있는 맑은 두뇌와 지성과 결정적인 성격 때문에 언제나 극단적인 상황 속에 몸을 내맡기고, 생(生)과 사(死)의 양극 사이를 줄타기하는 것 같은 위태로운 몸짓으로, 그러나 승리에 넘친 긍정을 가지고 살고 있는 여자다.

린저는 자기의 분신인 니나를 통해서 여자의 제문제를 여러 각도로 전개시켜 보여 주고 있다. 그 전개시키는 방법에 있어서 린저는 캐스테의 말처럼 '수치심이 없을 만큼' 성실하다.

소녀 시대부터 이십대의 초기까지 니나는 완전히 순결한 소녀로 고등학교의 물리선생에게 깊은 숭배심을 안고 있기를 계속할 만큼 어리다. "……산다는 건 그 당시의 나에게 있어서 아는 것, 무섭게 많이 아는 것과 모든 것에 파고드는 것이었어. 그 외에 아무것도 아니었어."라고 린저는 니나의 입을 통해서 말하고 있다.

니나가 치료를 받으러 입원한 병원의 의사인 슈타인은 한눈에 니나가 가진 정신의 높이와 영혼의 맑음을 통찰하고 이상한 견인력을 니나에게서 느끼게 된다.

"새로 여자 환자가 한 명 생겼다. 그 여자는 골칫덩어리다. 자기는 의식하지 않고 나를 이상하고 거북하고 피할 수 없는 방법으로 귀찮게 만드는 여자다. 그 여자가 방 문턱을 짚고 들어섰을 때 나에게 어떤 일이 일어났다. 내 속에 있는 무엇이 변화했다. 아니 나는 변했다." 그러나 냉철한 과학자이며 대학교수인 슈타인의 이 조금도 타협할 줄 모르는 극단적으로 인식욕에 불타고 있으면서도 생기에 넘쳐 흐르는 소녀에 대한 사랑은, 처음부터 많은 분쟁과 오해에 넘쳐 있고, 두 사람의 성격의 부조화가 빠른 파탄과 이별을 미리 고해 주고 있다.

"나는 괴로운 만큼 혼란에 빠져 있다. 내 생각으로는 지금 내가 여태까지 여자들에 대해서 지니고 있었던 거만한 거리에 대해서 보상을 해야만 하는 것 같다."라고, 또 "니나는 화산과 같은 여자다. 유혹적이고 천진난만하면서도 도덕가연하지 않고, 본능적으로 모든 것을 알고 있으면서도 멀고 생소하고 붙잡을 수 없는 여자다."라고. 또 "그 여자는 자기 자신도 아직 모르고 있고 사랑에 흥미도 갖고 있지 않다. 그 여자는 사랑이 무엇인지도 모른다. 어쩌면 니나는 그걸 배우게 될지도 모른다. 어쩌면, 언젠가는 나를 사랑하게 될지도 모른다―."

이와 같은 슈타인의 관찰은 니나에 대한 미칠 것 같은 사랑이라기 보다는 관심을 지닌 차가운 관찰의 시선에 불과하게 보이며, 처음부터 니나를 얻는 것은 거의 단념하고 돌아가고 있는 것 같은, 연애에 있어서의 무기력과 정신의 지나친 우위와 행위의 결여를 나타내고 있다.

니나의 슈타인에 대한 감정도 그에 못지 않게 관념적이며 냉철하다. "사람과 사람이 가까워지는 데는 침묵 속의 공감이라는 방법 밖에는 다른 방법이 없는 것 같습니다. 당신과 나는 이 공감을 완전히, 또 순수하게 갖지 못하고 있고, 언제나 가질 수도 없습니다. 당신은 나보다 훨씬 나이가 많고 또 현명하십니다.

나는 당신의 업적에 대한 커다란 존경심을 갖고 있으며, 당신의 우정에 무한히 감사하고 있습니다. 그러나 당신 곁에 있는 것은 나를 더할 수 없이 부자유스럽게 만듭니다."

이것은 슈타인에 대한 니나의 감정이었다.

그들의 영혼이나 지적 공감이 이루어 주는 희귀한 공감의 순간은 길지 않았고 많지도 않았다.

지성이라는 패각(貝殼) 속에 진주처럼 숨어서 아무 감동이나 격렬한 순간이 없이 냉엄하게 살고 있던 슈타인은 그 껍질 속을 자연스럽게 뚫고 들어온 생기와 호기심에 넘친 니나에 매우 끌리고 자신도 생기를 그 여자를 통해서 얻으려고 하나 그것이 불가능해졌을 때, 다시 조가비 속에 영원히 굳어져 버리고 만다.

슈타인과 니나의 사랑의 문제에 있어서 린저는 남자 중에서 사랑을 할 수 있는 소수는 영혼과 지성과 여성적인 섬세한 신경을 지닌 형으로 언제나 이 정신이 우월한 까닭에 행동은 위축되어 버린 거세자(去勢者)와도 같은 남자들임을 밝히고 있다.

그리고 동시에 바로 그렇게 여자를 잘 통찰하는 남자들이 대개의 경우에는 여자를 붙잡아두는 힘이나 의욕에 있어서 약하고 결단력이 없어서 연애에 성공할 수 없다는 사실도 말해 주고 있다.

슈타인이 "여자란 니나 같은 종류의 여자까지도 내가 생각했던 것보다 원시적인 것일까? 나는 침대가 여자에 있어서는 정신보다 큰 역할을 하고 있다고 생각하기 시작했다."라고 쓴 어조로 말하고 있는 것은 물론 니나가 자기에 맞지 않는 낮은 남성과 맺어진 것에 대한 원한의 기분과 불쾌가 섞여 있으며, 사실에 완전히 상부하는 말은 아닌 것이 나중에 니나의 결혼 후의 행동으로 밝혀진다.

그러나 그 말에는 진리의 한 미립자가 들어 있음을 또한 승인하지 않을 수 없다. 끊임없는 회의와 비판과 관찰과 분석의 대상으로 영원히 있고 싶은 여자는 아마 지구상에 없을 것이다.

이런 순간에 여자는 행동이나 또는 행동으로 사람을 몰아넣는 박력을 무의식 또는 의식하고 요구하게 되며, 그것을 실현시키지 않는 남자에게 일종의 원한과 감정을 품게 되는 것이라고 린저는 보고 있다.

린저는 결혼에 대해서 매우 회의적이다. 온갖 결혼 생활의 뒤에 허위와 굴욕과 비굴한 습관과 체면과 필연과 정신이 고갈상태를 찾아낸다.

첫째, 니나의 부모부터가 냉기가 도는 집안의 분위기를 만드는 불행한 부부였고, 슈타인의 친구이며 누구나가 다 '가장 행복한 부부', 또는 '가장 모범적 부부'라고 보고 있는 마이트 부부와 보올레 부부도 그 이면을 보면 불만과 정신적 내지 실질적인 배신행위 뿐이다. 행복한 부부도, 누구나가 알고 있는 이름있는 화가도, 부인을 마음 속으로 백 번이나 속이고 있다. 신중한 변호사 헬름바하도 바에서 니나에게 추태를 부린다. 니나의 첫 아이의 아버지가 되는 알렉산더도 애정 없이 우연히 그냥 결혼해 버린다.

니나의 남편 퍼어시의 아버지는 구제할 수 없이 술을 마시고 바람을 피우면서 돌아다니고, 자기 아내를 '발에 매달린 납'이라고 부른다. 그러면서 그는 "나는 좀더 나은 일을 위해 태어난 사람이야."라고 입버릇처럼 말하고 있다.

니나가 전화로 불러서 온 언니 마르그레트도 결국은 불행한 여자에 지나지 않는다. 남편의 부정을 받아들이고 그 대신 아름다운 집, 기분 좋은 생활의 쾌적한 습관들, 넓은 정원, 가족들, 남편이 매우 관대하게 허용해 주고 있는 사치와 친절…… 등을 손에 넣고 "행복? 나는 마흔 아홉이야. 아무 불만도 없어."라면서 세상을 그럭저럭 잘 살아가는 거라고 말하는 체념에 도달해 있다.

그러나 니나와의 대화와 니나의 생을 들여다봄으로써 받은 충격이 마르그레트에게 점점 자기가 보내고 있었던 생이 견딜 수 없는 허위로 느껴지게 된다. 그리고 무엇보다도 여주인공인 니나를 통해서 린저는 결혼이 얼마나 수지가 안 맞는가를 보여 주고 있다.

모든 지적인 인간처럼 니나도 우연히 거의 자기의 의사에 반대되게 결혼한다.

그는 탄력과 힘을 가졌다.

"마침내 약간의 안정성을 가질 수 있다는 것은 기분 좋은 일이었어. 그것은 진짜 안정은 아니었어, 물론, 그렇지만 당신의 나에게는 그것이라도 괜찮았어. 아주 아름다운 가을이었고 나는 좋은 아내가 될 용의가 돼 있었어. 나는 내 청춘에 종지부를 찍고 퍼어시와의 생활에 맞추어 나갔어."

이렇듯 니나는 탄력성을 갖고서 퍼어시를 맞았다. 그러므로 니나는 처음부터 퍼어시에게 정신과 감수성이 결여돼 있음도 알고 있었다. 그러나 부드럽게 복종하고 싶었고, 약간의 폭군적인 데가 있는 남편을 섬기는 결혼생활을 믿고 싶었었다. 자기 자신의 너무나 분명한 정신의 모험과 자유에의 강한 충동에 대한 무의식적인 자기 방어였을지도 몰랐다. 온갖 운명의 경고에 일부러 눈을 감고 마치 숙제를 하는 소학생 같은 고집에 가까운 열심으로 니나는 결혼이라는 과제에 돌입해서 그것을 마스터하려고 하였다.

하지만 니나의 내부에 있는 요소와 조금도 맞지 않는 그 결혼은 출발 이전에 벌써 암초에 부딪힌다.

퍼어시의 것이 아닌 아기를 가진 니나, 퍼어시의 파혼 거부, 결혼, 아이의 출생, 퍼어시의 그 아이에 대한 증오, 퍼어시에 의한 강제적인 제2의 임신, 낙태에 실패하자 가스 자살 기도, 구제되어서 입원, 다시 퍼어시에게 가서 살다가 퍼어시와 그의 정부(情婦)에게 내쫓기고 마는 것으로 매우 짧으면서도 사건에 넘친 결혼이 끝나고 있다. 온갖 쓰디쓴 경험의 집대성 같은 결혼생활이었고 결말이었다.

여자를 잡고 마는 남자가 언제나 이런 종류의 육체와 건강과 평균적 지능의 소유자라는 것과, 신비한 힘에 의해 우리는 우리와 정반대되는 것, 이해할 수 없는 것에 끌리고, 그것을 소유하고 나면 파괴욕이 생기게 된다는 것이 밝혀져 있다.

영혼의 해후나 순수한 공감의 순간을 서로 가질 수 있는 사람끼리는 결코 결혼할 수 없고, 결혼의 전제는 사랑이 아니라는 것을 린저는 말하려고 한 것 같다.

불가해한 상대방의 본질에 대한 격렬한 지적 호기심, 어깨를 누르는 강한 손길, 우연의 섭리, 그리고 누구의 명령을 받고 착하게 복종하고 싶은 여자의 본능, 안정에의 동경……. 이러한 여러 요소가 전제로 되어서 마치 토끼가 덫에 잡히듯 서서히 자연스럽게 꽉 잡히고 마는 과정이 생생히 묘사되어 있다.

지적인 여자가 빠지기 쉬운 함정이, 이 비지성적인 인간들의 자연 그대로 조화되어 있는 – 탄력과 힘으로 구성된 아름다움과 생을 간단하게 두 손으로 직접 잡을 줄 아는 박력이라는 것을 린저는 강조하고 있다. 그리고 그러한 부조화의 생에서는 절망과 굴욕감과 끊임없는 자기 모독 이외에는 아무것도 나오지 않으며 얼마나 비생산적이고 비창조적인가를 말하고 있다.

니나가 이 결혼에서 얻은 것은 이 무서운 고독과 절망의 체험이 그 여자로 하여금 글을 쓰게 만들었다는 것이니, 적지 않은 수확이라고 할 수 있겠으나 그 수확을 얻기 위해서 니나는 문자 그대로 목숨을 버렸던 것도 사실이니 만큼 아무에게나 권할 수 있는 도박은 아닌 것 같다.

결국 린저가 가능하다고 생각하고 있는 결혼은 첫째, 똑같은 영혼의 높이에 서 있는 사람들의 – 니나와 슈타인과 같은 – 결혼, 이것은 실현성이 희박한 예가 된다. 둘째, 관념적인 여자와 관능적인 남자의 결혼 – 니나와 퍼어시의 경우 – 이것은 파괴적인 예가 된다. 셋째, 마이트나 마르그레트 등과 같은 일방이나 쌍방의 부정과, 동시에 관용으로 이어져 나가고 있는 결혼, 이것이 가장 흔한 경우가 된다.

아무튼 놀랄 만큼 소극적이고 부정적인 결혼관이라고 말하지 않을 수 없다.

흔히 여류작가의 여성을 주인공으로 한 소설에서 우리가 두려워하는 허위와 자기 기만이나 어리석음에서 나오는 달콤한 미화(美化)나 불투명화가 없어서 일견 섬뜩한 느낌을 주지만, 결국 린저의 결혼관이 가장 현실과 가까운 것이 아닐지 모르겠다.

단, 이 결혼관을 하나의 여성 문제로 본다면, 니나에게 같은 해결방식을 권할 수 없는 것은 물론, 한국에 있어서는 말할 것도 없이 실현되기 힘든 방법인 것 같다.

　니나는 남성적인 강함과 결단성을 지닌 여자다. 따라서 모험을 - 그게 어떤 성질의 것이든 간에 자기가 선택하기만 하면 조금도 두려워 않는다.

　따분한 소도시에서 죽어가는 노파를 시중들어 주면서 그 노파의 사후에 물려받기로 되어 있는 가게를 지키고 있었던 니나는, 어떤 날 뮌헨에 올라와서 생전 처음 웬 모르는 남자와 술을 마신 끝에 몸을 맡긴다.

　그후 니나는 이 사건을 슈타인의 입을 통해서 다음과 같이 말하고 있다.

　"호텔 앞의 광경은 어떤 우연적이고 대수롭지 않은 맛을 지니고 있었다. 나는 그것을 심각하게 생각할 수가 없었다. 니나는 그 남자를 사랑하지 않는 것 같았다. 니나는 그 여자의 소도시와 비참한 구멍가게에 녹초가 되었던 것이다. 그래서 그 여자는 그렇게 길었던 추방끝에 생을 그 여자에게 제공되는 대로 받아들인 것이다."

　그 이외에도 폐병환자인 신학도와 키스를 교환하면서 전염을 두려워하나, 그것을 상대방에게 말하고 거절할 수 없어서 골치를 앓는다.

　"마음이 약해서, 그리고 어리석은 동정심에서, 어쩌면 인간은 비밀 없이는 살 수 없는 것인지도 모른다."라고 말한다.

　또는 아내와 부부 관계를 더 이상 맺을 수 없어져서 부인이 집을 나가버린 어떤 학자가 폐인이 되다시피 침식을 끊고 사는 것을 인터뷰하러 갔다가 뜨거운 여름의 열에 건조된 들길을 함께 거닐던 끝에 그곳에서 그가 비정상적임을 증명도 해준다.

　후에 니나는 퍼어시와 이혼을 한 뒤, 직장을 갖고 애를 데리고 살면서 저녁때에는 헬름바하, 마이트 등 슈타인의 친구들 혹은 젊은 청년들과 어울려 바에서 술을 마시며 담소도 한다.

이것을 두고 "참된 재능은 집중을 필요로 한다."라고 강력히 비난하는 슈타인을 향하여 "나는 아침 여섯시부터 저녁 늦게까지 직장생활과 기타의 일로 피곤해서 긴장해 있으므로, 이것을 풀기 위하여 밤에 외출하더라도 내버려 두라."고 소리 지른다. "나는 살고 있는 것이지 살려져 있는 것이 아니다."라고 "쾌락 때문이 아니다."라고도.

"내가 여태까지 살아 봤어요. 나는 살고 싶어요. 생각 전부를 사랑해요."

"생에 대한 당신의 공포가 어쩌면 생을 사랑하는 나의 태도보다는 경박할지도 몰라요ㅡ."

이렇듯 린저가 주장하는 것은 성(性)에 있어서의 여자의 주체성 유지인 것 같다.

남자와 똑같이 일하고 자활하는 여자로서, 남자와 똑같이 우연적인 정사(情事), 긴장 회복을 위한 정력의 발산, 유흥 분위기 속에 잠겨 보려는 것……. 이러한 원칙을 마지막 결과까지 다 감당하는 책임 있는 결단성을 가지고 받아들이는 태도를 린저는 여자에게 허용하고 있는 것 같다. 그러나 모든 여자에게 다 허락하고 있는 것은 물론 아니다.

"너는 강하니까 생은 너에게로 그런 걸 허락할 수 있을 것이지만 다른 여자라면…… 나는 다른 여자가 아니야."라고 대학생 시절부터 직업을 갖고 있었던 니나는 말하면서 장래에도 직업을 가질 것을 희망한다.

니나에게 대학생 시절의 직업은 본의가 아닌 강요에 의한 것이었지만, 공부를 계속하겠다는 말에 "그리고는?" 하고 물었을 때, "그리고는? 그리고는 나는 직업을 갖겠지요. 그리고 일하고, 어쩌면 글을 쓸 거예요. 그리고 그리고는 살 거예요." 갑자기 니나의 눈은 빛났다.

"그리고는 살겠어요."라는 명확한 결심이 드러나는 니나의 목소리. "아주 정직하게 말한다면, 나는 글을 쓰겠다는 욕망 이외에는 아무 욕망도 갖고 있지 않습니다."라고 거듭 잘라 말하는 니나.

어려서부터 이런 욕망을 갖고 있었고 그것을 위한 공부에 전력을 기울였던 니나는 결혼 생활의 공백 뒤에 싸나토리움에서 미수에 그친 자살 뒤의 정양을 하면서 글을 쓰기 시작했다.

첫날에는 한 줄, 둘째날에는 다 지우고, 세째날에는 두 줄, 이렇게 흰 종이하고 싸워서 결국은 단편을 써낸 것이다.

요양소를 나온 후 니나는 집을 얻어서 아이 둘과 식모애와 넷이서 생활을 시작한다.

낮에는 책방 점원 노릇을 하면서 어떤 출판사의 원고 감수(監修)의 일을 맡아 새벽에는 원고를 읽는다.

다섯시에 책방에서 퇴근하면 영화평을 석간에 쓰기 위해서 영화를 보아야 하고, 그 사이사이에 단편을 쓰고 장편에 착수한다. 숨막히게 긴장된 생활이다.

니나가 물론 가장 사랑하는 일은 글을 쓰는 일이다. 그리고 니나는 글을 쓴다는 천직을 매우 중요시한다.

사람과 글을 똑같은 것이라고 말하면서 니나는 "내 시가 형식에서 뿐만 아니라 내용에 있어서도 감상적이고 싸구려라면 내 속에도 감상성과 싸구려의 경향이 있다고 틀림없이 볼 수 있는 거야. 그것을 분리시킬 수는 없어……. 아무것도 할 수 없는 사람을 사랑하는 것은 나에게는 불가능해."라고 말하고 있다.

또한 만약에 여자가 무슨 일을 하기 시작하면 그때 그 여자에게는 그 것을 한 것이 남자든 여자든 간에 우리가 한 개의 일을 평가할 때 쓰는 기준 이외의 다른 기준이 적용되지 않는다고 생각한다. 니나를 내쫓은 퍼어시의 정부 클레레를 니나가 특히 미워하는 이유는 그 여자가 화가인데도 그림을 못 그린다는 데 있다.

"그 여자는 화가였는데 그림을 못 그렸어. 그게 그 여자에 있어서 가장 나쁜 점이야. 나는 그걸 퍼어시에게서 제일 용서할 수 없었던 거야."

니나는 소설의 가치에 대해서 엄격한 요구를 가졌을 뿐 아니라, 어떤 비극과 절망의 한가운데서도 약속한 일을 이행하는 자기 극복력과 억제력이 있는 자기의 직업을 몹시 중요시 하는 여자인 것이다.

"니나가 밤 동안에 오래 걸려서 쓴 것은 일이었다. 숙제였다. 모든 피로와 절망과 이별에도 불구하고 지켜진 약속이었던 것이다."

— 이렇게 언제나 일과 자기와 타인에 대해서 끊임없는 긴장된 관심을 쏟으며 열렬하게 살고 있는 니나는 결국 니나대로 행복한 여자인 것이다.

"내 생각으로는 행복은 우리가 언제나 생기를 지니는 데에, 마치 광인이 언제고 고정관념에 사로잡혀 있듯 하는 – 무슨 일에고 몰두하고 있는 가운데 있는 것 같애."

"잘 생각해 보면 몹시 불행할 때도 한편으로는 매우 행복했던 것 같애."

"고통의 한복판에 아무리 심한 고통도 와 닿지 않는 무풍 지대가 있어. 그리고 그곳에는 일종의 기쁨이, 아니 승리에 넘친 긍정이 도사리고 있어."

니나의 글쓴다는 정열과, 일과 생에 몸을 완전히 내맡기고 있는 성실 없이는 이런 행복감이란 있을 수 없을 것이다.
　따라서 니나의 언니도 생각한다. 나는 여기에 니나가 창백한 수면 부족의 얼굴을 하고 슬픔 때문에 몸치장도 안하고 아무 희망도 없이 침울하게, 그러나 생명에 넘쳐 서 있는 것을 바라보았다. 니나는 마치 폭풍우에 좀 파손된, 그러나 큰 바다에 떠 있고 바람을 맞고 있는 배와도 같았다.
　그리고 볼 줄 아는 사람이면 누구나 그 배가 어디든지 원하는 곳에 갈 수 있는 것을, 아니 새로운 대륙의 새로운 해안에 도착해서 대성공을 거두리라는 것을 돈이라도 걸고서라도 단언할 수 있을 것 같았다.
　그리고 사실에 있어서 니나는 소설가로서 크게 성공한다. 사랑이나 결혼이나 기타의 이성과의 사귐이 니나에게 있어서 그처럼 우연적 성격을 띠고 있었던 것도 다 이 때문인 것이다.
　남성적인 재능을 부여받은 니나는 본의 아니게 남성적이며 자주적인 생활을 해야 한다. 경제적 독립이 정신적 독립을 뒷받침해 준다. 전형되고 초월화된 또 하나의 자기를 흰 종이 위에 창조하는 과제에 온 정열과 지성을 기울이고 있는 니나에게 남성이란 그림자와도 같이 지나가 버리는 존재일 따름이다.
　남자, 연애, 이런 일은 나에게 있어 중요하지 않다고 니나는 종종 말하고 있고, 통과의 기분을 느낀다고도 말하고 있다. 결국, 자기를 넘은 곳으로 자기를 내던지려는 시도의 세계 속에 자기를 참가시키려는 숭고한 의도 없이는 우리 생은 아무것도 아니라는 것을 린저는 말하고 있는 것 같다.
　남자뿐 아니라 여자라 할지라도 그러한 투기 없이는 결코 행복이란 있을 수 없다는 것, 무엇보다도 결혼이라는 신기루에 속지 말라는 것, 결혼 속에 도망가더라도 결국 계산서는 뒤늦게라도 오고야 만다는 것, 오늘도 내일같이 내일도 오늘같이 아무런 위대함에의 가능성도 없이, 순수한 환희나 순수한 절망도 없이, 싸구려 혼합물로 스스로 기만하는 것은 자살행위를 조금 연장한 것이고, 사실에 있어서는 벌써 죽어 있는 것임을 이 책은 말해 주고 있다. 여기에 이 소설의 낙관적인 면이 있는 것 같다.

죽도록 절망해서 영국으로 떠나간 니나의 편지는, 따라서 영국인 노부부의 집안을 돌보아 주면서 자유 시간에 번역일을 하고, 밤에는 장편을 쓰고 있다는 명랑한 소식이었다.

아무리 절망해도 작업이 있는 사람은 '고통 속의 무풍지대'를 지니고 있고 고정관념처럼 광적으로 열중할 때 행복할 수조차도 있음을 린저는 말하고 있는 것이다.

전혜린이 전후문학의 새 물결 속에 발표한 '니나의 경우'를 모두 전개(展開)하는 이유는 니나의 사생활의 일부분과 오래 살면서 장편소설에 착수했다는 것만 다를 뿐 니나, 곧 전혜린이라 해도 좋은 등식이 성립되기 때문이다.

전혜린이나 니나를 등장시킨 루이제 린저의 정신적인 높이는 같다. 결혼을 바라보는 것이나 남성을 보는 눈 역시 똑같다. 의욕적으로 권태를 몰아내면서 일에 열중하는 것이 순간에의 참된 지속이라는 생각 또한 같다.

그래서 충만한 출렁임 속에 글을 쓰고자 하는 창조에의 열망 역시 너무나 똑같다.

글을 쓰기 위해서는 웬만한 부분 — 사랑이나 결혼이나 이성과의 사귐 같은 것도 우연적인 걸로 생각하면서 이를 대담하게 희생시켜 버릴 만큼의 자세가 돼 있음도 서로가 같다.

마치 정신 언어(精神言語)라는 불을 지피면서 새로운 대륙을 향해 치닫는 화차만큼이나 무섭다. 의식 가운데 '창조하면서 있는 존재'이고자 하는 점도 마찬가지다.

그러므로 전혜린은 루이제 린저의 초상화이기도 한 니나를 두고 그녀 자신이라 말하기조차 했다. 그래서 전혜린이 귀국한 지 얼마 안 돼 무서울 만큼 일에 열중한 것도 니나와 똑같다.

갓난아기의 어머니로서 귀국한 그 다음해가 되는 1960년에 그녀는 이미 그녀 모교인 서울 법대 교향학부의 독일어 강사로 나갔고, 영혼의 내밀(內密)한 독백이 되는 일기 쓰기도 멈추지 않았으며 시와 수필, 평문, 번역 등 쉴새없이 바쁜 일 속에 즐겨 갇혔다.

그녀의 시는 언젠가 한번은 은성 술집에서 이봉구 씨가 보는 옆에서 스스로 화형식을 해 버린 적도 있었지만, 한번도 세상에 발표된 적이 없이 내밀한 그녀 일기 속에 엄연히 살아 있었다.

하여간 그녀는 루이제 린저, 곧 니나라는 여인이 특이한 존재임과 마찬가지로 그녀 역시 특이한 여인이었다.

명석한 두뇌에 넘나볼 수 없는 정신의 세계, 숲처럼 출렁대며 은빛새의 나래마냥 파닥이는 의식, 광범위하게 쉴 줄 모르는 인식의 바다, 그리고 끝없는 창조에의 고뇌…….

그녀의 이 같은 특성은 그녀를 이미 스물 한 살 때에 우리 나라 여성 최초의 독일 유학생으로 뮌헨의 슈바빙에 가 있게 했고, 갓난

아기를 품에 안고 귀국한 다음해인 스물 여섯 살에는 젊은 여성의 신분으로서는 처음으로 완고한 전통의 서울 법대 강단에 서게 했다.

또한 일이나 인식욕(認識欲), 그리고 삶에 충만한 가운데서의 끝없는 창작욕에서뿐 아니라 이 모든 것을 위한 재도약(再跳躍)의 휴식이나 망각의 자리라 할 수 있는 술자리에서도 그녀의 지적 감성은 무서울 만큼 번득였다.

몇 방울의 알콜—.
그리고 내 세계는 새로워진다.
확 트이는 지평선, 흰 새벽, 닭 우는 소리, 솟아오르는 샘물 소리로 그것은 가득 채워진다.
갑자기 눈이 부시게 강렬하게 내 시야에 들어오는 녹음.
대낮.
나는 나의 전세계와 악수를 한다.
아무것도 이제는 나에게 불만이 없다.
마치 이 새 주정(酒精)을 담는 주머니가 낡은 것임을 잊은 듯.
아무 어둠도, 회의도 없이 확 피어나는 마음의 오후다.
오늘은 하루종일 식욕이 컸다. 조반, 점심, 저녁 다 내 밥사발 이상을 먹었으니 기이한 일이다. 뱃속이 회충이나 촌충으로 찬 모양이지?
저녁때 〈폼페이 최후의 날〉을 보았다. 크리스티네 카우프만의 물망초 빛 눈의 매력과 가련함은 상당히 강렬한 인상이었다. 뉴스와 예고편 영화에서 두 명의 고인(故人)을 보았다. 란자와 헤밍웨이.

이것은 5.16 혁명이 난 지 3 개월이 채 못되는 그해 8월 7일자의 일기 전문으로서 한 편의 이미지가 뚜렷한 시를 읽는 맛이다.

전반부의 "……마음의 오후다."까지는 알콜에 관한 시로서 술자리의 술맛이나 혼자의 고독한 술잔이 아니면 도무지 얻을 수 없는 시적 영감으로 빛나고 있다. 세상을 생기롭게 활달하게 보는 마음의 세계가 확 트여 있다. 모든 것에 대한 의욕이 넘쳐나 있다.

권태나 허무, 염세나 불만 같은 것은 아득히 떠나가고 그 자리엔 대신 새로운 생기의 의식이 파닥거리고 있다. 마치 숲의 출렁댐 같은……. 혹은 인식에의 바다 같은…….

Ⅲ. 영원에의 영가(靈歌)

나는 흰 새벽 속을, 내 마음을 사랑과 고뇌로부터 순화할
영원한 기쁜 죽음을 향해 출발했다.
나는 다시는 돌아오지 않는다.
그리고 아마 그것이 보다 나을 것이다.
영원히 나는 모든 정다운 것을,
무거운 짐들을 버려야 한다.
그리고 마치 쇠줄을 버리듯 나는 어깨를 추키며
'지나간 것들'을 내던져야 한다.
그리고 내 앞의 생 앞에 – 죽음 앞에 열려 있는
오른편 길만을 보아야 한다.
그리고 약을 먹었다.

수레바퀴와 火車

전혜린은 세계적인 작가 가운데 헤르만 헤세와 보리스 파스테르나크를 유난히 좋아했다.

이 두 사람의 해외작가 가운데 파스테르나크는 문장이 까다로워 그녀는 그의 작품을 번역하면서 몹시 애를 먹으며 거의 번역하기 어렵다고 탄식하기도 했지만 마음 속으로 깊은 친근미를 지녔던 것 같다.

번역하는 것이 불가능한 것처럼 가끔씩 그녀에게 골탕을 먹인 파스테르나크의 문장—. 그러나 전혜린은 파스테르나크라는 작가의 인격과 영혼이 그지없이 높고 맑아 차츰 그를 존경하는 마음도 깊어가서, 때때로 번역이 불가능한 것처럼만 느껴졌던 그의 드넓은 세계를 이해하고, 나아가 아주 잘 파악하는 전문가가 돼 버렸다.

그래서 그녀는 파스테르나크의 작품을 한창 번역해 가던 1959년 1월 중순 — 그러니까 귀국하기 2개월 전에 그의 멋진 시를 발견했다면서 이것을 번역, 일기 속에 옮겨 놓고 있다.

모든 일에서
극단에까지 가고 싶다.
일에서나, 길에서나,
마음의 혼란에서나.

재빠른 나날의 핵심에까지
그것들의 원인과
근원과 뿌리,
본질에까지.

운명과 우연의 끈을 항상 잡고서
살고, 생각하고, 느끼고, 사랑하고,
발견하고 싶다.

아, 만약에 부분적일지라도
내게 그것이 가능하다면
나는 여덟 줄의 시를 쓰겠네.
정열의 본질에 대해서.
오만과 원죄에 대해서.
도주나 박해,
사업상의 우연과,
척골(尺骨 : Elle)과 손에 대해서도.

그것들의 법칙을 나는 찾아내겠네.
그 본질과
이니셜(Initial)을
나는 다시금 반복하겠네.

— B. 파스테르나크, 1954년작

 그녀 마음에 멋진 시로 느껴진 파스테르나크의 제목 없는 이 시는 사실 그렇게 멋이 있거나 아름답거나 고운 서정 같은 건 보이지 않는다.
 그럼에도 왜 멋진 시라고 했을까? 그녀 이성(理性)에 와 닿는 의지가 작동하는 시이기 때문이다.
 상당히 메마르면서 거친 뼈대만 앙상한 이 시에서 그녀는 '극단까지 가고 싶은' 충동, '본질에까지' 파고드는 인식, 또한 그녀가 늘상 예점(豫占)하고 있는, '운명과 우연의 끈'을 잡고 있는 그늘 속의 발견, '정열의 본질'에 대한 추구, 이러한 몇 가지의 결집이 아무런 수사(修辭)도 없이 환히 드러나 있음이 좋았던 모양 같다.

나는 망실되었다.
우리 안의 한 마리 야수처럼.
어딘가에 있을 인간과 자유와 빛.
내 뒤에는 추적자가 고함을 지르고
나의 출구는 봉쇄되었다.

자아의식이 너무 뚜렷해서 오히려 모가 나기도 하는 그녀는 항상 '어딘가에 있을 인간과 자유와 빛'을 타인에 비해 몇 배나 더 원하기도 했다. 그래서 파스테르나크의 또 다른 시 가운데서 앞의 한 연을 즐겨 외기도 한다. 그녀는 모든 상황에서 순간순간 스스로가 망실되고, 감금당하고, 출구가 없는 듯한 불안이나 절망 상태에도 곧잘 이르곤 한다. 그렇기에 그녀는 앞의 시처럼 의지적인 논리가 뚜렷한 인식 추구의 삶에 거듭 충만하고자 하고, 여기서 보이는 절망과 같은 모든 행위의 극단까지 가고 싶어하는 것이다.

그렇기에 그녀는 앞의 시처럼 의지적인 논리가 뚜렷한 인식 추구의 삶에 거듭 충만하고자 하고, 여기서 보이는 절망과 같은 모든 행위의 극단까지 가고 싶어하는 것이다.

내가 미워하는 사람은 지껄이기 위해서 지껄이는 사람, 천박하고 실속이 없는 사람, 철두철미 판에 박은 사고만을 가진 사람, 간단히 말해서 정신의 품격이 없는 사람이다.

가난하지만 자랑스러워야 한다. 자기의 긍지를 지녀야 한다. 개성이 없는 사람은 정말 하나의 캐리커처이다. 그가 말하고 행하는 전부가 우스꽝스런 냄새를 풍긴다. 그 자신만이 그걸 모르고 있는 것이다. 성격이 없는 사람, 규율이, 이상이, 사물에 대한 직관이 없는 사람을 나는 얼마나 증오하고 경멸하는지.

그녀 일기의 한 귀퉁이에 숨어 있는 생각처럼 그녀는 "이것 아니면 저것"이어야 하는 분명한 명료성과 뚜렷한 개성을 언제나 추구하고 있다. 그것도 극단적으로.

때문에 그녀는 파스테르나크의 시와 같은 분명한 '직관의 통찰력'이 있는 시를 좋아하는 듯하다. 아울러 매우 직관적인 성격을 가졌으면서도 흔히 이런 사람들 — 특히 여성들이 지니기 쉬운 운명학적 성격도 다분히 있어 점성술에 의한 점도 곧잘 보던 이색적인 여자였기에 "운명과 우연의 끈을 항상 잡고서"와 같은 시행(詩行)이 더욱 멋져 보인 듯하다.

권태를 무서운 숙적(宿敵)으로 알고 관념적인 사고, 나태한 껍질 속의 안주 등을 극도로 증오하는 그녀의 마음은 니체가 정의한 바 있는 "천재란 무엇인가? 가장 높은 목표를 두고 그곳에 도달하려는 수단을 원하는 사람"이라는 말처럼 "극단에까지 가고 싶다"는 집념으로 늘상 마음의 평정(平靜)을 찾지 못한 것 같다.

제자리에 가만히 있는 것 — 이것은 권태다.

한자리에서 뱅글뱅글 맴도는 것 — 이것 또한 권태다.

늘 변함없이 쳇바퀴를 도는 듯한 일상성 — 이것 역시 권태임에 틀림없다.

마치 수레에 끼워진 바퀴처럼 타의에 의해 질질 끌려가는 것은 죽음보다도 못한 일이다. 천재가 도달하고자 하는 목표도 아니요, 수단도 못된다. 이런 수레바퀴가 된다면 차라리 죽음을 택하려 할 그녀였다.

스스로 미신가(迷信家)라 칭하기도 했던 이 천재(天才)는 아무 일도 일어나지 않는 권태로운 일상성에서 심한 구토증을 느꼈다. 이 역겨움 속에 있느니 차라리 두려우면서도 어떤 파국이 와 주기를 고대했다.

그래서 평범이 싫다. 애써 평범하고자 해도 평범하게 되질 않는다. 미치도록 그 무언가를 붙잡고 집요할 만큼 파헤쳐 봐야 한다. 피곤한 천재의 숙명이기도 하다.

수레에 끼워진 바퀴처럼 자기 자신이나 주위에 대해 신선한 흥미를 잃고 타성처럼 회전하고 있는 그 바퀴가 안 되기 위해 그녀 의식은 늘 깨어 있어야 했고, 인식은 창조를 향해 숲처럼 또 늘 출렁대야만 했다.

이런 성격이고 보니 자연 쉴 새가 없고 피곤하고 불안하고 바쁘다.

그냥 만족해서 주저앉아 버린다든다, 그게 좋아서 마냥 반복하기나 하는 탄력 상실은 그녀에게 있을 수 없고, 일을 찾고, 변화를 찾고, 심지어는 파국까지 찾다가도 이것이 변함 없는 무풍 지대일 때에는 '별을 바라보는 점(占)'이라도 쳐봐야만 직성이 풀린다.

아홉이라는 숫자에는 액(厄)이 끼었다든가, 나의 별은 토성(土星)이기에 나는 토성인(土星人)이라든가 하는 미신 내지는 점성술 같은 데까지 의지해서라도 미래에 대한 강렬한 흥미를 느껴야만 '권태 속의 죽음'을 이겨낼 수 있는 그녀였다.

꽃을 싣고 달리는 차가 있다면
그건 무얼까.
수레 위에 실린 꽃
달리는 바퀴.

거리를 지나
여러 사람들의 때묻은 손길을 거쳐
정신의 높이도 없는 사람에게
맴돌다 안기고 마는 꽃.
꽃이야 그럴 바에는,
여자야 그럴 바에는,

꽃을 싣고 달리는 차는
화차(花車)
혹은 화차(貨車).
수레에 끼워져 굴러가는 맹목(盲目)의 바퀴.
죽은 꽃의 바퀴.

눈뜬 꽃이여
제발 우리는 그런 꽃이 아니고저……
수레에 끌려가는 바퀴가 아니고저…….

오오, 그래야지!
정신의 높이로 연기를 내뿜으며
인식(認識)을 먹고
그것으로 불타서 달리는 화차(火車).
뜨겁게 빛나는
지향(指向)의 머리통과 가슴이고저…….

불 밝힌
환하고 뜨거운 화차(火車)이고저…….

맹목 또는 피동으로 끌려가는 수레의 바퀴여서는 절대로 안된다는 전혜린의 사상은 그녀가 쓴 글 가운데 아무 데서고 짚이고 있다. 곧 수레에 끼인 바퀴나 바퀴 위의 수레에 실린 꽃이어서는 안되고, 이 모든 것을 싣고 끌면서 앞서 달리는 정신과 인식, 그리고 창조의 화차(火車)여야만 한다는 그녀의 무서운 존재론(存在論)은 그녀 스스로가 지칠 줄 모르게 불타서 달린 화차(火車)임을 증명해 준다.
  한마디로 전혜린, 그녀는 무서운 존재, 불꽃 같은 존재다.
  그래서 온갖 행위는 필연적으로 후회를 수반한다는 것을 잘 알면서도 '행위가 없는 무(無)에는 견딜 수 없는 공포'를 느낀다는 그녀는 "나는 아직 잠자고 있나? 태어나고 있지 않나?"고 반문을 던지면서 '화차(火車) 같은 존재'이고자 한다.

새는 알을 까고 나온다.
알은 세계다.
태어나려는 자는 하나의 세계를
파괴하여야만 한다.
새는 신에게로 날아간다.
그 신의 이름은 아프락사스다.

헤세의 작품 『데미안』에 나오는 시구다. 데미안은 그녀 자신의 분신, 또는 우리의 분신이라고 말하고, 전혜린은 파괴로 창조를 이루고 죽음에 의해서 자신의 운명을 성취시키는 '존재의 인간상'을 높이 평가하고 있다.

우리에게는 우리의 의사대로가 아닌 어두운 계절이 있다.
마치 악마와도 같은 외계의 힘이 우리를 무겁게 누르고 자유를 빼앗고 만다. 소리를 질러도 공허한 메아리만 울려 돌아오고 마(魔)의 힘은 더욱더 중압을 가해 온다.
그럴 때 우리는 소리를 지르며 악몽에서 깨어난다.
꿈이었다는 것을 의식할 때의 우리의 고마움은 크다.
에밀 싱클레어는 무의식 세계에서 여러 가지 악령들에게 눌려서 분열되면서 살아왔다. 맑고 분명하고 아름다운 대낮과 어둡고 무섭고 몽롱하고도 마력을 지닌 밤의 두 세계가 그의 내부에 존재한다.
낮과 밤, 의식과 무의식, 아폴로와 디오니소스, 각성(覺醒)과 도취, 존재와 당위(當爲), 지성과 관능, 계산과 몽상, 일상적인 것과 엄청난 일…… 이러한 두 가지로 나눌 수 있는 세계의 대립 속에서 그것을 어렴풋하게 느끼면서도 적극적으로 그것에 참가할 용기도 없고, 물리칠 만한 강한 자아도 없이 막연히 두 세계에 각각 발을 들여놓고 살고 있는 것이 에밀 싱클레어의 유년기다.
그는 양친의 아늑한 방, 찬송가와 질서와 깨끗한 내의가 지배하는 좀 권태로운 세계를 전자(前者)로, 하녀나 머슴이나 육고간 등의 난잡하고 재미나고 가슴 설레이는 전율 속에 있는 무서운 세계를 후자(候者)로 보고 있다.

전자는 내재(內在)이며 후자는 초월(超越)이라고 볼 수도 있지 않을까? 싱클레어는 언제나 전자에 속해 있으면서도 후자로 뛰어넘고 싶은 욕망에 사로잡혀 있다.

그때 악의 세계의 챔피언으로서 카인(Kain)이 등장한다.

싱클레어의 의사 자유를 완전히 뺏아 자기의 목적을 위한 수단으로 삼으려는 카인. 싱클레어는 마치 꿈 속에서 우리가 도망치려 해도 몸이 안 움직이듯이, 아무리 그 세계에서 헤어나려 해도 못 헤어나 괴로워한다.

카인에의 순종과 봉사는 동시에 밝은 세계(양친의 세계)에 대한 배신인 까닭이다. 그때 그에게는 숙명적인 만남이 일어난다. 데미안을 알게 되는 것이다.

두 세계의 어느 편에도 속해 있지 않고 다만 자기 자신에만 속해 있는 데미안에게서 그는 인간이란 어떻게 살아야 하는가의 암시를 받고 그에게 미칠 듯이 열중한다.

스승이면서도 벗, 모든 것을 읽었고 알고 있는 선구자 – 그는 한동안 데미안을 위해서만 산다. 그러나 이 관계는 데미안의 출발로 일시 끊기고 만다.

싱클레어는 '다른 세계'에 대한 누를 수 없는 동경을 길에서 우연히 한 번 본, 잊을 수 없는 맑음을 지닌 소녀 베아트리체에게서 채우려고 한다.

인간의 온갖 고귀한 순결을 지닌 듯한 소녀. 영혼뿐이고 관능이 없는 그리움의 세계이다. 영혼의 고향에 대한 그리움―.

싱클레어는 향수를 갖고 베아트리체를 본다.

한동안 이렇게 그가 전자의 세계에 파묻혀 있는 동안, 그의 정신은 안온하고 선량하고 규칙적인 것으로 길들여져 시민적으로 되어진다.

그때 그는 우연히 한 장의 그림을 그리게 된다. 알을 까고 나오려는 새를. 그것을 데미안에게 보내자, "태어나려는 자는 한 세계를 파괴해야 한다. 새는 신에게로 날아간다. 그 신의 이름은 아프락사스다."라는 이상한 글귀를 받게 된다.

싱클레어는 마치 꿈에서 깨어나 사람과 같은 각성을 한다. 자기의 내부에 잠자고 있었던 초월에의 욕망을 이 한 장의 종이로 해서 뚜렷하게 의식한다.

그는 다시 의식을 하게 된다. 베아트리체도, 양친의 만족(그가 평온한 사람이 됐으므로)도, 이제 그에게는 이미 관계가 없는 무엇이 되고 만다. 결국 그 속에서 안주할 수 없었던 자신을 발견한 것이다.

그에게는 다시 괴로운 시절이 온 것이다. 어디로 갈 것인가? 우선 무엇부터 시작해야 할 것인가?

자기에 도달하는 길은 거의 불가능하도록 멀다. 결국 우리에게 주어진 것은 욕망뿐일까? 싱클레어의 모든 흥미의 대상은 그때부터 아프락사스가 된다.

어느 날 헤로도토스 강의 시간에 망연히 앉았다가 갑자기 교사의 음성이 그의 의식에 와 부딪쳤다.

"내가 아까 예를 든 아프락사스 같은 것은 그 중의 하나입니다.

사람들은 그 이름을 희랍의 마술 의식과 결부시켜 오늘날 야만민족 간에 더러 남아 있는 일종의 마귀 이름으로 보고 있습니다. 그러나 내 생각으로는 아프락사스는 보다 의미 있는 무엇인 것 같습니다. 예를 들면, 신적인 것과 악마적인 것을 결합시키는 상징적인 어떤 신이라고."

그는 더욱더 모색했다. 그러나 손에 잡히는 개념이나 실체가 없었다. 그러나 또 한 번 '우연'이 와 부딪친다.

어느 황혼의 교회에서 울려나온 바하의 음악에 이끌린 그는 그 바하 연주자인 피스토리우스와 알게 된다.

피스토리우스는 싱클레어를 자기 집으로 데려간다. 방에는 책과 벽난로 뿐이었다. 벽난로 앞에 엎드려서 그들은 불을 응시했다. 피스토리우스는 싱클레어에게 가르친다.

"배화(排貨)는 인간이 발명한 것 가운데 가장 어리석은 것은 아닙니다." 그는 배화하면서 독백처럼 말했다.

"우리는 우리의 인격을 너무 좁히고 있습니다. 그러나 우리는 세계의 총체로 만들어져 있으며, 우리의 육체가 물고기에 이르기까지의, 아니 더 먼 발달의 족보를 간직하고 있듯이, 우리의 영혼 속에는 인간의 영혼이 한 번이라도 살았었던 모든 것을 간직하고 있습니다. 여태까지 존재한 모든 신과 악마는 모두 우리 속에 함께 있고, 가능성으로서, 소망으로서, 출구로서 존재할 것입니다."

싱클레어는 피스토리우스에 의해서 아프락사스가 무엇인가를 점차 알게 된다. 그러나 싱클레어는 피스토리우스가 바라는 '새로운 종교'에 완전히 귀의하고 '예배와 도취와 신비한 의식'을 그와 함께 나누는 것에 대해 회의를 품게 된다.

그는 피스토리우스도 다만 인간이고 자기보다 많은 것을 알고 있으니, 자기보다 더 숨긴 것이 많은 악한 인간이 아닐까, 하고 의심하게 된다.

그 의심을 입에 내놓고 말한 날이 또한 그들의 우정의 마지막 날이 되고 만다. 싱클레어는 다시 고독 속에 혼자 남는다. 정신의 방황이 계속된다. 그는 스승을 잃은 것이다.

여기서 싱클레어는 데미안을 생각했다. 딴 도시로 갔으나 항상 그의 심층의식을 지배했던 데미안, 그보다 그렇게 많이 모든 것을 알고 있던 어린 스승 — 데미안을 향한 그리움을 참을 길 없어 그를 찾아 헤맨다.

그러다가 우연히 길에서 데미안을 만난 그는 다시금 그와 함께 모든 문제를 의논하고 매일같이 그의 집도 찾게 된다.

그전에 베아트리체에 대한 숭배에서 프스토리우스의 감화로 옮겨가던 시대에 그는 종종 꿈을 꾼 일이 있었다.

자꾸 반복되어서 똑같은 꿈을 꾸었는데 그 꿈은 이러했다.

"……집안에서 어머니가 나를 향해 걸어왔다. 그러나 내가 집에 들어가서 어머니를 안으려고 하니까 그것은 어머니가 아니었고 한 번도 보지 못한 다른 모습이었다. 그 모습은 키가 크고 힘있게 생겼으며, 막스 데미안과 비슷했고, 내가 그린 그림과도 비슷하면서도 아주 달랐고, 힘있게 생겼는데도 아주 여성적인 모습이었다. 그 모습은 나를 끌어당기고 깊고 소름끼치는 애무 속에 나를 받아들였다. 쾌락과 공포가 섞여 있었고, 그 포옹은 동시에 예배이며 범

죄였다. 나를 껴안은 이 모습 속에는 어머니에 대한 추억과 내 친구 데미안에 대한 추억이 너무 많이 지배하고 있었다. 그 여자의 포옹은 온갖 외경심에 저촉되는 불순한 것이면서도 동시에 그 이상 없는 행복을 뜻했다. 종종 나는 이 꿈에서 깊은 행복감을 안고 깨어나고, 때로는 끔찍한 죄를 저지른 것 같은 양심의 가책과 죽음의 공포를 가지고 깨어났다. 나는 내가 바로 이 예감의 꿈 속에서 아프락사스를 부르고 있다는 것을 느끼게 되었다. 쾌락과 공포, 남자와 여자가 뒤섞이고, 성스러운 것과 추악한 것이 뒤섞인, 그리고 가장 섬세한 순진함에 의해서 흠칫 놀라는 죄악 — 이러한 것이 내 사랑의 꿈의 모습이었고 또한 아프락사스의 모습이었다."

그 꿈의 모습을 그대로 구현시킨 여인이 바로 데미안의 어머니, 에바 부인이었던 것이다. 싱클레어는 이제야 고향에 돌아온 것 같다고 그녀에게 말한다.

그는 "나는 내가 어떻게 되든 간에 상관없었다. 나는 그 여자가 이 세상에 있는 것을 아는 것이 행복했다. 그 여자의 목소리를 듣고 그 여자의 가까이에서 숨쉬는 것이 행복했다. 그 여자가 나에게 어머니가 되든 애인이 되든 여신이 되든 간에 하여간 그 여자가 있기만 하다면, 내가 걷는 길이 그 여자의 길과 가깝기만 하다면!" 하고 감탄한다.

완전히 행복한 시절 — 그러나 그것도 오래 가지 않았다.

어느 날 그는 전쟁이 일어났음을 고지 받는다. 그래서 그도, 데미안도 출전한다. 그리고 점령지구의 농가 앞에서 보초를 서다가 싱클레어는 총탄에 맞아 쓰러진다. 총탄에 맞는 순간 그가 본 것은 신비한 여신 – 에바 부인, 아프락사스 등의 이름을 통해 그가 추구해 왔던 – 이었다. 곧 그가 추구해 왔던 목표였던 것이다.

그래서 이 신비한 여신이라는 목표가 하늘에 가득히 덮였음을 보는 찰나에 그는 총탄을 맞은 것이다.

후방으로 이송되면서 그는 또 데미안을 만난다. 최후의 순간에 싱클레어는 자기가 바로 데미안과 같아진 것을 느낀다. 곧, 데미안은 그의 분신이었던 것이다.

대충 이렇게 요약되는 「데미안」을 두고 전혜린은 다음처럼 평석(評釋)하고 있다. 어디까지나 그 삶의 존재가 수레바퀴와 같은 인습에의 답습이 아닌, 불타는 화차(火車)의 적극적인 그것으로서—.

소설 「데미안」이 표현하고 있는 인간상은 한 청춘의 고뇌의 상(像)이다. 고독하게 모색하고, 지치도록 갈망하면서 죽음에 의해 자기 운명을 성취시키는 모습이다.

이 인간상이 우리에게 와 부딪치는 가장 큰 이유는 우리가 어느 시기에 반드시 겪어야 하는 정신적 발전단계를 솔직하게 표현하고 있는 것이다.

그렇다면 헤세는 그 발전 단계를 어떻게 구분한 것일까?

첫째, 영과 육의 대립 시대가 된다. 아직도 완전한 의식이 아니다. 무의식, 즉 자아의 세계의 문턱은 이미 넘었다. 두 개의 세계이다.

둘째, 외계와의 대결이다. 크로마(Kromer)라는 이름을 갖는 자아와 외계와의 대결이 된다. 외계는 언제나 우리에게도 대항적인 무엇이고 자기 이외의 모든 사람은 이방인이다. 헤세는 이것을 도마뱀, 물고기 따위의 어휘로써 상징시키고 있다. 아테네인이 스파르타인에게서 느꼈던 것 같은 이질감에서 나오는 본능적 혐오감이다.

셋째, 데미안의 등장이다. 우리는 우리 자신에 도달하기 위해서 타자(他者)를 필요로 한다. 우리는 결코 혼자서는 우리 자신일 수 없다. 타자와의 교통(交通) 속에서만 우리는 실존이다.

넷째, 베아트리체 시대이다. 사춘기의 욕정에 대한 자기 반발에서 흰 구름을 바라보고 숭배하고 싶은 시대이기도 하다. 그래서 고귀한 것만을 원한다. 관념 그 자체이고 싶다.

다섯째, 아프락사스다. 배화교(拜火敎) 시대가 된다. 피스토리우스라는 스승을 통해 신비한 새 종교의식에 골몰한다. 그러나 제자는 스승과 갈라져야 하는 것이 운명이기도 하다.

여섯째, 데미안을 다시 찾는다. 사랑의 감미로움과 고뇌를 데미안의 모친 에바에게서 배우게 된다. 이것 또한 관념적이지만 넷째의 경우와는 본질적으로 다른, 참된 사랑의 체험이 된다. 모성, 여신, 동물, 악마, 여인……. 모든 것의 집대성 같고, 모든 것을 알고 있는 예지의 여인이 바로 에바 부인이다.

일곱째, 새로운 창조를 위한 파괴이다. 곧 새는 알을 까고 나온다. 시작과 종말은 같다. 전쟁이 왔다. 그래서 불가피한 죽음도 다가든 것이다. 데미안도, 싱클레어도 결국 죽는다. 그래서 죽는 순간에 둘이 다 서로를 안다. 파악한다. 구별 못할 만큼 같아진다. 그리고 돌아간다. 땅으로 — 모든 것의 원천이고 모성인 땅에게로, 죽음에게로…….

데미안은 하나의 이름, 하나의 개념, 하나의 이데아(Idea)이다. 그러나 어떤 현실의 인간보다도 더 살아 있고, 더 생생하게, 가깝게 느껴지는 그 무엇이다. 우리 속에 있는 모든 요소를 남김없이, 그리고 완전한 방법으로 구현하고 있는 까닭에 우리는 때로 관념 속에서 보다 진실하다. 데미안이 우리보다 진실한 것은 그 때문일 것이다. 젊음과 인식욕(認識欲), 지식학(知識學)의 심벌, 어린 시절의 성(性)에의 기피에 대한 섬세한 대변자, 관념 속에의 도피, 자아 예찬, 그리고 죽음에 의한 승리 — 데미안은 확실히 우리 자신의 분신이다.

결국 수레에 끼워진 바퀴가 아닌, 자아의 진정한 발견과 구현을 창조적으로 달성시키고자 하는 전혜린의 의식은 스스로의 삶 또한 데미안의 그것과 같은 끊임없이 모색하고 탐구하며 치닫는 화차(火車)가 된다.

그리하여 보들레르의 시구마따나 권태라는 가장 두려운 적을 이기기 위해 껍질을 깨는 아픔으로 창조를 향하여 마냥 취해서 달리는 화차(火車)로서 존재하는 것이다.

> 우리 악덕(惡德)의 욕된 동물원에서
> 쭈그려 울부짖고 기어 다니는 괴물들 가운데서도
> 가장 추하고 심술궂고 더러운 짐승 있으니
> 요것이 바로 권태라는 괴짜!
> 떡 버티는 몸짓이나
> 큰소리를 지르는 법도 없다.
> 즐겨 대지를 뭉개뜨리고

그 하품 속에 세계를 삼킬 수도 있다.

— 샤를르 보들레르

취하게 하라!
언제나 너희는 취해 있어야 한다.
모든 것은 거기에 있다.
그것이 유일의 문제다.
너희들의 어깨를 짓누르고
너희를 지상으로 누르고 있는
시간이라는 끔찍한 짐을 느끼지 않기 위해서
너희는 여지없이 취해야 한다.
그러나 무얼 갖고 취하겠는가?
술로, 또는 시(詩)로, 당신의 미덕(美德)으로-.
그건 좋을 대로 하시오.
그러나 어쨌건 취해야 한다!

— 샤를르 보들레르

언제나 인식의 바다 한가운데서 의식의 파도를 출렁대고 있는 전혜린은 비록 그것이 파국에 닿을지라도 한시도 멈출 수 없는 화차(火車)가 되어 치닫는다. 때로는 니나, 때로는 데미안이 되어 드넓은 타자(他者)의 무리 가운데서 뚜렷한 자아를 현존(現存)시키려 한다.

그래서 권태로부터 탈출해서 유동하는 개체로서의 아프락사스

― 자아의 분신(分身)을 창조코자 하는 파괴 또는 파국, 죽음에까지 두려움 없이 취해 달린다.

이 같은 화차(火車)와 같은 그녀의 행위는 비록 나중에 후회가 뒤따를지언정 가고 또 가야 하는 숙명적인 니나, 또는 데미안이 된다.

그녀 말대로 "우리의 동경 속에는 온갖 색채와 음향과 냄새가 담겨져 있고, 그러기에 무엇이 되든지 무엇을 하든지 언제나 그리움에 울어야 하는 존재."로서 있고자 하는 것이다.

또한 "내가 원하는 것은 생명이 유동하는 것, 매일매일 변하는 것, 어떤 새로운 것, 자아의 세계가 합일하는 충만한 순간, 손에 잡히지 않는 불가능의 세계." 등이 대상이 되기에 온갖 흐르지 않는 권태와 응결로부터 끊임없이 일탈해 나가는 화차가 되는 것이다.

때문에 그녀에게는 항상 출구가 열려 있어야 한다. 이 출구가 없을 경우엔 죽음으로써 새로운 피안을 모색해야 하는 것이 그녀의 숙명이기도 하다.

검은 머플러에 감추듯 드리운 빛나는 눈매 아래의 어두운 그림자였는지도 모른다. 물에 물 탄 듯, 술에 술 탄 듯, 그래서 식은 숭늉 같은 나날을 그녀에게 생리적으로 맞지 않는다. 지나친 권태이기 때문이다.

그런 그녀였기에 마치 출구라도 막힌 듯이 답답한 날에는 별점(星占)도 치고 심지어 손금까지 봐야만 했다. 뜻 없는 무덤, 수레에 끼인 맹목의 바퀴로서는 촌시(寸時)도 있을 수 없기 때문이다.

유머의 센스가 나에게는 너무나 없다. 나 자신과 대상과 모든 것을 동물적인 진지함을 가지고 파악하니까 과제의 무대에 짓눌릴 뿐, 아무것도 손에 넣지 못한다.

유희의 정신같이 나에게 시급히 필요한 것은 없다. 그것이 있어야만 창조(어떤 작은 일에도)가 가능한 것이다.

내일이 음력 8월 1일이다.

토정비결에 의하면.

가인화합(家人和合) 일가화기(一家和氣)

이재남방(利在南方) 물실차기(勿失此期)

약이기인(若而期人) 반유피해(反有被害)

그리고 점성(占星 : Horoscope)은 9월 6일까지 "특별히 조심해야 합니다."

그후 9월 중순부터 12월 중순까지는 유난히 행복한 때란다.

— 1962년 8월 29일의 일기에서

성대(成大)는 포기.

이대(梨大)는 불확정하다(떠나겠다던 선생이 안 떠나게 된 모양).

손금을 보았다.

왈 — 머리가 비상하고 재주가 많다. 마음이 너무 좋고 이해가 많아서 남을 나쁘게 생각할 줄 모른다. 가정생활에는 안 맞고 직업에는 맞는다.

가정살림은 식모를 두서넛 두는 환경이어야 한다. 돈이 매우 헤프고 마음 속 말을 잘해서 손해다. 인덕이 없다. 부모와 멀다. 외국갈 수다. 부부운이 나쁘다(재취자리나 재혼이 아니면 남편이 이중생활한다). 아이는 하나나 둘 밖에 없다 신경질 적이다. 명은 90세, 무병(無病) 등……
― 1962년 10월 2일의 일기에서

　신춘(新春)의 꿈은 무엇보다도 '사랑을 빼놓고 있을 수 있을까? 틴에이저부터 노인에 이르기까지 누구나 우리는 사랑받고 사랑을 주기를 가장 원하고 있다.
　부모의 사랑, 형제의 그것, 또 어느 연령 내에서는 이성간의 사랑, 누가 그것을 안 원할까?
　최근에 받은 점성학회(占星學會) 보고에 의해서 나는 올해의 나의 사랑을 예점(豫占)해 본다.
　이것은 물론 꿈이지 현실이 아님은 말할 필요도 없겠으나!
　12월 23일부터 1월 20일까지 사이에 난 분들, 점성용어로는 산양인 또는 토성인은 사랑, 우정, 결혼, 가정, 예술, 오락 등 금성(Venus)과 관계있는 전 영역에 걸쳐 좋은 기대, 가능성이 있다고 한다.
　감정생활이 잘 조화되고 생의 기쁨과 생의 향락이 풍부하게 주어지며, 주위에 그것을 강하게 발산함으로써 또 그만큼 받아들이게 된다고. 12월~1월생의 평소의 비관론, 염세주의가 뒤로 물러서게 되고 낙천적인 생활방식을 택하게 된다니, 1월생인 나로서 어찌 쾌재를 안부를 수 있으랴!
　그뿐 아니라 목성(Jupiter)의 영향으로 예술에의 흥미가 커지고 예술적인 어떤 혜택을 얻게 되리라 한다. 또한 낭만적인 체험, 우연한 상봉, 갑자기 생겨나는 강한 애정관계 등을 쥬피터가 갖다 준다니 금상첨화라고 밖에 더 말할 수가 없다.
　나는 기다리리라. 비너스와 쥬피터가 빨리 내 별인 토성 위를 지나갈 것을……. 그리하여 1965년이 사랑의 해가 될 것을…….
— 1965년 1월 10일 「조선일보」에서

　이상 3 가지 글에서 보듯 전혜린은 출구를 향해 바삐 달리는 화차(火車)가 돼 있다.
　이럴 때의 그녀는 어쩌면 참으로 가냘프지만 운명적인 여인, 그리고 애교가 넘치는 악의 없는 장난기의 지성(知性)으로 우리에게 어필해 오기도 한다.
　특히 맨 마지막 1965년 1월 10일자 조간(朝刊)의 「조선일보」에 실린 그녀의 〈신춘만상(新春漫想)〉은 그 글이 실린 날 밤에 그녀가 요절해 버려, 묘한 운명의 작희와 거짓말 같은 아이러니, 그리고 엄청난 놀라움을 더해 주고 있다.
　평범한 수레바퀴가 아니고 끊임없이 껍질을 깨며 매일매일이 달라져야 하는, 창조를 향한 화차(火車)로서의 그녀였기 때문일까? 정말 그녀는 불자동차처럼 우리 앞을 너무 급히 지나쳐 버렸다.

言語를 먹는 불새

전혜린은 정신의 언어를 먹고 산 불새였다. 이 불새는 수레바퀴가 아니고 화차(火車)를 몰아간 기관사였다. 그리고 그녀가 다스리며 새롭게 인식한 이 언어들은 그녀 지성과 감성의 치달림을 있게 한 불길 — 화부(火夫)였고 에너지였다.

한번 말을 뱉으면 총알같이 빠르면서 높은 음성이 되기가 일쑤였던 그녀. 그러나 홀로 있어 페이소스(Pathos)가 넘칠 때면 하얀 고독처럼 그녀 언어는 착 가라앉아 밤이 깊은 줄도 몰랐다. 아니, 오히려 깊은 밤도 아랑곳없이 밤이 다 새도록 '하룻밤의 긴 일기'거나 숨겨둔 내밀에의 '시'거나 '수상', 그리고 수많은 '단장(斷章)'의 엮음, 그리고 또 끊임없이 줄닿아드는 번역하는 일로 그야말로 잠시 쉴 간이역마저도 없는 화차가 되었던 것이다.

그녀가 먹은 언어를 보면 철학적이고 밀도가 짙다. 이 성향은 시와 단장(斷章)에서 더욱 그렇고, 수필에서는 우울한 향수와 낭만이 나타나고 있다. 간혹 유려한 흐름 가운데 흠집처럼 튀어나오는 접속사의 요철 같은 것은 오랜 번역 - 특히 악센트가 강한 독일 문학에서 오는 어쩔 수 없는 습성 때문이기도 하지만—. 곧 원작에의 지나친 충실성, 혹은 정직성 때문에 오는 무의식중의 피해이기도 했다.

사실 전혜린의 경우, 번역은 그녀에게 있어 자신도 모르게 파고든 무서운 병충이었는지도 모른다. 어쩌면 그것은 이 천재가 당해야 한 망실기(亡失記)로서의 비극인지도 모른다.

즉, 아무리 그녀가 독일 문학을 우리의 독자층에 넓고도 깊게 심어줬다 해도, 그리고 그 공로가 못 잊도록 크다 해도, 결국 그녀의 오랜 기간의 번역에의 매달림은 그녀에게 있어 그토록 소원하던 창작을 실현할 수 없게 한 비극적 독소이기도 했음은 두말 할 나위도 없다 하겠다.

만일, 그녀가 번역 문학에는 뮌헨 유학 시절의 할애된 시간만큼만 내주고서 귀국한 뒤부턴 창작생활에만 임했더라면 어땠을까? 설혹 대학엔 강사나 조교수로 나갔을지라도 계속해서 밀려드는 작품 번역은 고사(固辭)하고서 그 시간을 창작에 전념했더라면 어찌 되었을까?

그녀는 버릇처럼 말해 왔다. 단 한 편일지라도 긴 소설을 쓰고 싶다고……. 정 그것이 안 되면 짧은 소설이라도 써야겠다고.

그렇게 숙원이었던 소설에의 창작욕은 생의 목적이기도 할 만큼 지극해서, 그녀가 약물 과용에서건 혹은 자살이건 간에 - 그것은 나중에 얘기하기로 하고 - 그토록 빨리는 요절치 않았을 것이다.

만일 전혜린이 소설에 앞서, 그리고 번역 문학은 웬만큼만 해두고서 시인으로서 시를 발표했다면 또 어떻게 됐을까?

언어를 먹는 불새요, 화차인 그녀는 앞에 얘기한 것처럼 시인임

言語를 먹는 불새 231

에 틀림없는 여인이었다.

　훌륭한 사람의 시인이면서도 다만 이것을 내밀하게 감춰두고 있었기에 세상은 그녀를 시인으로서 몰라주었고, 그녀 또한 바깥으로 내뱉는 카타르시스를 제대로 이루지 못했던 것이다.

　만일 시를 발표하면서 천천히 소설을 기했다면 그 운명 또한 달라졌을지도 모른다. 그렇게만 했다면, 되레 그녀 운명은 아까의 손금 얘기마따나 90수(壽)도 더 누렸을지도 모를 일이다.

　시를 먼저 쓰고서, 또는 시를 쓰면서 소설을 쓰는 ─ 정신 또는 감정의 정화작업을 함께 하는 문학인들은 얼마든지 많다. 괴테, 헤세, 지드, 파스테르나크, 뵐, 벤, 위고……. 그리고 우리 나라에선 이광수(李光洙), 박종화(朴鍾和), 김동리(金東里), 황순원(黃順元) 등 현대문학에서만 해도 그 수는 헤아릴 수도 없을 만큼 많은 것이다.

　그러므로 전혜린의 경우를 보면, 같은 시인의 한 사람으로서 너무나 애달프기만 하다.

　언어를 먹는 한 마리의 불새로서, 할 일이 너무 많았던 달리는 하나의 화차로서, 전혜린은 하룻밤의 긴 일기 가운데 페이소스에 넘치는 시를 한꺼번에 일곱 편씩이나 쓰고 있기도 하다.

　조용하거라, 공포여, 고독이여.
　곧 모든 것이 끝나는 것이다.
　눈만 감고 가만히 있으면
　너는 반드시 가루가 되어 부서질 터이니.

기다리거라, 분노여, 불안이여.
세계가 끝났다고 네가 생각하는 날, 참을 끝나는 것은
다만 너의 작디작은 심장의 움직임뿐일 것이니.
나를 떠나거라, 애정이여, 동정이여.
네가 집착한 온갖 대상은
손가락으로 흘러 떨어지는 모래보다
더 순간만의 것이고 더 무(無)인 것이니.
잘 자라, 내 감각, 내 피부……。
우주의, 신의, 사람들의 고통을
인공적으로라도 덜 느낄 수 있도록!

— 저녁 기도

마치 현실에서의
나의 무용성(無用性)을
반증하려고
내 잠재의식이
기를 쓰고 활동하는 것같이
내 수면(睡眠)은 반드시 꿈을,
그것도 특이한, 찬란한,
무서운, 달콤한, 뜻밖의
무수의 에피소드를 담은
총천연색 대형 스크린의 꿈을
수반하는 것이다.

— 꿈

앞으로 네가 있을지 나도 모른다.
다만 네가 있었던 것으로 보아
나는 너의 존재를 알고 있고,
내가 너의 존재에 무한한 감사를 빚지고 있음을
네가 있었으므로 해서 알고 있는 것이다.
— 대상(對象)에의 기도

나르시스가 죽은 뒤, 님프들처럼
당신이 없음을, 없는 존재 세계의 무목적성과
절망을 견디지 못하고 머리를 풀고 울며 외친다.
우리를 (신이여! 신이여!) 심연에서부터,
신이여 — 우리를 이 뼈를 깎는 공포로부터
놓여 나게 해주실 수 있는 유일한 신이여.
당신이 없다면 우리는 옛날에 기절했을 것입니다.
— 신

거리만이 그리움을 낳는 건 아니다.
아무리 네가 가까이 있었어도 너는
충분히,
실컷 가깝지 않았었다.
더욱 더욱 가깝게, 거리만이 아니라

모든 게, 의식까지도 가깝게
가고 싶었던 것이다, 그리움은.

— 그리움

내 눈처럼 마음 속처럼
암담했던 저녁
내 생각은 줄달음질쳤다.
"그럴 리가 없다, 그럴 리가 없다."
기정 사실인데도
"그럴 리가 없다."
확증된 일인데도
"그럴 리가 없다."
그때 나는 내 의식이
내 옆에서 소리를 죽이면서
우는 것을 들었던 것이다.
어떤 저녁에

— 배반

 너희도 나를 선택하지 않았고 나도 너희를 선택하지 않았고, 내 부모도 우리를, 우리도 부모를 각각 선택하지 않았다. 단편적인, 엄연한 사실만의 집합체가 우리다. 체계 없는, 아마 의미도!
 그럼 누가 우리를 모아 놓은 것인가?
 - 묻지를 마라.

— 형제

이상 7편의 시에서 보듯 감상성 같은 것은 깨끗이 배제하면서 비감의식이 유난히 넘치고 있는 언어는 정말 놀랍다. 그것도 2백 자 원고지로 치면 근 50매에 달하는, 하룻밤 동안의 긴 일기 가운데 써 놓은 ― 아무런 가필(加筆)이나 첨삭도 없는 시이니…….

이렇듯 무섭도록 날카로운 언어를 먹고 사는 불새로서의 그녀이길래, 1965년 1월 11일 그녀 죽음이 알려지자, 시인 박봉우(朴鳳宇)는 그녀가 없는 은성의 술자리에서 통곡처럼 외쳤다.

"우리의 전혜린이 죽었다!"

"명동! 전혜린! 아아, 우리들의 사랑 전혜린이 가 버렸단다!"

당시 30대 초입의 젊은 박봉우 시인은 술이 취한 데다가 안타까운 흥분과 절망 같은 게 더욱 고조되어 침울한 술꾼들을 붙잡고 내내 울먹였다. 울먹이다가 다시 미친 듯 소리쳐 외쳤다.

"이게 정말인고! 우리의 전혜린이 밤새 죽었다니? 오오, 아무도 아무 말 없는 걸 보니 전혜린은 정말 죽었구나!"

"오오, 원통하다! 이 술잔은 어찌하고 자살을 하다니!"

"그렇구나! 명동의 가장 슬기로운 꽃이 지고 말았다! 아―, 겨울에도 피는 꽃나무여……. 어허엉……."

명동에 나와 술을 마시고 귀가했다가 밤 사이 심장마비로 새벽에 그 죽음이 알려진 전혜린. 감성이 유난스레 예민한 박봉우는 전혜린의 사망 소식을 듣자 담박에 자살로 판단해 버렸다.

언어를 먹는 불새는 그 죽음만큼이나 바쁜 화차(火車)답게 그녀가 요절하기 바로 나흘 전 저녁에도 은성에 나타나 언어를 씹었다.

한창 술자리도 무르익어 떠들썩한 7시에서 8시 사이의 저녁 답이었기 때문에 앉을 자리마저 빼곡한 술자리의 피크 타임이었다고나 할까.

왁자지껄한 분위기라 그녀는 간신히 이봉구 씨 옆에 자리를 비집고 앉을 수 있었다.

은성에서는 어쩌다 맥주를 청해 마시는 사람들도 있었으나 그건 드문 경우였다. 소주 아니면 막걸리가 통례였고, 쭈그러진 주전자에 담겨 나오는 막걸리가 이곳 분위기엔 더 잘 어울렸다.

이런 막걸리가 세 주전자쯤 비게 되자 혜린은 불현듯 메모지를 꺼내 단숨에 낙서를 휘갈겼다.

술이 거나하게 된 상태여서 글씨마저 약간 휘청거렸다 할까. 그대로 옮기면 이렇다.

세리나, 은성, 그 주변!
크레멘스 – 의지의 남자, 돌의 심장, 냉혹을 가장한 실생활의 센티멘털 리스트.
세리나 – 관념에만 사는 여자, 일일 일식주의(一日一食主義)
먹는 대신 마신다.
내가 발견한 보석 – 손을 펴 보면 전지, 잔인한 환희와 추구(追求).
무슈 리(李)(마지막 귀족) – 술도, 글도 사랑스러운 유희의 분위기를 형성하면서 행할 줄 아는 남자, 따라서 그는 온갖 것을 눈이 벌개서 추구할 수 없다. 여인에게까지도 식물적인 그.

선의(善意)의 사람 – 언제나 행운이 따라다닌다. 모든 여인이 보호한다, 그를. – 기적도 그에게 있어서는 필연적인 귀여운 형태로 나타나서 너무나 당연한 것으로 느껴진다.

북어(천재는 건조한 지방에서 태어난다)와 막걸리의 최후의 만찬 – 언제나 최후. 우리에게는 그것도 무엇이 끝난 최후가 아니라 아무것도 생성(生成) 이전의 최후, 경건하게 취(取)해지는 만찬, 비어지는 세 개의 주전자, 비약하는 판타지, 그리고 대상을 잃은 채 헤매는 amour……

그녀의 술버릇 가운데 하나가 술을 마시다 말고 문득 메모지를 꺼내 낙서를 하는 것이었다. 이봉구 씨의 말에 따르면, 거의 낙서광이라 해도 좋을 만큼, 술을 마시면서도 언어를 못 잊었던 언어의 불새였던 것이다.

이 낙서 역시 그녀가 버릇으로 하는 그대로, 이봉구 씨의 주머니 속에 담겨졌다. 그러면 어슴푸레 취한 눈으로도 이봉구 씨는 으레 한번 낙서를 꺼내 읽고는 다시 간직하곤 했다. 이런 성품이기에 이봉구 씨는 전혜린의 좋은 인생 선배, 문단 선배로서 그녀의 자질을 아끼는 마음에 하찮아 보이는 낙서쪽지 하나 버리지 않았던 것이다.

이날 전혜린이 쓴 낙서도 그렇게 해서 남게 된 것인데, 유의해서 보면, 매우 모순되는 점을 발견할 수 있다. 제 주전자쯤의 막걸리를 마신 후라 얼큰해져서인지, 격정적인 그녀의 마음이 그대로 드러난 듯하다.

'세리나'로 표현된 인물은 아마도 전혜린 자신을 가리키는 것이 아닐까. 관념에만 묻혀 살면서 하루 한 끼만, 그것도 먹는 대신 마시기만 하는 여인 — 그것은 바로 전혜린이 자신의 성격 등을 극대화시켜, 한 소설의 주인공으로 삼으려 한 것이 아니었을까.

또한 '의지의 남자, 돌의 심장, 냉혹을 가장한 실생활의 센티멘털리스트'라는 매우 강렬한 인상의 '크레멘스' 역시 어느 실제 인물을 그녀가 구상한 소설의 한 인물로 빗대 놓은 게 아닌가 싶다. 뿐만 아니라 이봉구 씨(무슈 리)에 대한 평(評)도 있는데, 그것 역시 현실적인 이봉구 씨의 모습이라기보다 소설 속의 프로필인 듯하다.

그러나 이러한 강렬한 창작에의 열망도 잠시뿐, 전혜린은 곧 시끌벅적한 '은성에서의 자기 자신'이란 현실 쪽에 눈을 돌려, '최후의 만찬'이라는 며칠 후의 죽음을 상징하는 듯한 글을 남기고 있다.

당시 은성에 잘 나왔던 예술인과 언론인, 그 주변 인물들에 대해 '명동 백작'이란 애칭이 붙은 이봉구 씨는 이렇게 말하고 있다.

은성 술집은 처음엔 장지문을 열어 칸을 막은 방 하나가 홀의 윗목에 있었지. 이 방 안에서는 임항녀(林恒女) 여사가 주축같이 돼 있었는데, 임 여사는 지난날 조선호텔 앞에서 아카데미 다방을 하면서 진한 커피로 손님의 인기를 끌기도 했던 사람으로 당시 인형 만들기의 제1인자이기도 했지. 또한 '눈물의 여왕'이라는 칭호를 받던 가극인 전옥(全玉) 여사가 나타나면 그 방안의 술자리는 클라이맥스를 이뤘어.

이런 때면 으레 혜린이 친구이기도 한 조영숙(趙英叔)이 그녀의 18번인 〈부용산 오릿길〉이라는 노래를 빠지지 않고 불렀고, 이따금씩 들려오는 전옥 여사의 목소리는 "나는 지독한 계집예요."가 버릇이기도 했지.

매서운 소리를 이처럼 되풀이 하는 전옥 여사의 눈엔 어느 때고 눈물이 돌고 있었지. "나는 지독한 계집"이라는 말과는 달리 입술을 깨물며 잔을 드는 그녀는 불타는 정열, 사무친 정(情)과 한(恨)의 얼음꽃이라 할 만큼 맑고 곱고 한스러움이 가득 담긴 여인이기도 했지.

임 여사, 전옥, 조영숙이 앉은 이웃방에는 화사하고도 전아한 옷차림의 한복 여인 최(崔) 부인, 어느 때고 얌전한 학생 타입인 미스 리, 첫잔부터 철학적인 논쟁을 벌이는 미스 장(張), 그리고 성은 모르지만 이름은 상순, 혜란으로 불리는 두 여인, 여기에 또 이따금씩 나타나 합석하는 전혜린⋯⋯.

대충 이런 여인들이 윗방 차지의 주역들이었는데, 전혜린은 항상 검은 머플러를 잊지 않았어. 다만 추운 겨울이면 검은 옷대신 밤색 밍크 코트를 입고 나타나기도 했고⋯⋯.

그런가 하면 홀 안에선 안에서 대로 당시의 소설가, 시인, 화가 등 거의 모든 예술인들이 한데 어울렸었지. 서로들 잘들 이해하고 친숙한 처지라 가끔 엉뚱한 일도 벌어지고 재미도 있었어. 그 중 박경창(朴景昌) 같은 사람은 술이 취하기 전에는 색시처럼 말이 없고 순박하면서도 도가 넘게 되면 "이 도둑놈들아!" 하고 소리소리쳐서 맷감에 알맞을 것 같았으나 되레 즐거웠어. "이 도둑놈들아!"

하고 몇 번 소리치고 나선 "라라라"라는 밑도 끝도 없는 노래를 하곤 해서 별명이 "라라라"로 붙어버리기도 했지.

이럴 때면 간막이 윗방에서 술을 마시고 있던 뚱뚱한 최 부인이 대갓집 부인다운 한복차림으로 나와 큰 눈을 두리번거리며 맞받기도 했지. "다 틀려 먹었어! 이게 무슨 소리야? 아니 이게 다 무슨 소릴까?" 하며 일부러 호통을 치다가도 기분이 풀렸다는 식으로 그 뚱뚱한 몸매와는 다른 가냘픈 목청으로 〈내 마음은 호수여〉를 부르곤 했지. '호수요'가 아니라 언제나 '호수여'가 돼서 매력을 더 보태기도 했어.

나중에 전혜린이 죽어 은성의 그 자리가 비자 애절한 친구, 그리움과 허무한 마음이 더해 그녀의 술친구 조영숙은 박봉우에 못지않게 울먹였지. 지금도 조영숙이 불렀던 〈부용산 오릿길〉이란 노래가 생각나는데 이랬어.

부용산 오릿길에
잔디만 푸르러.
세월에 바람 타고
간다는 말 한마디 없이
너만 가고 말았구나.
피어나지 못한 채로 병든 장미—.

그 다음 가사는 기억이 안 나지만 조영숙의 노래가 끝날 때쯤이 되면 역시 박동우가 바통을 이어받았지. "울려고 내가 왔던가. 웃으려고 왔던가. 비린내 나는 부두가에 이슬 맺은 백일홍" 하는 노래였어.

정말 눈물 나도록 서글픈 엘리지야. 또 여기다가 전혜린의 죽음을 슬퍼하는 한떼의 젊은 여대생들이 몰려와 카운터에까지 줄줄이 앉아서는 술잔을 들었는데, 어느 여대생들은 담배를 피우기도 했었지. 그러면서 이들은 줄곧 전혜린의 얘기였어. "이 시대의 가장 멋진 천재 여성이 영원히 가 버렸다." 는 탄식끝에 한 여대생은 어디서 배웠는지 〈영원한 사랑〉이라는 당시에 유행했던 것 같은 블루스를 애절하게 부르곤 했지……. 그것도 불러 볼까.『전혜린 평전』에 써 두는 것도 기념이 될 테지. 나도 지금토록 전혜린을 생각하면 그 여대생의 노래가 목 안에 감돌고 하니까…….

지금은 헤어졌을망정 마음은 그대에 있네.
못 오실 님인 줄 알면서도 기다려지는 내 마음.
가슴 속 깊이 수놓은 사랑 풀면 더욱 엉클어지는
마음의 사랑 변치 않는 영원한 내 사랑이여.

순정을 바친 내 님이여, 영원한 내 사랑이여.
남몰래 새긴 순정의 꿈, 떠날 수 없는 첫사랑.
언제나 오리, 애타는 사랑, 밤이면 더욱 아롱거리는
불타는 사랑, 내 님이여, 영원한 내 사랑이여.

아마 이 노랜 나애심(羅愛心)이란 여가수가 노래했고, 그녀 오빠가 되는 전오승(全五承) 씨가 작곡했던가 해. 자아, 그런 얘기 이젠 그만하고 술이라도 들기로 하지. 전혜린을 생각하면 나도 언제나 눈물이 고이니까……. 반생도 채 못 살고 너무 급히 가 버려서 생각하면 애달프고 마음이 쓰라리거든…….

정말 언어를 먹던 불새였어.

제발 오늘은 혜린이 얘긴 이쯤 해두고……. 그렇지! 전혜린이야 말로 한무숙(韓戊淑) 여사 말마따나 진한 한 송이 '알핀 바이올렛' 이었어, 진보랏빛 바이올렛! 진보랏빛 언어로 피었던 알핀 바이올렛!

……헤세의 『페터 카멘친트』에 나오는 '알핀 로오제' – 아무도 모르는, 염(念)을 내지 못하는 험준한 바위 그늘에 핀 알핀 로오제 – 그 꽃이 머리에 떠올랐던 것이다. 이리하여 전혜린은 서로 보지 못한 채 나와 가까운 사람이 되었다.

그 전혜린 씨를 직접 만나 본 것은 어느 여류작가의 출판기념회 때였다. 까만 외투에 까만 머플러를 쓴 키가 작은 여성을 누군가가 전혜린 씨라고 소개해 주었다.

우리들은 곧 그 '알핀 바이올렛'을 화제에 올렸다. 형광등 불빛 때문인지 그녀의 눈이 번들번들 빛났다. 그때 나는 그의 눈에서 광기를 느꼈고 성점(星占) 얘기에 열중해 가자 더욱 더해 갔다. 무언지 두려움 같은 것도 느껴졌다.

'이 사람은 무엇인가에 잡혀 있다.'

무엇인지 어둡고 집요하고, 그리고 알 수 없이 깊은 것에 사로잡혀 있는 인상이었던 것이다.

그로부터 우리는 종종 만났다. '괴짜'라는 별명도 가졌다는 그녀였지만 내가 보기에는 다정하고 알뜰하였다.

말에 허두(虛頭)가 있을 때도 있었으나 그것은 그녀의 소위 광기 때문이 아니고, 내부에 벅차게 고여 있는 것들이 배출구를 향하여 몰려들어 들끓기 때문에 뒤범벅으로 얽힌 것이 발음되는 것 같은 느낌을 주었다. 이 사람은 무엇인가에 쫓기고 있다, 그렇게도 생각한 일이 있다.

그런데 전혜린 씨가 갑자기 죽었다는 것이다. 아까운 나이 서른 두 살 — 아깝고 분하다. 이제부터라는 나이가 아닌가. 전혜린! 왜 당신은 그렇게도 성급했소.

재빨리 죽음의 투영(投影)을 느끼고 그 죽음에 쫓기에 그렇게도 성급했던 것인가요.

그의 죽음으로 받은 충격에서 겨우 깨어난 나는 알핀 바이올렛을 상기하고 있다.

— 한무숙 씨의 추도문

흔히 우리는 언동(言動)이나 생각을 지나칠 만큼 현실에만 집착할 때가 많다. 현실에 집착하는 현실주의자들에겐, 과거에의 향수를 못 잊어하며 현실에서는 바삐 떠나 광기에 가까운 미래를 예점(豫占)하는 천재들이 비정상적인 사람으로 보이기 마련이다.

말하자면 짜라투스트라의 '가장 긴 사닥다리로써 가장 깊은 데를 내려가는 영혼, 가장 멀리 자신의 내부에서 달리며 번민하며 방황하는 가장 드넓은 영혼'을 가진 사람은 접근하기 조차 어려운 별종(別種)으로 보이기가 십상인 셈이다.

　전혜린은 바로 이 같은 여인이었기에 첫인상부터가 접근이 어렵게도 보인다. 그러나 한무숙 여사의 얘기처럼 그녀는 남들이 말하는 '괴짜'이기 이전에 다정다감하고 알뜰한 한 여성이었다.

　여기서 우리는 전혜린이 항상 느끼며 갖고 있는 시점(時點)을 봐야 한다. 그녀를 깊이 이해하는 데 있어 이것은 빼놓을 수 없는 이해의 한 방법이 된다.

　시점(時點)은 크게 과거, 현재, 미래라는 세 가지로 나뉜다.

　그렇다면 그녀의 시점은 어디인가?

　그녀는 언제나 '순간의 지속'이라는 시점에서 살고 있다. 그녀에게 있어서는 깊은 향수의 과거와, 현재라는 만족이나 황홀 상태는 일순에 지나지 않는, 구속적인 답답한 시간과, 그리고 현재의 불안을 싣고 가는 미래가 동시에 공존하고 있었다. 때문에 그녀는 과거와 현재와 미래의 시간 사이를 늘 끊임없이 순간의 지속적인 상태로 보고 바삐 오갔다.

　항시 총명하게 눈이 빛나는 것도, 성점(星占)을 보는 것도, 발음이 빠른 것도 이 숙명적인 것 때문이었다. 그래서 '잠들지 않는 의식' 가운데 꼭 해야 하고 서둘러야 할 일이 충만해 있다. 그렇기에 옆 사람이 보아도 덩달아 조급해지고 뭔지 불안한 바쁜 심정이 되는 것이다.

　끊임없는 그녀의 동경은 다른 사람에게까지 새로운 바람을 불어넣는 분위기를 만들어 준다. 이 동경이 과거와 현재와 미래를 함께 몽타주해서 좁은 출구를 향해 자꾸만 불어가고 있는 것이다.

차곡차곡 한 가지 한 가지씩 이뤄 나갈 일보다도 과거와 현재와 미래가 복합돼 있는 '순간의 끊임없는 지속들'의 바쁜 리듬이 그녀를 자꾸만 비극적으로 서둘러서 몰아 나간다.

설레임의 바쁨, 바쁨의 설레임이 충만해야만 만족하는 그녀의 삶을 싣고 한꺼번에 출구를 뚫으려 한다. 일기 가운데서는 빛나는 시를 쓰고 있으면서도, '긴 장편'을 몰아나가려는 것이 그녀의 소망이었다. 이런 것들이 범상인들과 완연히 다른 숙명적인 요소이기도 하다. 때문에 모든 천재들, 그리고 전혜린도 다른 천재들의 대다수가 그러했듯 요절했는지도 모른다.

러시아의 속언이 이런 점을 비유하는 듯도 하다.

"과거에 집착하면 한쪽 눈을 잃는 격이 될 것이다. 그러나 과거를 잊어버리면 양쪽 눈을 잃는 것이다."

이 속언처럼 전혜린은 현재라는 시점의 고달픔과 불안과 초조와 분방을 함께 지니고 있었으면서도, 과거와, 그리고 미래까지에도 잠시도 쉬지 않는 순간의 지속에 대한 눈길을 떼지 않으려 했다.

그러니 그러한 전혜린에게는 세상의 순리(順理)라는 것이 너무도 비정한 것일 수밖에 없었던 것이다.

구슬놀이

"가장 대담하게 사색하는 사람들일수록 사회 규범에 가장 잘 복종한다."라는 나타니엘 호손의 지적같이 전혜린은 지나치게 현실적이며 속물적인 사람들을 모멸해 왔지만, 스스로는 이들에 대항하거나 규범에 반(反)하는 행위 같은 것은 저지르지 않았다.

그녀의 그러한 성격에 대해서는 그녀의 서울 법대 동문이자 친구이기도 했던 작가 이덕희(李德姬) 씨 역시 『여성동아』 1982년 4월호에서 다음과 같이 기술하고 있다.

〔전략〕 우리가 전혜린의 생에서 혹종의 비극적인 요소를 인정한다면 가정적 조건이나 사회적 배경 및 시대적 여건에서 그 원인을 찾으려는 시도를 말아야 할 것이다.

다시 말하면 인습이나 도덕의 타파를 부르짖고 시대의 선구자 노릇을 했다거나 대담한 혁신적 행동과 투쟁으로 사회에 반항한 여성 선각자의 계열에 놓고 그녀를 판단한다면(찬사건 비난이건 간에) 커다란 오류를 범하게 된다는 말이다. 적어도 내 의견은 그렇다.

표면적으로 볼 때 그녀는 가정과 직업을 가진 온건한 시민이었으며 그녀의 기질은 반항적이라기보다 차라리 타협적이었고, 적극적이고 도전적이라기 보다 소극적이고 피동적인 편이었다. "내가 원동력이나 계기가 된 일은 한 번도 없었고 언제나 피동적인 것이 최근 수년간의 생활에서의 나의 근본태도였다."라고 혜린 스스로 고백한 것처럼.

〔중략〕

그녀가 겪은 고뇌, 그녀의 불행이나 투쟁은 어떤 특정의 시대나 지역적 산물이 아니라, 어느 시대, 어느 지역에서나 존재했고 존재할 수 있는 영원한 '속물'들과 아웃사이더적 유형의 인간 간의 드라마로 봐야 한다.

투철한 리얼리스트들, 모범적인 시민 근성에 대한 영원한 이데알리스트, 아웃사이더의 비극인 것이다.

그녀가 자신의 목표를 이 지상적인 것에다 두었던들 타고난 두뇌와 재능을 가지고 그녀는 얼마든지 세속적으로 성공해서, 즉 '출세'에 만족해서 그날그날 무난히 살아갔으리라. 흡사 방안의 가구가 "나는 의자다." 하고 저 있을 곳에 놓여져 뚜렷한 실재를 증명하듯, 그녀도 자신의 존재를 이 지상에 '뚜렷한 실재감' 속에 붙들어 매놓을 수 있었으리라. 그러나 그녀가 원한 것은 다른 것이었다.

"무엇이든지 꽉 잡고 싶다. 이런 고정관념이 있어야 하는 건데……. 그래야 자기 자신을 그 무엇에 도달하게 할 수 있을 것인데…… (그 무엇이란 결국 이 세상에서의 어떤 자위겠지요. 어느 의미로든지). 저는 그런 무엇을 꽉 잡고 유지하고 반복하고 습관화한다는 이런 온갖 개념에 혐오를 느끼고 있습니다. 제가 원하는 것은 생명이 유동하는 것, 매일매일 변하는 것, 어떤 새롭고 일상적인 것이 아닌데! 미칠 듯한 순간, 세계와 영원히 잡히지 않는 것들이 나의 갈망의 대상입니다."

— 1964년 7월, 박인수 교수께 보낸 편지에서

이 영원히 잡히지 않는 것에 대한 정신의 갈망과 직업인, 아내, 어머니로서의 '일상적인 나'의 임무 사이의 갈등 때문에 그녀가 당한 고통, 이 양자의 조화와 균형을 위해 바친 노력의 밀도에 그녀의 진정한 창조적인 투쟁의 가치가 있지 않나 싶다. 이 노력이 어떠한 결과를 낳았으며 과연 성공했느냐의 여부는 별문제이다. 그녀가 설정한 목표, 거기에 더없이 성실했던 그녀의 삶의 자세가 중요하다는 말이다.

애석하게도 그녀는 중도 하차해 버리고 말았지만, 그녀의 죽음 때문에 그녀의 삶의 자세는 오히려 더욱 뚜렷이 부각돼서 뒤에 오는 젊은 혼들에게 많은 용기와 신념과 공감을 나누어 줄 것이라 믿어도 좋으리라.

그녀에게서 '이데의 수정'을 받은 수많은 젊은 혼들로부터 어느 날엔가 뜻하지도 않았던, 놀라운 꽃을 피워 내게 될지 누가 알겠는가?

세계와 자아가 합일되는 듯한 느낌을 주는 순간이라든가 하는, 손에 영원히 잡히지 않는 것들을 갈망의 대상으로 삼았던 전혜린.

또한 그녀는 순수한 순간들의 지속 속에서만 살고자 했던 여인이기도 했다.

이처럼 순수한 극단 쪽으로 날아가려고 한 전혜린에게는 그냥 머물러만 있는 듯한 이 세상의 타성적 현실이 너무 권태롭고 지겨운 바퀴로 느껴질 수밖에 없었다.

우리도 〈유리구슬 놀이〉에서처럼 '선택받은 소수의 사람이 순수한 이념 하에 교단'을 세우지 않겠어? 솜사탕처럼 차가운 구름은 씹으면서 안개의 포옹을 받고 맑은 것만을 — 지속적인 것만을 구하고 싶은 욕망이 나도 모르게 솟아서 지상적인 생활의 일손을 탁! 멈추게 하곤 해, 곧 시작될 늘 같은 되풀이의 생의 메카니즘 — 가끔 너의 생기와 힘과 입김이 필요한 거야. 지쳐서 쓰러지지 않기 위해선.

1962년 8월 31일자로 이덕희 씨에게 보낸 그녀 편지의 내용이다.

전혜린의 걷잡을 수 없는 정신의 높이는 이보다 한 해를 더 앞선 1961년 1월 7일에 쓴 하룻밤 동안의 긴 일기 가운데서도 역력히 나타난다.

동해루 앞에서 어떤 젊은 청년하고 같이 들어가려던 동무를 만났다. 몹시 마르고 빈상(貧相)해져서 기이할 지경이었다. 눈은 더 나빠진 모양······. 나이가 어려 보이는 청년과 같이 들어가는 게 아마 직장의 동료인 듯했다. '독신 직업 여성'이라는 한 개의 문제를 안전(眼前)에 본 감이 있었다. 그리고 한국서의 직업이란 생활의 쾌적은커녕 필요한 것도 해결해 줄 수 없을 지경이니 더욱 기가 막힌다. 그렇다고 결혼이 언제나 누구에게나 최선의 바람직한 상태일 수도 또 없는 것이고······.

무(無)에의 과정으로써 생물적으로 생(生)을 파악한다면 무엇 때문에 그렇게도 많은 노고와 땀과 피가 필요한가? 하고 묻고 싶어진다. 정말로 '정신' 속에 우리를 구제하지 않는다면 삶이란 살아갈 가치가 없는 무엇일 것이다. 아무리 생각을 되풀이해 보아도 인간의 순수상태, 최고도로 승화한 상태란 의식이며, 단순히 인간은 정신이라고 말할 수 있는 것 같다. 따라서 의식을 매순간마다 지키고, 깨어 있도록 하는 것이 가장 인간에게 적합하고 당연한 생과제(生課題)인 것 같다. 다른 무엇보다도 우선하는……．

사랑도 마찬가지다. 그것이 정신에 의해서 빛나게 된 것이 아니라면 무가치하다. 우리가 뜨겁게 미칠 듯이 사랑할 수 있는 것은 가장 순수한 의식의 상태에서 뿐이다. 그러나 그런 상태 ― 순수한 사랑이란 이 세상에서는 순간으로 밖에 선사되어 있지 않다. 언제나 거기에 어떤 다른 무엇이 섞인 혼합물, 때때로는 싸구려 혼합물, 심지어는 대용품만이 우리에게 주어진다.

우리의 의식이 지향하고 있는 것은 순수뿐인데도 그것이 존재 내에서 존재하기란 너무도 힘들다. 너무나 모험적이고 고독한 경주(傾注)를 필요로 한다. 일상생활과는 필연적으로 대적관계(對敵關係)에 있다.

순수의 반대는 타협, 즉 속물주의(俗物主義)다.

정말이다. 지혜의 여신(Minerva)의 부엉이는 밤에 난다. 어둠 속을……．즉 미학(美學)이 단념하는 곳에서부터 도덕이 비롯하는 것이다. 아름답지 않는 대상 앞에서 우리가 얼마나 냉정해질 수 있는가만 생각해 보라! 비겁하게도 도덕에 두 팔을 들게 되는 우리들!

온갖 부덕(不德)은 미(美)와 미에의 우리의 숭배에 기인하고 유지되어 나가는 것이다. 손가락 사이로 흘러 떨어지는 모래 시간 햇빛……．이런 것 이상의 아무것도 아닌 육체, 그것의 미가 얼마나 우리를 현혹하는 것인가. 어떤 진리나 금언보다도 때로는 아름다운 눈동자가 더 참되게 우리에게는 보이는 것이다. 육체에의 우리의 이러한 편견(미나 추의 개념도 하나의 편견이오, 경향인 것이니까)과 고착(固着)은 모두 우리가 육체를 하나의 비유로 보는 데서 생겨나는 것이다. 두 손에 잡히지 않은 대상의 영혼을, 의식을 우리는 그의 육체를 통해서 파악하려고 한다. 그때에 육체는 언어가 된다. 프리즘이 된다. 우주를 반영하는……. 그리고 우리의 매혹은 완전해지는 것이다. 순수한 매혹 — 대상도 없이 자족(自足)한 매혹의 상태는 바로 나르시스의 상태다. 즉 불모(不毛) 무(無) 죽음의 숭배인 것이다.

자기의 육체와 자기의 의식은 필경, 초극되어야 할 무엇이라는 것을 생각할 때, 그리고 그 초극의 과정은 순간적으로만 가능한 단편이라는 것을 생각할 때, 삶을, 기나긴 거리의 대부분의 무용성(無用性)을 느끼게 된다. 니힐을, 불합리를, 물거품, 무지개, 하루살이, 갈대……. 비유는 얼마든지 있다. 그러나 무엇보다도 강한 허무의 비유는 우리의 정서다. 우리의 움직이기 쉬운 마음, 찰나적으로 사라져 버리는 감동, 공감, 찬미, 사랑이다.

숫제 기억에서 깨끗이 지워져 버리는 것이(기쁜 추억이든지, 슬픈 추억이든지) 우리의 허무의 가장 큰 징조일 것이다.

왜 모든 지적(知的) 발견, 인식은 나에게 있어서는 필연적으로 부정의 방향을 향하고 있는 것일까? 지상에는 전적으로 완전히, 무조건, 영원히 긍정될 수 있는 것은 아무것도 없는 까닭이다. 모두가 다 순간적으로만, 그리고 조금씩, 큰 가마에서 한 숟갈씩 밖에는 체험될 수 없는 까닭이다. 모든 것이 다 임시적이고 가상적이고 대용품적(대상도 우리에게는 근본적으로 보아 신의 대용인 것이다)인 까닭이다. 생각할수록 슬프기만 하다.

〔중략〕

오늘 저녁은 유난히 페이소스(Pathos)가 넘쳐 터질 것같이 감정(Emotion)이 충만한 저녁이다. 무엇이 자극이었을까? '마틸다'? 또는 엘비스의 "당신은 오늘 밤 고독하십니까(Are you lone some tonight)?" 또는 포도주?

무엇이 그렇게 만들었는지 모른다. 아무튼 안개가 깊이 덮여 달도 별도 없고 가로전등만 있는 저녁이다. 마치 어딘지 정처없이 가는 집시같이 남김없고 숨김없이 방랑하는 느낌! 고독! 생(生)이 지나는 것을 첨탑에서 내려다보는 듯한 느낌……. 모험과 뜨거운 센세이션, 과감한, 순수한 체험에의 갈망이 조수처럼 뜨겁게 밀려왔다가는 다시 싸늘하게 식는다. 무언가를 이룩해야겠다. 이 모래를 가지고……. 이 나에게 주어진 시간성을 가지고……. 그렇지만 무엇을? 지금 나의 내면의 순수한 명령은 『생의 한가운데』 같은 책을 쓸 것을, 아니라면 번역할 것을 명한다. 그렇지만 인쇄될 수 있을 것인가? 지금은 일본소설 붐인데! 무어든지 좋다. 직접적이고 수공업적인 나날의 땀, 집중과 하루에 적어도 7~8 시간이라는 노동시간을 원하는 그런 일을 맡고 싶다. 노동하고 싶다. 꿈꾸는 것 외에는 아무 일도 하지 않는 인텔리는 되고 싶지 않다.

땀을 흘리고 입수한 빵은 반드시 더 달지는 않다. 미각상(味覺上)으로 보아……. 그러나 그것은 확신(내면적인)과 안전을 준다. 세계에서의 나의 위치를 의식하게 해준다. 마치 한 개의 의자가 어디에 속해 있는가에 대해서 이론(異論)이 없듯, 나는 나 자신에 대해서 명확한 무엇이 된다. 모든 것이 다 단순해진다. 내 시야는 몹시 좁고 낮고 아늑해져서 나는 일상성 속에 네 활개를 펼 수 있는 것이다. 아, 일상성, 일일(一日)의 노동이 그립다! 내 의식을 파헤치고 내려가도 대답은 제로일 것이니까! 내 존재를 잘 바로잡고 내가 어디에 현실적으로 속해 있는가를 이론(異論)의 여지가 없이 알고 싶은 것이다. 학생을 가르치는 일은 싫다.

첫째, 학생의 순수성이나 지성에 신뢰가 안 간다.

둘째, 가르치는 사실에 나에게 우선 흥미가 없다. 학생한테도 따라서 물론…….

셋째, 나보다 낫게(더 알기 쉽고 외기 쉽게) 가르칠 수 있는 인간이 얼마든지 있으리라는 확신에서 나오는 불안과 콤플렉스.

넷째, 어려서부터 선생과 교사의 직업을 나는 경멸해 왔고 지금도 그렇다.

나의 소망의 직업이 있다면 역시 쓰고 싶은 것뿐!

나의 소망의 생방식(生方式)은 사색(思索)이고…….

아무리 보아도 공명심이, 생에서 어떤 확실한 한 자리에 도달하려는 더러운, 또는 가엾을 것인 욕망으로 밖에는 나에게는 안 보인다.

모든 것에 도달하고 나더라도 나에게 남는 것은 역시 유한성(有限性), 시간, 죽음인 것은 마찬가지인 것이니까! 황소같이 목표를 향해 달리는 야심적인 사람에게 나는 묵묵히 고개를 돌리고 한걸음을 멀리하는 수밖에 없다.

정치에 의한 사회기구 개혁과 사회와 인간의 개선도 나에겐 결국 헛된 노고로 달리는 길로 밖에는 안 보인다.

온갖 건성의 최고영역으로, 가령 내가 답사하고 난 뒤에 일지라도 나에게 낙인처럼 남는 건 회의론(懷疑論)뿐일 것은 너무나 확실하다.

부모의 사랑도 못 믿고(그리고 그 불신은 정당한 근거 위에 있다) 내가 어떻게 신의 사랑을 믿을 수 있단 말인가? 신은 왜 파스칼에 있어서처럼 나에게도 구현해 보여 주시지를 않는 것일까? 그의 조카의 옴병이 면류관을 만지자마자 사라진 것 같은 그런 이적(異蹟)이 왜 나에게는, 내 눈앞에는 안 일어나는 것일까? 신의 총아(寵兒)는 다만 구라파인인 것일까? 아시아, 아프리카는(회교도도 물론) 잊혀진, 잃어버려진 대륙이란 말인가?

생각하면 할수록 괴로울 뿐이다. 마치 지혜의 사과는 나 혼자 먹은 양 왜 나만 괴롭힘을 당해야 하는가? 그것도 스스로 사서?

단순한 어린애만이 행복하다는(천국에 간다는 확신은 즉 행복이니까) 예수의 말은 그럼 우리는 유년기에 있어서만 무죄(無罪)하고, 무죄에 있어서만 불행하지 않다는, 즉 무(無)와 죽음의 의식이 주는 강박관념과 공포로부터 자유롭다는 말인가?

그림책같이 한없이 길게 느껴진 어린 시절! 세상이 이런 줄은 꿈에도 모르고 하루하루가 신비스럽고 기대되었던 때! 즉자존재(卽者存在 : Ansiech Sein)!

일단 자기의 내던져진 상태를 반성해 보고 자기와의 사이에 거리를 두루 알게 되었을 때부터, 즉 자기가 자기의 흥미거리가 되고 연구대상이 되었을 때부터, 즉 우리에게는 풀 수 없는 모순과 상처와 죽음이 있다는 것을 알았을 때부터 지옥(Hölle)은 시작된 것이다. 즉 우리의 지옥이란 우리의 대자존재(Fursich Sein)이고 우리의 의식성이고 우리의 지성 이외에 아무것도 아닌 것이다. 다시 즉자(卽者)의 상태로 돌아갈 수 없는 한 (즉 미치거나 백치가 되는 은총이 베풀어지지 않는 한), 우리는 영원히 불행한 것이다.

대개의 작가의 창작의욕이란 이 불행을 의식 속에서만이라도, 종이에라도 초극해 보려고 한, 다시 즉자(卽者)로, 유년기로 돌아가보려고 한, 무리한, 또는 다만 순간적인 발버둥질을 치는 노력이었던 것이다.
 그 보수는 불행의 의식과 고통이 평인보다 수배로 강하게 깨어나고 계속된 것 밖에는…… 생각할수록 불행하고 불가사의한 것은 우리 인간이다.
 가끔 무지개처럼 주어지는 짧은 매혹, 환상, 만남……. 이런 선물은 너무 드물고, 너무 찰나적이고, 그 외에는 인생은 길고 긴 회색 항로이다. 의식이 이 팽팽한 긴장과 심장의 이 아픈 충일과 예지의 이 텅빈 공허, 그게 전부다. 양심 있는 성인(成人)이 획득할 수 있는 인생(人生) 수확(收穫)은…….
 따라서 인간에게 가능한 전부는 태도, 즉 포즈(Pose)뿐인 것이다.
 시지프(Sisyphe)의, 또는 랭보, 또는 보들레르, 또는 니체, 또는 릴케…… 아무튼 양심 있게 인간의 운명을 산 모든 사람들과 마찬가지로 가면을 쓰고 용감하게 운명과 대면하는 태도를 취하는 것, 그것만이 우리가 할 수 있는 전부인 것이다.
 새로운 공포가 생겨난다. 새로운 허무와 공허감이! 결국 생(生)은 무(無)이고 인간이 이룰 수 있는 최고의 것은 포즈(Pose) 이외에 아무것도 아님을 생각할 때!

 하룻밤의 이 기나긴 일기 가운데서 우리는 몇 가지 중요한 사실을 발견할 수 있다.
 첫째, 순수에 관한 사실이다. 이 문제는 주된 테마이지만 맨 먼저 결론적으로 나와 있다. 곧 우리의 의식이 지향하고 있는 것은 한결같이 순수하고자 하는 것임에도 그렇게 못된다는 안타까움이다. 우리에게 주어지는 모든 여건이 우리 마음과는 달리 순수의 반대 쪽인 타협이나 비겁, 속물성에 물들게 된다는 것이다.

그래서 순수한 것을 그대로 우리 존재 안에 머물도록 하려 한다면 무한한 노력과 용기와 모험을 필요로 하며, 이 때문에 타협과 저속(低俗)이 없는 울 안에 혼자 있어야 하듯 고독 쪽으로 기울어야 한다는 것이다.

순수를 지향하는 이러한 어려움은 사랑에 있어서도 마찬가지라고 보고 있다. 참된 사랑이란 정신에 의해서 사랑하고 사랑받아야만 가치롭고 빛나는 것이라고 정의하고 있다. 이런 사랑은 가장 순수한 의식 상태에서 존재한다. 하지만 불행하게도 이처럼 고귀한 사랑은 우리가 사는 이 세상에선 아주 짧은 순간으로 밖에 주어지지 않아서, 얻었다 해도 찰나적인 것에 지나지 않는다.

순수를 먹칠해 버리는 혼합물이 섞이고 때로는 사랑이란 명목(名目)만의 대용품을 갖고 노는 것에 지나지 않는다고 한다.

그러므로 우리의 고정되다시피 한 일상생활은 순수의 적대관계에 놓였다고 보고 있다. 사랑의 순수성에 대한 깊은 통찰이다.

다음으로 육체와 의식 사이의 관계다.

우리는 두 손에 잡히지 않는 영혼이라는 대상을 우리들 육체를 통해서 잡으려 하고 있다. 이러한 의식은 육체를 우주가 반영되는 프리즘이나 정신의 언어로 보기 때문에, 제법 완전한 매혹으로 보인다. 하지만 참된 대상의 파악도 없이 매혹당하는 상태는 자기 도취에 지나지 않는다. 말하자면 텅 비어서 아무것도 없는 것에 대한 숭배나 다름없다. 영혼이 없는 육체에의 곤혹(困惑)이 되고 만다.

결국 영혼과 육체는 따로 분리된 것이면서도 영육일체(靈肉一體)가 되기 위해선 초극이란 것이 따른다.

이 초극은 범상인으로선 이루기가 불가능하다. 어쩌다 영혼이나 의식이 육체를 초극한다 해도 이것은 순간적으로만 가능한 단편(斷片)에 지나지 않으므로 사람의 한평생이라는 기나긴(길다면 긴) 생활과정에서 소용에 닿지 못하고 만다. 되레 불합리한 것이 되고 허무가 된다. 일었다가는 꺼져 버리는 물거품이나 신기루같이 떴다가 사라지는 무지개에 지나지 않는다. 더욱이 더 변하기 쉬운 우리의 정서(情緖)다. 육체보다도 더 빨리, 시시각각으로 변하기 쉬운 마음의 상태는 순수한 것을 찰나적으로만 있게 하고, 그 다음은 다른 데 가서 타협이나 화합해 버리고 변색되기가 일쑤다. 때문에 시간성이 문제가 된다. 이것이 세 번째가 되는 번민거리다.

그녀에게 있어 지적 발견이 되는 인식은 항시 회의적이고도 부정 쪽으로만 향하는 편향이기에 순수한 순간의 지속적은 포착은 이 지상에서는 거의 불가능한 것으로 느껴진다.

이 같은 시간성을 계속 흘려 보내는 그녀(우리도 마찬가지다)에게 이 세상에 태어나서 나는 무엇을 할 것인가, 무엇을 남길 것인가, 하는 무제가 늘상 가로놓인다.

여기에 그녀의 순수성을 명(命)한다. "글을 쓰라!" 하고 — 루이제 린저가 쓴 바 있는 『생의 한가운데』와 같은……. 아니면 우선은 번역이라도 하라고 다그치고 있다. 하루 7시간에서 8시간이라도 좋은 글쓰는 노동을 하는 시간이 그녀에게 가장 순수한 시간의 지속이 되기에 유년기부터 가졌던 작가에의 꿈을 30대에 와서도 계속 불붙이고 있다.

가장 순수한 그녀 의식 — 마치 투명한 유리구슬 같은 정신의 의식이 하루 7시간이고 8시간이고 계속되는 구슬치기에서 마냥 깨어지고자 하고 있다. 순수에의 도전을 집필이라는 중노동에서 이루고자 한다.

이 순수의 유리구슬은 글쓰는 부딪침에서 깨어지고파 하고, 깨어지는 자체를 직업으로 삼고자 한다. 직업으로서의 방정식은 글쓰는 일, 글쓰기 위해 사색하는 것은 생방식(生方式)이라 표현하고 있다. 말하자면 그녀 정신의 순수성은 이처럼 오로지 투명한 유리구슬치기 같은, 글쓰는 일에만 집착케 하는 것이다.

이 같은 그녀 의식의 구슬치기는 비록 글쓰는 게임에 그녀의 전존재를 두었다 해도, 글을 써서 이름을 내는 공명심(功名心)의 불순함도 미리 알고 있다. 순수의 지속이 어려운 혼합물이 된다는 얘기다. 그렇지만 그래도 순수 편에 가까운 것은 이 길 밖에 없음을 확신하고 있다.

이것은 노자(老子)가 무위자연(無爲自然)을 내세우면서 모든 대상에 대한 이름을 붙이지 말 것을 주장한 무명주의(無名主義)에 대한 공자(孔子)의 정명주의(正名主義)와도 통한다.

공자는 노자의 말씀이 옳은 줄 알면서도 그 순수에 도달하는 길로서는 모든 대상에 이름을 붙이는 수밖에 없다고 했다. 곧 질서가 바로 서야 온갖 혼돈과 무질서와 비순수성을 막는다는 유위질서(有爲秩序)를 내세워 그러기 위해선 모든 것 — 삼라만상에게 이름이 주어져야 한다는 정명주의를 부르짖었던 것이다.

글을 써서 이름을 밝히는 것 — 이 행위 역시 질서 가운데 순수에 도달하려는 인위적 노력이라면, 이 세상에서 이름을 갖고 사는 모든 사람들은 그 이름을 써야 하는 것이다.

이름 때문에 질서도 찾고 가치의 순수성도 찾는다. 때론 익명(匿名)이 더욱 순수하고 가치롭지만 직업상의 이름은 밝히지 않을 수 없는 것이다.

그러므로 전혜린은 이날 밤의 긴 일기의 말미에서 그녀가 해야 할 행위에 대한 매듭을 짓고 있다. 나름대로 순수의 최대공약수를 찾은 것이다. 그녀가 늘상 갖고 있던 부정적인 회의로부터 지금은 긍정을 갖고 이것을 귀결시켜 버리는 것이다.

즉, 인간에게 가능한 모든 것은 태도나 양태(樣態, 모양) 뿐이라면서 니체나 릴케, 보들레르나 랭보와 같이 '양심 있게 운명을 살아간 많은 사람들'과 마찬가지로 포즈(Pose)라는 허울을 쓰고 용감하게 운명과 대면하기로 작심하는 것이다. 이처럼 순수하고자 하는 그녀의 마음은 어찌 보면 결벽증처럼도 보인다.

하지만 이 순수를 위해 순수에 가장 가까운 포즈를 취하면서 운명과 대면해야 하겠다는 의지가 번뜩이고 있다.

이 일기는 혼자만의 내밀한 고백이면서도 이처럼이나 자아 존재에 대한 순수의 인식을 진지하게 탐구하고 정리하고 있는 것을 보면 여간 놀랍지 않다. 그녀는 그러한 지울 수도, 잊을 수도 없는 순수에의 각서(覺書) — 투명한 의식의 순수한 구슬치기를 죽는 날까지 일기 같은 데다 기록했던 것이다.

달病

문득문득 격렬한 충동을 — 투쟁의욕을 느끼곤 한다.
무엇이나, 아무에게나.
그럴 때 나는 혼자서 동굴 속에 있고 싶다.
지금은 저녁, 창 위로 거짓말같이 새파란 하늘이 보인다.
사파이어같이 검게 새파랗다.

그녀의 성격처럼 명징하고 분명한 것을 좋아하는 그녀는, 거짓말처럼 저녁 하늘이 검게 새파래서 사파이어 같음을 일기 속에 기록하고 있다.
꼭 글을 써야만 할 운명적인 격렬한 느낌을 밝히면서도 동굴 같은 겸허로운 고독을 찾고 싶다 했고, 그러다가도 못내 저녁하늘의 그 푸르름에 조용히 감동하기도 하는 그녀.
어쩌면 그녀의 성격은 찰랑거리는 유리구슬과 싯푸른 저녁 하늘의 청징(淸澄)한 색과 같은 것이 아닐까.
뮌헨 유학 시절, 뮌헨 대학과 그녀 방이 있는 슈바빙까지의 거리 — 레오폴드 가(街)를 거닐면 작은 어항같이 생긴 조그마한 유리 동물원 가게가 있었는데, 이 가게 안에 유리로 기막히고도 정교하게 만들어진 온갖 작은 짐승들과 장난감들이 안데르센의 동화 속 세계처럼 진열돼 있었다.

그래서 그녀는 매일 이 가게 앞을 지날 때면 으레 5분 이상이나 그 진열장을 들여다보면서 갖고 싶고 애무하고픈 유리 장난감에 매혹당하기 일쑤여서 그 유리로 된 온갖 작은 동물들과 인형 하나하나들이 그녀의 심상(心像)에 못 잊을 상(像)으로 깊이 아로새겨졌던 것이다.

이러한 그녀의 심상(心像)은 귀국한 후 저녁 하늘의 싯푸름에서도 사파이어의 투명한 보석 빛을 감지하고 있고 그녀의 벗인 작가 이덕희 씨에게 보낸 편지 가운데서도 〈유리구슬 놀이〉를 순수 투명의 그것으로 비유시키고 있다.

이처럼 일관된 순수와 투명의 세계는 너무 말갛고 단단해서 이쪽저쪽이 거짓 없이 투시되는 것은 맑고도 티 없는 감성이 지닐 요건이라 하겠으나, '격렬한 충동 ― 투쟁 의욕'을 '무엇이나, 아무에게나' 느끼면서도 막상 그것이 닥칠까봐 '혼자 동굴 속에 있고 싶다'는 모순이 생긴다.

이것은 어쩌면 지성인의 약점인지도 모른다. 너무 맑고 화안해서 이것저것을 확연히 꿰뚫어 볼 수 있으나, 이 견고한 투시는 투명한 유리 구슬같이 부딪치면 스스로가 깨어지고 말기에 다만 혼자서만 이 순수를 지키려드는 경향에 빠지기 쉽다.

그녀의 마음이 이러하기에 토론은 있어도 막상 부딪치는 일에는 소극적이다. 여간 친한 사이가 아니면, 그리고 자신을 잘 이해해 주는 사이가 아니면, 하고픈 일이 있어도 직접 나서지 못했다. 누가 중간에 나서 주었어도 소식이 없으면 그건 안 되는 일인가 보다 하고 미련을 버렸다.

그리고는 곧 혼자서 투명한 구슬같이, 샘물과도 같이 고요히 침잠한다. 그리하여 저 『짜라투스트라는 이렇게 말했다』의 순수의 샘과 같이 되어 홀로 빛나는 것이다.

밤이 왔습니다.
이제야 모든 샘솟는 우물들은 큰소리로 이야기합니다.
그리고 내 영혼도 하나의 샘솟는 우물입니다.
밤이 왔습니다.
이제야 모든 연인들의 노랫소리가 커져 옵니다.
그리고 내 영혼도 하나의 연인의 노랫소리입니다.
채워지지 않는, 가라앉지 않는, 어떤 것이 내 맘 속에 있습니다.
그것은 큰 소리를 내려고 합니다.
사랑을 그리는 내 욕망이 내 마음 속에 있습니다.
그것은 사랑의 언어로 말합니다.

평화와 사랑과 마음의 안정이 절로 오고 있다. 스스로 조용하면서 아무런 방해물이 없을 때, 비로소 제 목소리나 본질을 투명하게 반영시키는 고독한 지성, 고독한 영혼―. 이것은 평화로운 영혼이다. 골고루 균등하게 둥글면서 모나거나 특별히 우대받는 쪽이 없이 누리는 안정된 평등이 곧 평화다. 이런 평화가 있는 영혼엔 불평이나 불만, 투쟁이나 충돌이 없다. 오로지 있다면 혼자서 남몰래 앓는 그리움이나 향수에 사무친 병(病) 앓이라 할까.

때문에 잠든 듯 싶은 과거가 현재에 와 있고, 미래를 내다보는 반짝대는 예지의 샘도 현재를 거슬러 과거의 무덤 속에서 기어나온다. 곧 미래와 연결되지 않은 과거란 있을 수 없고, 과거 없이 돌출하는 미래 역시 부재(不在)하는 것이다.

전혜린이라는 구슬, 또는 샘물은 이러한 과거를 두고 미래를 앓는다. 습관적이라 해도 좋고 이름 그대로 병적이라 해도 좋다.

그녀 별이 토성(土星)이라 그런지 온갖 것이 흙으로 떨어져 다시 흙으로 되돌아가는 정리(定離)의 계절 — 가을이면 가을마다 그녀는 '가을병(病)'과 '달병(病)'을 앓는다.

밖에 나가 누구와 만나거나 함께 술이라도 들라치면 그럴 수 없이 활달하게 얘기를 잘하다가도 혼자 있을 때면 아주 딴판이 된다. 혼자만의 고독에 잠겨들기 때문이다.

그래서 깊은 밤 — 어느 때는 초저녁부터 혼자만의 시간을 잡고 홀로 영혼의 소리를 외친다. 하룻밤의 긴 일기도 그것이요, 시도 그것이요, 단장(斷章)도 그것이요, 노래마저도 그것으로 불려진다.

돌체나 설파(雪芭)와 같은 음악감상실 같은 데는 혼자 있어도 혼자만 있을 영혼은 못된다.

이럴 때면 주술(呪術)같이 다른 영혼을 불러야 한다. 가장 가깝고 가장 이해가 잘되는 사람을 향해 연신 전화를 건다. 특히 좋은, 영혼에까지 와 닿는 곡이 나오면 더하다. 마침 전화를 건 상대방이 나오면 그녀는 그 곡을 수화기를 통해서라도 불러낸 사람 — 그 영혼의 귀에 들리게끔 음악이 나오는 쪽을 향해 수화기를 들고 서 있는다.

그녀와 더불어 그녀가 아끼는 가까운 영혼이 함께 듣는 음악, 아무말 없이……. 훌륭한 곡이 들렸음 됐지 통화 같은 건 아랑곳없다.

이런 버릇을 가진 그녀였기에 술자리 같은 데서도 영혼의 통화(通話)는 쪽지로 전달했다. 때문에 낙서광이라는 별명도 붙고 괴짜라는 칭호도 받았지만, 가장 소중한 영혼의 소리, 함축된 마음의 소리는 떠들썩한 분위기에서는 말로 할 수 없다. 언제나 써야만 하는 '글로 쓰는' 것이 된다.

하지만 그녀는 일단 대좌(對座)한 자리에서는 절대로 가정에 관한 이야기를 하는 법이 없었다. 결혼이라는 굴레, 가정이라는 속박이 무어 그리 대단하고 자랑스런 일이랴!

그녀에게 있어서 결혼이란, 그저 범상인(凡常人)들이 때가 오면 너도 나도 취해서 갖는 일상적인 것에 지나지 않는 것 같았다.

되도록 자유롭고자 하고, 영혼의 깊이를 파고자 하고, 순수의식의 끝없는 보헤미안이고자 하는 그녀에게 가정에 관한 이야기를 한다는 것은 금기(禁忌) 같았다.

하지만 웬일이었을까. 일체 집안일이나 남편, 심지어 더없이 사랑하는 하나뿐인 귀여운 딸 정화에 관한 얘기마저 없었던 그녀가 〈세리나, 은성, 그 주변! 크레멘스 - 의지의 남자, 돌의 심장〉이라는 메모를 적어 이봉구에게 주던 날만은 '주부'라는 낱말을 두 번이나 썼다.

어떤 가정적인 불화 같은 것이 콤플렉스가 되어 저도 모르게 내뱉는 소리였을까…….

한참 술 취한 듯 상기된 그녀는 두 번째의 막걸리 주전자를 비우고 세 번째를 받으면서 말했다. 마치 혼자만의 독백처럼…….

"주부가 술을 마시다니!"

"주부가 취하도록 술을 마시고만 있다니!"

어쩌면 탄식과도 같은 이 낯선 말이 이봉구 씨에겐 이상하게 어필해 왔다.

"전혜린 씨, 방금 한 말은 전혀 못 듣던 낯선 말 같은데……. 웬일이지?"

"아, 그거! 아무것도 아니에요!"

이봉구 씨는 그 말이 못내 거리꼈으나 한 주부의 탄식이라 더 묻지는 않았다고 한다. 그런 지 이틀 뒤 그녀로부터 최후의 유고(遺稿)가 되는 시 한 편을 써 받았다. 그랬다간 다시 그 이틀 뒤의 토요일 저녁(1965년 1월 10일)에도 동생 채린(彩麟) 씨와 친구 이덕희(李德姬) 씨와 그녀의 남동생, 또 이덕희 씨의 친구인 서울 미대를 나온 L양 등이 우르르 몰려와서 두어 시간쯤 술을 마셨다. 그랬는데 그 다음날(일요일) 그녀는 세상을 깜짝 놀라게끔 영영 이 세상과는 별리(別離)를 해버린 것이다.

누구나 일이 이렇듯 의외로 진전될 것을 알았다면 왜 미리 그런 사연을 소상히 묻지 않겠는가, 이봉구 씨 역시 이리될 줄 몰랐기에 "주부가 술을 들다니!" 하면서 처음으로 그녀의 입에서 그런 말이 나왔어도 그냥 예사롭게만 들어 넘겼던 것이다.

이제 이 이야기는 나중에 더 하기로 하고 그녀의 '달병(病)'에 대해 좀더 알아보기로 하자. 달병이라면 얼른 납득이 안가는 생소한 병명이지만 퍽이나 시적(詩的)인 병이기도 하다.

오늘 종일 나의 이상스런 기분과 괴로움의 이유를 지금에야 알았다. 마당에 나가 보고…….
열나흘, 달이 차 있었다. 교교하다.
만월(滿月) 때 내게 오는 달병(Mond krankheit)
— 1964년 2월 29일의 일기에서

그녀 일기 가운데 이토록 시적으로 표현된 달병을 같은 해 가을 『세대(世代)』지에 수필로 풀이해 두고 있다. 제목은 〈가을이면 앓는 병〉이다.

가을처럼 여행에 알맞는 계절이 또 있을까? 모든 정을 다 결별하고 홀가분하게 여행을 하고 싶어지는 계절이 가을이다. 엷어진 일광과 냉랭한 공기 속을 어디라고 정한 곳 없이 떠나 버리고 싶은 생각이 하루에도 몇번씩 난다. 매일매일의 궤도에 오른 생활이 뽀얀 오후의 먼지 속에서는 유난히 염증나게 느껴진다.
여름의 생기가 다 빼앗아 가버린 나머지의 잔해처럼 몸도 마음도 피로에 사로잡히게 되고 생전반(生全般)에 대해 지긋지긋한 느낌을 갖게 된다.
이럴 때 어디로 떠났으면! 하는 생각이 간절하다. 출발을 생각하며 자기의 정해진 궤도 밖으로 튀어나갈 생각에 몸부림친다. 이 결별과 출발의 집념은 매년 가을이면 나에게 다가오는 병마(새로운 빛과 음향 속으로의)로서 그 생각 끝에 결국 '죽음'이라는 개념에 고착해 버리게 되고 마는 까닭에, 나는 몸부림치는 것이다.

긴 여행 — 돌아오지 않는 여행, 깨어남 없는 깊은 잠……. 이러한 것들이 가을이면 매번 나의 고정관념으로 되어 버린다. 여름의 모든 색채와 열기가 가고 난 뒤의 냉기와 검은 빛과 조락(凋落)은 나에게는 너무나 죽음을 갈망하는 자태로 유혹을 보내온다.

그래서 매년 가을이면 몇 주일이나 학교도 못 나가게 되고 앓아 눕게 된다. 의사는 신경의 병이라지만 나 자신은 내가 '존재에 앓고 있다'고 생각하고 싶을 만큼 절실하고 긴박하게 생(生)과 사(死)만을 집요하게 생각하고 불면불식(不眠不息)의 나날을 보내게 된다. 생과 사에 대한 생각이라기 보다는 사(死)에 대한 생각이 나를 전적으로 사로잡아 버린다.

가을은 토카이의 시 속에서처럼 저녁 노을에 박쥐가 퍼득거리는 숲을 지나서 오솔길을 한없이 걸어가다가, 길목에 있는 선술집에 들어가 '어린 포도주와 파란 호두'를 먹고 죽음 속으로 비틀거리며 들어가 버리기에 꼭 적당한 계절인 것만 같다.

괴로워하고, 모든 것에서 공허와 권태와 몰락만을 발견하게 되고, 죽음에의 항로에의 유혹을 생생하고 강렬하게 받고, 생의 의지가 거의 완전히 마비되어 버리는 몇 주일을 꼭 겪어야 하는 것이 나의 가을이다. 그래서 나는 가을을 무서워한다. 그리고 싫어한다. 이렇게 지긋지긋하게 어둡고 무겁고 괴로운 몇 주일을 올해도 얼마 전에 보내고 났다.

매일 커튼을 검게 방 둘레에 치고 어스름한 박명(薄明) 속에 누워 있었다. 아무 소리도, 말소리도 내지 못하게 집안 식구에게 이르고 커튼을 통해 들어오는 광선이 조금이라도 짙은 날에는 두꺼운 검은 색 안경을 끼고 있었다. 열흘쯤 이렇게 앓고 나니 다시 일어나서 사물을 예전과 같은 각도에서 볼 힘이 어디선지 다시 솟아났고 가을은 깊어져 있었다.

가을을 싫어하는 가을 환자 전혜린은 이처럼 '가을병'을 해마다 중증으로 앓았다. 그러다가 달이 차 오르면 다시 '달병'을 또 버릇처럼 앓았다.
이 달병 역시 가을에 심해졌다. 가을 달에서 음력 대보름까지의 달은 유난히도 밝고 강해, 그녀는 어김없이 이 달병을 앓았던 것이다. 그러나 달병은 가을병처럼 몸을 도져 눕게 할 만큼은 심하지 않았으나 심적(心的)으로는 가을병과 마찬가지였다. 겨울 출생인 전혜린은 겨울을 '자신의 계절'이라 부를 만큼 좋아해서 가을만 오면 "어서 겨울이여, 오라!"면서 쉬이 가을이 가 버릴 것을 비는 마음이 되었다. 가을병도 가고, 가을과 함께 오는 둥근 달의 달병도 가 버리는 것이 소원이기 때문이었다.
이 달병은 그녀에게만 오는 것일까? 사실은 대부분의 여인에게 모두 오는 것이 되겠지만, 감성이 너무 예민한 그녀이기에 더할지도 몰랐다.
그래서 전혜린은 가을부터 유난스레 환해지는 만월 무렵의 달밤만 되면 괜히 불안했다. 무언가 달빛에 끌려 상실되어 가는 듯한 — 어떤 불길한 예감 같은 것으로 해서 불안이 더해졌다.
이것이 그녀에게 오는 특이한 달병으로, 겨울에는 가을병이 따

달 病 269

르지 않지만, 가을병과 달병이 중복되어 버렸다.
　그러나 겨울은 그녀가 좋아하는 그녀의 계절이기 때문에 달병이 와도 어느 정도만 이상해질 뿐, 그다지 심각하지는 않았다. 겨울 밤은 가을 밤처럼 교교하지 않다. 되레 좋아하는 눈이 내리고 우수와 같은 우중충한 짙은 구름이 덮인다. 가을처럼 둥그런 만월만이 온 천지를 차지하는 그러한 달빛은 아닌 것이다.

　귀가 멍해지는 소음 속에도 완전히 정지된 내면의 시간이 있다.
　그리고 뼈 속까지 내가 혼자인 것을 느낀다.
　정말로 가을은 모든 것의 정리의 때인 것 같다.
　옷에 달린 레이스 장식을 떼듯이 생활과 마음에서 불필요한 것을 떼어 버려야겠다.
　　　　　　　　　　　　　ㅡ 1964년 9월 7일의 일기에서

　얼마나 가을이 무섭게 느껴졌으면 그러했으랴! 옷에 달린 레이스 같은 것도 다 떼어 버리고 싶다는 행형(行刑)의 계절이요, 햇빛도 싫은 잔해만의 계절이 된다.
　그래서 가을은 여름날에 잔뜩 시달린 끝의 새로운 시달림의 발가벗은 계절로서 그녀에게 달려드는 잔학(殘虐)의 상(像)에 지나지 않는 것이 된다.
　아무리 익은 곡식이며 알진 채소이며 열매를 거둬 들이는 수확의 가을이라지만, 이 계절은 나뭇잎이며 풀잎을 말려 땅으로 거둬 들이는 정리기 ㅡ 수탈(收奪)의 계절이기도 한 것이다.

그녀에게 있어 가을은 여러모로 싫다. 아무래도 맞지 않는 틀니만큼이나 싫다. 극단적으로 싫은 이 가을은 길에서 만난 S라는 아이(혜린의 표현) 만큼이나 싫었다.

전혜린은 S를 우연히 길에서 만났다고 했다. 얼마 전에 미국서 온 '아이', '걔'의 이유 없는 우월감은 머리나 화장이나 복장에서부터 과시되고 있다. 겉으로 잔뜩 치장한 걸 멋만 들어 있다.

그랬다고 멋이 날까? 어쨌든 이렇게만 꾸미고 나서 미국에서 왔다는 별다른 우월감으로 보란 듯이 뽐내고 있다. 제발 나는 이곳에 살지 않고 미국에서 살다 온 여인이니까 좀 알아서 봐 달라는 듯이…….

마음의 겸허나 정신의 알맹이도 없이, 주체성마저 잃은 듯한 그런 형용이다. 그래서 온통 치장에만 악센트를 줘서 이것을 표내기 위해 혼자서만 거만을 부리다가, 혼자서만 초조해 보이는 가냘픈 웃음거리만 같다.

이 따위 연기는 일반적으로 누가 보더라도 역겨움과 무례함과 비겁함을 수반하므로, 불과 몇 분이 안 가 그 사람됨을 노출시키기 십상이다.

전혜린은 '걔'가 자신을 못 본 것을 요행으로 알고 얼른 그 근처에서 피해 버렸다고 했다. 정말 구토증을 억제하면서 그리고 자기 자신에게서도 저런 냄새가 날까, 하고 겁을 내면서…….

전에는 순수하고 소박해 보이기까지 했던 '걔'가 저토록 속화된 것은, 완전한 속물같이 된 것은, 미국이라는 나라 때문일까, 혹은 '걔'의 나이 탓일까, 하고 생각키도 했다. 지나친 부(富)의 축적과 모든 것의 메커나이즈(Mechanize)로 이것의 노예가 돼 버린 듯한 물질 만능주의와 배금사상(拜金思想)의 팽배 ― 이로 인한 정신의 부재(不在)와 같은 풍조는 참으로 곤란한 일이다.

가장 소중한 인간성을 상실하면서 격식이나 허사(虛事)만을 앞세우는 생활은, 가난해도 정신이 살고 뜨거운 인간애가 살아 꿈틀대는 생활보다는 월등 못한 것이다.

미국을 잘못 배우고 온 '개'.

한국을 잘못 알고 우쭐대는 '개'.

정말 나이 탓이라면 좋겠다. 그랬다면 정신의 연령이 찰 때 가련한 인생은 면할 수 있을 테니까.

우리 인간은 근본적으로 동물과 다른 정신의 세계, 영혼의 세계가 있기에 물질적인 욕망이나 겉 꾸밈새라거나 위세 같은 것에 현혹당하지도 않고 눌리지도 않는다. 그러므로 허세는 부리는 쪽에서 그 정신의 고갈을 나타내는 것에 지나지 않는 것이다.

S―. 언제쯤이면 이것을 깨달을 것인가?

외국에 가서 그곳의 정신적인 속을 배우지 못하고 물질이나 거죽만 배워 온다면 차라리 그런 곳엔 안 가는 편이 낫다. 굳이 그런 것이 필요하다면 한국에 앉아서도 그대가 들고 있는 악어 가방이나 손에 끼고 있는 다이아반지, 보석으로 된 이어링, 그리고 수선을 떠는 그대 옆에서 기다리고 있는 자가용 등은 얼마든지 구입할 수가 있다.

물질에 비해 정신이란, 그렇다고 지나치게 어려운 것도 아니다.

숲이 좋으면 새들이 와서 지저귀는 것과 같고, 새가 날고 지저귈

때 숲이 더욱 어울리는 것과 같다.
 이 지상이 숲이라면 우리들은 새가 된다. 우리들의 정신이 지상의 모든 아름다운 것을 노래할 때, 위로는 하늘과 아래로는 땅과 그 사이의 우리들이 생(生)을 찬미하면서, 겸허로우면서 하나(一體)로 화합되는 것 — 이것이야말로 정신이 육체를 이끌면서 나아가는 세계가 되는 것이다.
 전혜린은 S에게서 받은 달병과 같은 정신적인 자극으로 해서, 문득 그녀가 좋아하는 린저의 『생의 한가운데』 중에서 몇 구절을 머리에 떠올렸다.

 사람은 자기 자신에 관해서 이야기해서는 안 된다. 순전한 이기주의로 보더라도 안 된다. 왜냐하면 마음을 털어 버리고 나면 우리는 보다 가난하고, 보다 고독하게 있게 되는 까닭이다. 사람은 속을 털면 털수록 그 사람과 가까워진다고 믿는 것은 환상이다.

 생전 처음으로 느꼈다. 우리가 정신 속에서 우리 자신을 구제하지 않는다면 삶이란 끔찍한 것에 불과하다고.
 나는 내 생각에 더 이상 잘 쓸 수는 없다는 것을 확신한 글이 아닌 것은 도저히 갖다 줄 수가 없다.

 당신은 정신이 어떤 것인가를 잘 아실 겁니다. 정신이 배고픔이나 더위와 마찬가지로 현실적이라는 것을……. 정신에 쫓기는 것이 얼마나 불편한 일인가를 자신의 경험에서 아실 것입니다.

나는 그게 어떤 것인지 알고 있다. 사람은 완전히 고독하게 앉아서 결코 다시는 사랑할 수 없다는 것을 느끼고, 영원히 – 다시는 한 사람과 만날 수 없으리라는 것을 아는 것이 지옥일 것이다.

싫고 그른 것은, 그리고 좋고 아름다운 것을 분명히 가리는 성격이었기에 그녀에게는 루이제 린저의 정신 판단이 매우 지성적인 것으로 보였다.

너무 과하지도 않고 그렇다고 부족됨이 없이 이 여류작가가 갖는 마음의 진폭은 양심적이고도 알뜰하여서 좋다.

"자기 자신에 관해서 이야기해서는 안된다."— 허세는 금물, 이것은 에고이스트다. 마음을 이 가운데다 털어 버리고 나면 텅 빈 것이나 매한가지다. 때문에 정신을 가득히 담고 살아야 한다. 글 가운데도 정신이 없는 글은 허세와 마찬가지로 죽은 글에 지나지 않는다.

또한 마찬가지로 정신의 배고픔이나 쫓김에 놓여서도 안 된다. 고독한 허탈 상태 – 이것은 살아도 죽은 거나 마찬가지다. 그러므로 늘 정신의 충만 상태에서 우리의 의식은 눈뜨고 출렁대야만 한다.

그렇다면 "존재에 앓고 있다"면서도 해마다 가을이면 '가을병'을 앓아야 하고 '정신적인 편향(偏向)'을 일으키는 '달병'까지 곁들여 앓아야 하는 나는 무엇인가?

아직껏 그토록이나 소망해 오던 '더 이상 잘 쓸 수 없다는 확신이 서는 훌륭한 작품' 하나라도 이룩해 놓았는가? 없다, 아무것도 없다!

그렇다면, 나의 정신은 무엇인가? 나의 의식은 무엇인가?

그래서 지금 나는 어디만큼 와 있는가? 어디서 어디를 가기 위해 얼만큼 와서 헤매고 있는가?

나는 분명히 나의 정신에 쫓기고 있는 불행한 짐꾼이다! 나만이 행간(行間)에 튕겨져 나온 하나의 오식활자다!

인생은 기나긴 회색 항로라고 회의하면서 태만을 일삼았던 짐꾼. 그 짐꾼이 생활에 쫓기듯 나는 정신에 쫓기고 있다. 또한 절대로 평범해서는 안 된다고 하면서 특출하고자 애써 왔던 그 인식의 바다마저도 지금은 키에르케고르의 말처럼 "행간에 튕겨져 나온 오식활자"로 되어져 있다.

港口는 언제나 멀다

의식의 빈곤에서 오는 정신의 공백(空白)을 수치로 생각한 전혜린. 그러길래 쉴틈 없이 철썩이는 파도처럼 인식의 바다를 헤엄치고자 했던 그녀가 닿고자 한 귀항지는 독특한 작품세계를 가진 작가라는 항구였다.

그러나 그것은 안타까운 소망일 뿐, 그녀는 늘 고달픈 세파에 시달려야만 했다. 다른 작가의 작품을 번역한다거나, 학교에서 학생들을 상대로 강의를 한다거나 하는 일 — 이것은 항시 투철한 독창성을 중시하는 그녀에게 여간 고통을 주지 않았다.

"언젠가 크게 이룰 것이다."

"지금은 작품 번역에만 매달리고 있는 것 같지만, 그게 그녀의 전부는 아니다."

이것이 그녀의 기질과 실력을 아는 사람들의 거의 일치된 이야기였다.

1950년대가 저물고 1960년대가 새롭게 열리면서 전혜린은 이 나라 문단(文壇)에 새로운 지성(知性)의 혜성으로 떠오르기 시작했다.

그녀에 대한 기대는 그녀가 뮌헨으로 떠나기 이전에도 몇 차례인가 신선하고 감각적인 그녀의 글에서, 또 독일로 떠난 다음에 틈틈이 보여 준 정취 있는 수필이며 본격적인 독일문학의 번역 소개로 해서도 많은 사람의 관심을 끌기에 족했다.

시와 페이소스와 같이 반짝이는 지성으로 어우러진 유니크한 문체(文體) — 이것은 그녀의 글을 좋아하면서 지적인 멋, 아름다운 감성을 사랑하는 많은 사람들의 그녀에 대한 중평(衆評)이기도 했다.

때문에 그녀가 풍기는 독특한 분위기마저 일종의 동경의 표적이 되었던 것이다.

자기 자신을 사회 안에서 존재케 해야 한다는 뚜렷한 존재 이유를 내세우면서 실존적인 내실(內實) 외에 밖으로도 화려한 지성을 펴 보이려 한 그녀. 그러나 그러한 그녀의 잠재된 의식은 실제로 이루어지지 않는 현실과의 괴리감에 피울음을 삼켜야 했다.

마음의 갈증은 그리도 큰데, 가 닿아야 할 항구는 아득히 멀기만 해서, 남이 모르는 무겁고도 괴로운 속앓이만 계속해야 했던 것이다.

때문에 한 순간도 쉴 수는 없었다. 잠자는 시간을 빼놓고는 항시 팽팽한 의식을 곤두세워야만 했다.

항상 무언가에 부딪혀 터질 것만 같은 팽팽한 긴장감, 터질 듯하면서도 터지지 않는 긴장감은 어찌 보면 가장 아름답고 멋진 꿈의 정신이기도 했다.

그녀에게 있어서 가시적(可視的)인 것, 손에 잡히는 현실만이 전부였다고 하면, 그녀의 살아갈 존재가치를 진작 모두 잃었을 것이다.

자유로운 정신 위에 세우는, 무한한 가치의 꿈—. 이것이 있었기에 그녀는 자신의 존재 가치를 보람 있게 느꼈고, 또 이것을 위하여 일생을 헌신하려고 작정했을 것임은 너무나 자명하다.

그녀는 이상과 꿈이 인간을 형성시킨다는 사실을 굳게 믿었으며, 또 그것이 그녀의 살아가는 신념이었다. 그렇기에 온갖 고통도 새로운 탄생을 위한 시련으로 알고 기꺼이 받아들였던 것이다.

그녀는 아직 냉혹한 사회나 쓰라린 인생살이라는 속성(俗性)의 파도에 휩쓸리기 전이었던 유년 시절이나 처녀 시절엔 오로지 찬연한 인식의 바다를 춤추며 미끄러지던 하얀 순백의 희망선이었다. 오로지 자신에 넘친 순수 희망의 결정체였었다.

하지만 그녀가 바라보고 항행해 간 항로는 너무나 멀고 험했다. 부딪혀 오는 것은 인종이나 타협을 강요하는 험한 파도였지, 순탄하게 이상향으로 실어다 주는 잔잔한 파도, 푸른 파도가 아니었다.

현실이라는 때묻은 파고(波高)에 몰려 그녀는 자신의 꿈이 너무 컸음을, 그리고 자신과 마찬가지로 타인에게도 순수한 꿈이 많다는 것을 깨닫게 되었다.

때문에 그녀는 자그마한 일에서도 우선은 만족하기로 작정을 해 본다. 번역은 둘째로 쳐 놓고 마음에 드는 책을 읽어 나간다. 벤(G. Benn)의 서간집을 읽으며 텅 빈 마음에 기쁨을 소생시켜 보려고도 했다.

또한 날카로운 의식의 휴식을 위해 음악 속에 마음을 잠재우기도 하며, 보슬비가 올 때면 우산도 없이 거리로 나가 혼자 거닐기도 했다.

"비에 젖읍시다!"

부디 '존재의 상처'를 얻지 않기를 바라는 그녀의 노력은 일상인들의 눈에는 자칫 '살짝 돈 짓거리'에 지나지 않을지도 모른다. 하지만 그녀는 이로써 안락한 행복과 평정을 누릴 수 있었다. 그녀 말마따나 독일 민요에 있다는 '햇빛에 가득 찬 하루는 행복하기에 충분하다.'였다.

이렇게 의식을 느긋하게 하여 겸허로워진 그녀의 마음은 이제 "살아 있다는 그것만으로도 나는 행복하다."고 아무 데나 대고 외쳐 보고 싶은 심정이기도 했다. 뭔가 기필코 이루고자 바둥바둥 애쓰면서 괴로워 했던 일, 기를 쓰고 의식을 곤두세웠던 일, 한순간도 놓치지 않고 팽팽한 긴장감 속에만 있으려 했던 일들이 새삼 어리석은 일들로 뉘우쳐져 왔다.

그래서 잠들기 전에도 그러한 마음의 평정을 누리며 무사히 넘긴 하루가 무한히 감사스러웠다. 하늘에 감사드리고 땅에 감사하는 마음 가운데, 내일이 또 와 준다는 것이 덤으로 얻는 행복 – 목숨인 것만 같았다.

해가 뜨는 날은 맑게 빛나거라.
구름장 흐린 날은 조용한 비로 오라.
하루 또 하루
행복은 햇빛 속에 빗 속에서도

우리에게 내려 주시는 하느님의 손길.

그럼에도 왜 우는가
터무니없이.
날이면 날마다 축복 가운데
오늘도 무사함은 행복이거늘…….

탐욕 아닌 번민일지라도
멀리 떠나 주렴—.

일회적(一回的)이라는 말, 인식(認識)이라는 말, 그리고 슬픈 아름다움이나 먼 곳에의 그리움 같은 말을 버릇처럼 들먹이는 그녀에게 사실 이 같은 행복에의 안주는 당분간의 일에 지나지 못했다.
  천성인 걸 어찌하랴. 집시의 피라도 몇 방울 섞인 듯한 보헤미안의 기질을 어찌하랴. 바하만의 시구처럼 '식탁을 털고 나부끼는 머리를 하고서 거듭 떠나고픈 방랑벽을 어찌하랴.'
  모처럼 편히 잠재워 둔 의식의 침몰은 곧장 일어서기 마련이고, 먼 항구를 향한 주지적(主知的) 예술의 항로 모색은 이래서 또 새로이 시작된다.
  그래서 별자리(星座)로 보이는가, 숙명적인 별자리 아래 항구는 개항(開港)되어, 다양한 인식의 바다가 무지개빛 비단결로 가득히 출렁대고 있는가를 자문한다. 대답은 아직도 나의 항구는 멀고, 당신의 항구도 멀다고 한다.

그렇다면 헛된 일인가, 구름잡이 항로인가. 그건 그렇지는 않다고 한다. 반문(反問)하노니, 동경과 기대 없이 살 수 있는 사람이 과연 얼마나 되느냐고 한다. 비록 그 기대와 동경이 그만 오늘 무너져 내린다 할지라도 이것들은 슬픈 아름다움으로 추억되지 않느냐고 그녀는 스스로 자문자답한다.

전혜린, 이러한 기질이기에 그녀는 항상 무슨 일이라도 새롭게 일어나게 해 달라고 새해면 새해, 아침이면 아침마다 기도드리는 마음을 가졌다.

가치로운 것을 낳지 못하는 권태는 죽음보다 더 싫고, 통속 속에 절은 현실은 아무래도 메스껍기만 해서 구토가 날 지경이었다.

그야말로 단 한 번뿐인 일회적인 생을 살면서 어떤 엄청난 일을 해내야만 했다. 무시무시하도록 그녀 자신을 압도시키면서 매혹시키는 일 — 기적 같은 일이 일어나기를 찾으며 헤매어야 하는 그녀의 숙명이다.

모험 끝에는 늘 위험이 따르고 허망이 덧붙으며, 여행 끝에는 나른한 피곤과 함께 기대가 무너져 내린다는 사실을 누구 못지 않게 잘 아는 그녀이면서도 머나먼 항구에의 항로는 쉬지 않고 자꾸만 계속해 나가야 했다.

먼 곳에의 그리움과 낯선 얼굴의 알 수 없는 언어와 행동, 사고방식, 그 분위기 가운데서 철저히 혼자이고픈 미지(未知)에의 모험심……. 그래서 얼마 안 되는 여비로 텅 빈 위장을 달래면서 거듭 느끼는 향수 가운데 거니는 이향(異鄕)의 음습한 뒷거리—.

여기서 비로소 잠들어 나올 줄 몰랐던 시는 자물쇠를 부수고 소리치며 일어서고, 소설은 줄줄이 그녀라는 문(門) 바깥을 기어나와 줄 것만 같고, 시에 젖고 철학에 잘 구워진 명가(名家)의 맛난 고전적인 요리 – 명작소설이 나와 줄 것만 같은 안타까움이다.

또한 정녕코 이러한 욕구가 충족되어지지 않을 때는 또다시 집시처럼 떠돌아야만 권태로움에서 벗어날 수 있을 것 같다.

집시로 생활한다면 그 어떤 항구라도 좋고 전혀 미지의 곳이라도 좋다.

포장마차를 타고 가서는 낯선 고장의 한 모서리에 모닥불을 지피고 노래하며 춤추면 된다. 인생을 짧게 살더라도 불꽃 같은 사랑을 하다 저물면 된다.

영혼이나 육신이나 하나의 것으로 몽땅 묶어 불사를 수 있는 생활이면 된다.

끝없이 방황하는 그녀의 마음 – 이것은 그녀가 집시의 점이 끌어당긴 별자리를 타고났기 때문인지도 모른다.

그녀의 이 숙명은 유년기에 이미 싹텄었고, 그 유년기의 초등학교 시절로부터 대학까지를 줄곧 관립학교(공립 또는 국립)만을 다녀야 했던 데서 결정적이 되었다.

매일 같은 주입식 교육에 점수따기와 석차에 매달려 책상 앞을 못 떠나는 공부벌레가 되어야만 했기에, 그러한 관료적이며 기계적인 교육에 대해 몹시 심한 반발과 염증을 느꼈던 것이다. 때문에 이러한 점수위주인 교육의 틀로부터 벗어나 자유롭고도 창의적인 학문에 대한 갈망은 더욱 커져 갔던 것이다.

하지만 그녀의 처지는 이 같은 구속으로부터 쉽사리 풀려날 수 없었다.

 부산 영도의 경기여고 가교사에서 졸업을 함과 동시에 아버지의 간곡한 권유로 가장 커트 라인이 높다는, 관료나 법관 지망생들의 선망처인 서울 법대로 진학하여 그녀는 또다시 맹렬한 주입과 암기로 꽉찬, 모래를 씹는 듯한 학문에 몰입해야만 했다.

 그녀의 생리에 정반되는 법(法)이라는 학문에서, 그녀는 억지로 당위성(當爲性)과 로마제국의 법언(法諺) 등을 익혀야만 했다.

 그녀 말대로 가장 리얼한 시스템인 정치체계 위에 세워진 학문에서 가장 공소(空疎)함을 느껴야만 했던 것이다. 하긴 법철학 같은 학문에서 궁극적인 것, 유일(唯一)의 것이 담긴 철학 정신 같은 것이 마음에 와 닿지 않은 것도 아니었으나 그녀의 속성은 그것으로 만족할 리가 없었다.

 보다 넓고 깊은 철학의 바탕 위에 서는 예술 — 이것이 그녀의 소원이었기에 먼 곳에 대한 그리움은 날이 갈수록 더해 가기만 했던 것이다. 마치 숙명처럼…….

 그래서 그녀가 가 닿으려는 항구는 언제나 멀었고, 스스로가 찌르면서 막아야 하는 모습이란 갈등은 갈수록 심각하기 마련이었다. 결국 그녀가 독일로 떠나게 된 것도 그러한 내면적 갈등을 이겨내고자 한 첫 돌파구였다고 볼 수 있다.

 이처럼 치열한 그녀의 내면적 갈구는 "더 이상 어린이가 아니라는 것은 부도덕한 일"이라고 갈파한 어느 시인의 말과 같이 유년기에서의 행복을 스스로 벗어나게 한 것이다.

 어린 시절이야말로 온갖 대상에 대한 신기함과 놀라움을 갖고 아무런 고민도 없이 호기심을 쫓아갈 수 있는 때이다. 그래서 감동에 가득 찬 인생의 한 페이지를 지루함이 없이 알록달록 장식하는 것이다.

때문에 우리들은 나이가 찬 다음에도 향수처럼 이 어린 시절의 장(章)을 가끔씩 펼쳐 보기도 하는 것이다.

이러한 유년기를 실낙원(失樂園)으로 남겨둔 채 힘난한 목표를 향해 계속 항행해야만 하는 사람들에겐 대개 견딜 수 없는 고통이 따르기 마련이다.

이 고통은 전혜린같이 감수성이 예민한 사람에겐 유난히 더하다. 고통이 더할수록, 그녀는 두고 온 실낙원을 못내 그리워한다.

유년기에 대한 동경, 고향에 대한 동경, 모든 원류(源流)에 대한 동경으로 마음앓이를 하는 것을 플라톤은 향수라 했다지만, 전혜린 역시 이 속앓이의 중증환자로서 한시도 편안함이 없는 시간의 배를 타고 항진해야만 했다.

이와 아울러 순백의 유년기에 대한 향수를 아주 소중한 것으로 지니면서, 파국이 올지라도 어린이, 곧 이데알리스트(Idealist 공상가)로 존재코자 한다.

공상주의자 또는 이상주의자로서 존재코자 하는 그녀의 이데아는 항시 이 향수 때문에 결혼 같은 것도 탐탁스레 생각지 않고 시정생활(市井生活)마저도 피하는 것이 옳다고까지 보고 있다. 그럼으로써 관념에 투철한 맑은 생활이 가능하고 혼자 있음이 실현되어 불행이 막아진다고 믿었다.

그녀의 이 같은 생각은 니체에게서 많은 영향을 받고 있다.

그의 '결혼에 관한 경구(警句)'는 그녀에게 전적으로 동감되고 있는 철리(哲理)이기도 하다.

한 사람의 아내, 한 사람의 어머니, 한 사람의 직업인으로서 평범하게 사는 것을 불안스레 여겼던 그녀. 다른 사람들이 보았을 때는 지성적인 아내이자 어머니요, 대학교수요, 문인이었으나 정작 그녀 자신은 소원했던 작품이 이뤄지지 않는 한 언제까지나 평범인에 지나지 않았던 것이다.

평범을 철저히 혐오해 왔던 그녀로선 현재의 존재는 아무것도 아닌 것으로서, 한시도 마음이 편치 않은 불안의 연속이기도 했다.

때문에 그녀는 이 반무의식 상태, 반소망(半所望)된 생활로 표현하고 있는 무풍 지대와 같은 삶에서 부디 무언가 좀 새로운 돌풍이 일어나기를 소원했던 것이다.

그녀의 향수는 이토록이나 순수에의 갈망에 있다. 유년기의 그 티 없이 맑은 순간들에 매달려 그 지극히 맑은 순백한 순간들을 다시금 맛보기 위해 길고 지루한 생을 기다리며 견딘다고도 말하고 있다.

"노을이 새빨갛게 타는 내 방의 유리창에 얼굴을 대고 운 일이 있었지요."

"부산 영도 시절의 고등학교 3학년 때로 기억돼요. 황홀하도록 그 광경이 아름다워서 울었지요."

"어쩌면 대학교 1학년 때였는지도 모르겠어요. 부산 영도의 노을이 타들었던 유리창인 것만은 확실해요. 유리창에 내 눈물이 줄줄이 흘러내리고 나니 아늑하고 따스한 기분이 됐어요."

"밤을 지새우며 공부한 다음날 새벽, 닭이 일제히 울 때면 생생한 환희와 야생적인 즐거움도 일었지요. 혀에 이끼가 돋고 손이 얼음처럼 차 있어도 내 눈은 빛났지요. 머리가 증발하는 것 같은 환희의 순간들이었죠."

"자기 자신이 신비스럽기도 했고, 길은 얼마든지 열려 있는 것처럼 가능성만 보였지요. 수수께끼와 신선한 흥미에 가득 차 있어 싫증이나 권태 같은 건 몰랐어요."

"누구에게나 그랬던 것처럼 나 역시 사는 것이 신비스럽고 재미있었어요. 공부도 그랬고 책 읽기도 마냥 즐거웠어요."

"자꾸 학년이 높아 가면서부터 신비롭고 즐거웠던 삶에 의문이 갔고 드넓던 세계도 좁아져 갔죠. 시야가 한계를 긋기 시작했다고나 할까요. 이유 없는 모순감과 고뇌가 싹텄고, 무서운 인식욕에 사로잡혀갔죠. 마치 파우스트처럼 모든 것을 다 알아 버리고 싶기만 했어요."

"정말 완벽하게 인식에 바쳐진 순간들이었어요. 이젠 이 같은 완전한 순간들이 지금의 나에겐 없어진 것 같아요. 다시금 거듭 소유하고 싶지만 어려운 일이에요."

"완전한 환희나 절망, 그 무엇이든지 잡물이 섞이지 않은 순수한 것에 의해 뒤흔들리고 싶어요. 뼛속까지요."

"지금처럼 여러 가지 제한이나 껍질에 감금당함이 없이, 내 몸과 정신을 옛날과 마찬가지로 무한 가운데 내던지고 싶기만 해요."

"그럼으로써 여태까지 그냥 주어지기만 했었던 생을 앞으로는 의식적으로 형성하고 싶어요."

"내 운명에 능동적으로 작용을 가하고, 보다 체계화에 힘쓰고 말이에요. 그래서 무의식에서 의식으로, 피동에서 능동의 세계로 들어가서 더욱 열렬히 일과 사람과 세계를 사랑하고 싶어요."

"밀폐된 내면에서의 자기 수련이 아니라 사회와 현실 속에서 지난날 내가 가졌던 인식애(認識愛)와 순수와 정열을 빛내고 싶어요."

『생의 한가운데』에 나오는 여주인공 니나의 실질적 동사(動辭)가 그녀의 유년기와 소녀기, 그리고 그 다음 처녀기를 지난 다음의 순수 가운데서도 나타나고 있다. 껍질이라는 제한과 형식에서부터 바깥으로 탈피해 나와 의식적인 구도(構圖)를 짜고 능동적으로 활동하고픈 마음 — 이것은 니나의 것이기도 하다. 또한 실제로 니나의 동사(動辭)는 이렇게 실현되기도 했다.

그렇다면 전혜린, 그녀의 삶은 니나에 못 미친 삶이었던가?

어떤 뜻으로든 그렇지는 않다. 다만 그녀는 일찍이 요절했기에 니나처럼 장편소설을 못 썼을 따름이다.

기어코 훌륭한 장편 하나를 쓰겠다던 그녀. 향수라 해도 좋고, 흔히 쓰는 말로 귀소의식이라 해도 좋은 그녀의 이 욕망은 끝내 영원한 숙제로 남아 버렸다. 좌절돼 버렸다고 말할지 모르나, 저 멀리 둔 항구라고 말하기로 하자.

전혜린은 갔어도, 그녀의 마음의 초상과 너무나 닮은 니나는 이렇게 동행하고 있다.

남자, 연애 – 이런 것은 나에게 있어서 중요하지 않다고 니나는 종종 말하고 있고, 나는 통과의 기분을 느낀다고도 말하고 있다. 결국 자기를 넘은 곳으로 자기를 내던지려는 시도의 세계 속에, 자기를 참가시키려는 숭고한 의도 없이는 마침내 우리 생은 아무것도 아니라는 것을 L. 린저는 말하고 있는 것 같다.

남자뿐 아니라 여자라 할지라도 그러한 투기 없이는 결코 행복이란 있을 수 없다는 것, 무엇보다도 결혼이라는 신기루에 속지 말라는 것, 결혼 속에 도망가더라도 결국 계산서는 뒤늦게라도 오고야 만다는 것, 오늘도 내일같이 내일도 오늘같이 아무런 위대함에의 가능성도 없이, 순수한 환희나 순수한 절망도 없이, 싸구려 혼합물로 스스로를 기만하는 것은 자살 행위를 조금 연장한 것이고 사실에 있어서는 벌써 죽어 있는 것임을 그녀는 말해주고 있다.

〔중략〕

죽도록 절망해서 영국으로 떠나간 니나의 편지에는 영국인 노부부의 집안일을 돌봐 주면서 자유시간이 되면 번역일을 하고 밤에는 장편소설을 쓰고 있다는 명랑한 소식이었다. 아무리 절망해도 작업(일)이 있는 사람은 '고통 속의 무풍지대'를 지니고 있고 고정관념처럼 광적으로 열중할 때 행복할 수 있음을 말하고 있다.

이처럼 니나는 살아 있다. 죽음이나 다름없는 절망을 넘어 순수한 환희를 향한 작업에 열중해 있다.

전혜린 역시 서른 살로 생을 종지부 찍지 않았다면 찬란한 항구를 크게 개항(開港)시키고 있을 것임이 분명하다. 나아가 다른 항구의 개항을 위해 니나처럼 긴 장편(長篇)에의 항로를 다시 떠나가고 있을 것이다.

存在의 상처

말은 짧아도 의미는 심장(深長)해야 한다. 긴 말을 요설처럼 늘어놓아도 그 뜻이 깊지 못하다면 차라리 말을 안함만 못하다. 반대로 말은 간략하게 해도 그 뜻이 깊은 '언단의장(言短意長)'은 오랜 세월이 가도 길이 남는다.

전혜린의 존재가 바로 이것이다. 그녀는 단장(斷章)을 합친 수필과 문학평론을 모두 합쳐도 채 50편도 못되는 작품을 남겼다. 그밖에 번역작품이 10편—.

그러나 그녀가 남긴 이 모든 작품들은 '언단의장' 의 것이다.

양보다 질이 월등 우선해 있는, 적은 말수에 의미심장한 뜻을 숨긴 보물들이다.

이것은 마치 그녀가 너무도 짧은 생을 살았으면서도 길이 살아있음과 마찬가지다.

예로부터 인생을 어떻게 살았느냐가 인생을 얼마나 오래 살았느냐보다 더욱 중시되기도 한다. 아무리 오래 살았어도 가치로운 남김이 없을 때는 한낱 부평초같이 떠돌며 살다 간 평범한 삶에 지나지 않는다.

여기 비해서 가치로운 것을 남기면서 더욱 가치로운 것을 향해 괴로운 가시밭길을 피 흘리며 아프게 살다가 떠난 생은 그 생이 비록 아무리 짧았더라도 결코 평범치 않은 존재로 영원히 남게 되는 것이다.

이제 우리에게 전설로 존재하는 전혜린—. 그녀가 어찌하여 우리에게 전설적 존재로 전해지고 있는지 다시 한 번 그녀의 행적을 추적하여 살펴보자.

전혜린은 1934년(갑술년) 1월 1일(일요일) 평안남도 순천(順川)에서 유복한 가정의 맏딸로 출생했다. 그녀는 초등학교 시절을 서울과 신의주에서 보냈고, 1946년 경기여중에 입학, 이어서 경기여고 시절까지를 서울과 부산에서 보냈다.

그녀가 경기여고를 졸업, 서울 법대에 입학한 것은 아버지의 뜻에 따른 것 - 그러나 그녀의 마음 속엔 여중고 시절부터 대학에 이르기까지의 한결 같은 관료적인 교육, 말하자면 법관이나 관료가 되는 것을 목적으로 한 객관적 주입식의 교육은 늘상 불만이었다. 마음에 맞지 않았다. 그녀에게 갈망되는 것은 그녀 천성에 맞는 문학이나 철학과 같은 자유로운 사상과 심오한 사고의 깊이가 있는 학문이었다.

때문에 그녀는 자신의 존재 인식을 새롭게 하는 독문학의 수업을 위해 독일의 뮌헨 대학으로 떠났고, 여기서 만 4년간의 수업을 일단 마친 뒤에야 비로소 귀국하게 된다.

한없이 다감하면서도 그 의지는 지개(志槪) 굳센 남성에 비해 조금도 뒤지지 않게 활활 타오르는 불꽃이었던 그녀. 그래서 날카로운 예지의 빛을 발했던 지성녀 혜린.

뮌헨 대학 재학중 T씨와 결혼, 3년이 다 되어 25세 때 첫 아기 김정화(金貞和) 양을 낳자 곧 귀국해서 그녀 나이 27세 때엔 여성을 거부하던 서울 법대의 완고한 전통을 깨고 그 강단에 나섰던 전혜린. 이와 아울러 성균관대학교와 이화여자대학교에서 독일 문학을 강의했던 그녀.

이어서 1964년, 성균관대학교에서 조교수로 승진됨으로써 비교적 교수로서의 지위가 안정되기까지 5년 동안의 강의생활 가운데 불꽃 같은 언의의 필치로 잠시도 쉬지 않았던 문학 예술에의 길.

독일에서는 일요일에 출생한 사람을 행운아라 한다지만 한국에서 태어난 사람이었기에 그랬을까. 1934년 첫 일요일이었던 11월 1일에 태어난 그녀는 1965년의 두 번째 일요일이 되는 1월 10일 아침, 만 30년을 채우고 1 주일 만인 같은 일요일에 모든 사랑하는 이웃을 두고 존재의 상처를 깊이 앓으면서 이 세상에서 가장 먼 여로에 올랐다. 전혜린의 무덤은 경기도 안양시의 조남리(鳥南里) 선산—.

그녀는 불꽃처럼 짧게 살고 갔으나 그녀의 지성과 감성이 다스린 언어와 고독과 사랑과 기구(祈求)는 우리의 전설이 되어 남아 있다.

전혜린의 생시에 가장 사랑했던 그녀의 바로 아랫동생 전채린(田彩麟) 씨는 언니 전혜린의 한 생(一生)을 요약해서 다음과 같이 말했다.

끈기와 탄력과 집중력과 결단성을 갖고 언니는 생(生)을 긍정했다. 생의 완벽성을 구했다. 고집에 가까울 만큼 열심히 살았다. 매 순간마다에 포함되어 있는 가장 강렬한 것, 또는 그 어떤 짙은 것을 끄집어내려 했다. 힘으로, 위험으로, 혹은 욕망이라는 방법으로 생의 아주 작은 한 조각도 자기에게서 새어나가지 못하게 했다. 이렇게 쟁취된 매순간을 지속시키려고 애썼다. 또한 언니의 생은 자기의 모든 것(지식과 정열과 사랑)을 모든 이에게 쏟아 부은 일생이며, 꿈과 기쁨과 괴로움이 터질 듯이 팽팽하게 찬 일생이었다. 자기의 생을 완전히 자유롭게 살려고 노력했다. 언니의 생은 자유로우려는 정신과 현실세계와의 투쟁과정이었다.

한마디로 언니가 살아간 길은 창조적인 땀에 젖은 걸음걸이였다.

이것은 언니에게 생의 승리를 가져다 주었다. 자유에의 승리인지도 모른다. 언니는 완전한 하나의 세계를 구축했다. 언니의 세계는 비전을 볼 줄 아는, 꿰뚫는 강한 직관력으로 신비한 자연현상이나 생명현상에 통해 있는 것 같았다. 그리하여 언니의 충만한 알맹이로는 더 이상 이 세상 안에 설 수 없어 이 세상 밖에서 살아가는 시간이 많았던 것 같다.

이렇게 형성된 세계였기 때문에 아무도 언니를 이해하지 못했는지 모른다. 나도 그 몰이해자 중의 하나이다. 허슬리가 사상을 말했던 글의 일구(一句)처럼 나도 말할 수 있으리라. "마지막 2년 동안의 언니는 이를테면 한 개의 불꽃이었다. 기적과 같은 불꽃이었다." [후략]

전채린 씨의 이 글에서 보듯 그녀의 언니 전혜린은 생을 긍정하면서 팽팽한 순간순간을 정신의 충만으로 채워 나갔다. 속물적이고 물질적인 현실세계와는 아예 담을 쌓은 채 정신과 예술의 세계에서 불타던 하나의 불꽃이었다. 그래서 타인들의 몰이해도 아랑곳 않고 창조적인 땀에 절은 고독에의 길 — 존재의 상처뿐인 걸음을 걸었던 것이다.

그 예로써 우선 매끈하고 현실적인 도시 서울만 해도 그녀에겐 마음이 닿지 않는 현실세계였다. 정신적인 깊이와 예술적인 향기는 저만치 밀어 팽개치고 능률과 생산성과 수익성을 향해 행동과학파 인간들만이 경합해 가는 대도시로 느껴졌기 때문이었다.

이것은 루이제 린저의 작품 『생의 한가운데』의 주인공 니나가 자기의 생을 완전히 자유롭게 살려고 한 의지와도 통하고 있다.

생을 한없이 긍정한다. 생을 긍정하는 이유는 가장 자유롭고 행복하고자 하는 정신의 순수성에 있다 — 그렇게 부르짖으면서 이 정신의 순수성을 잃든가 지키지 못하고서 혼탁한 현실세계와 완전히 합일되어 버리고 만다면 그것은 더러운 자기 기만이다. 살아 숨을 쉬고 있더라도 이미 죽은 것이나 다름없는……

그래서 자유로우려는 정신으로 충일해 있는 전혜린은 고향이나 다름없는 서울을 매끄러운 껍질뿐인 양파같이 생각한다. 벗겨도 벗겨도 제 속(內心)을 내놓지 않는—.

솔직하고 분명하며 결단성이 빠른 그녀에게 이 같은 현상(현실)은 질색이다. 때문에 스스로를 일컬어서 흙을 밟지 않고 자란 도시 아이 — 아스팔트 킨트라 표현하면서 고향을 잃은 고향 없는 아이라고 말하고 있다.

서울에서 자랐으면서도 초등학교 때 옮겨 살았던 신의주와 피난 가서 살았던 부산을 더욱 좋아한 그녀.

아무래도 이 두 도시는 서울보다야 덜 빡빡하고 덜 닳은 탓이다. 순수한 것과 낭만적인 것이 남아 있었고, 자유롭고자 하는 바람도 시원스레 불던 곳.

그녀가 신의주를 좋아한 것은 규격화된 매끄러움 때문이 아니라, 흐르는 압록강과 압록강의 기슭을 타고 갈대가 무성한 지류(支流) 쪽의 묘한 분위기(예술적?)를 풍기는 중국인촌 때문이었다.

그렇기에 그녀는 나중에 이미륵 씨의 『압록강은 흐른다』를 번역하게 됐고 뮌헨 시의 슈바빙 거리의 독특한 예술적 분위기를 사랑하게 됐는지도 모른다. 왜냐하면 어릴 때의 강렬한 감수성이 받은 인상은 커서도 종내 잊혀지지 않는 뜨거운 고향 같은 것이므로—.

이 중국인촌은 오두막집들로서 강변의 갈대숲을 따라 마을을 이루었는데, 키 큰 포플러 나무도 군데군데 서 있었다.

어린 전혜린은 학교 공부가 끝나면 언제나 이곳에 와서 포플러 그늘에서 사탕수수를 씹으며 공상에 잠겼었다. 감수성이 예민한 이 소녀에게 특이한 억양의 중국말이 귀청에 젖어드는 것도 어떤 공상의 나래가 되기에 충분하였다.

이와 더불어 그녀를 지나칠 만큼 아끼고 사랑하는 그녀 아버지 역시 이 소녀의 공상의 꿈을 키워주고 신의주를 영영토록 못 잊게 만드는 데 큰 몫을 했다.

지식을 높이 평가하는 이상주의자인 아버지는 언제나 나를 자랑스럽게 여기시고 귀여워해 주셨다. 아버지는 장녀인 나를 학교에도 종종 데려다주었고, 이발소에도 꼭 아버지가 데리고 가서 머리를 자르는 것을 지켜보셨다. 백러시아계(系)의 양복점에서 마치 소공녀나 입을 것 같은 흰 레이스 원피스를 사준 것도 아버지였다.

뿐만 아니라 3~4세 때부터 한글 책과 일본어 책을 모두 읽도록 손수 가르쳐 주신 아버지는 내가 공부 이외의 딴 일을 하는 것을 허락 안 하셨다. 그래서 어머니도 아버지가 계실 때는 심부름 한번 못 시켰다. 손에 물 한 방울 안 튀기고 내 방에서 공부만 하는 것, 아버지가 한없이 아낌없이 사다 주는 책을 읽는 것이 내 생활의 전부였다. 이 유년기의 습관성은 중·고·대학생 시절을 통해 죽 견지되었다. 내 한마디는 아버지에게는 지상명령이었고, 나는 또 젊고 아름다웠던 ― 남들이 천재라 불렀던 아버지를, 그리고 나를 무제한하게 사랑하고 나의 모든 것을 무조건 다 옹호한 아버지를 신(神)처럼 숭배했다. 그러므로 나는 응석받이 어린애였다. 나에 대한 편견 때문에 어머니와 아버지가 자주 말다툼한 것을 보아도 그것을 알 수 있다.

물질, 인간, 육체에 대한 경시와 정신, 관념, 지식에 대한 광적인 숭배. 그리고 내 내부에서의 그 두 세계의 완전한 분리는 그러니까 거의 영아기(嬰兒期)부터 내 속에서 싹트고 지금까지 나에게 붙어 있는 병인 것이다. 이런 아버지께선 가끔 나를 데리고 부둣가로도 나가 주셨다. 내 눈에는 바다보다도 더 넓게 보였던 압록강이 녹색으로 흐르는 것을 바로 눈앞에 볼 수 있는 곳엔 백러시아인이 경영하는 다방이 많았다. 벽돌 페치카가 놓인 다방에서는 축음기를 틀고 금발이 허리까지 오는 러시아 처녀가 음악에 따라서 노래하고 있었다. 스텐카라진 같은 러시아 민요였던 것 같다. 그곳에서 나는 아이스크림을 먹었다.

어떤 날 나는 부둣가에서 뗏목이 떠내려오는 것을 본 일도 있었다. 집

채보다 큰 뗏목에는 여러 명의 남자들이 타고 있었고, 모두 검붉게 탄 건장한 체구들이었고 큰 소리로 노래를 부르고 있었다. 나는 뗏목이 안 보이게 될 때까지 부둣가의 콘크리트 바닥에 앉아서 바라보고 있었다. 무언지 전신이 뒤흔들리는 듯한 감동이 내 어린 마음을 찔렀다. 먼 곳에 대한 그리움, 어디론지 멀리멀리 미지의 곳으로 가고 싶은 충동은 그때부터 내 마음 속에 싹튼 것 같다. 그때부터 내 눈은 실향병(失鄕病)의 눈, 슬픈 눈으로 된 것 같다. 어쩌면 내 천성에 유랑민족 집시의 피가 한 방울 섞여 있는지도 모르고, 그것이 이국적(異國的) 도시에서 보낸 유년기로 인해 눈뜨게 된 것인지도 모른다.

어릴 때부터 이 같은 낭만에의 분위기, 한없는 상상의 공간을 두고 마음껏 자유롭게 날고자 했던 그녀.

때문에 그녀의 생리는 막힌 곳에서 뚫린 곳으로 치닫는 개방성을 지향했고, 딱딱한 규범이나 개념보다는 인식 위에 펼치는 제2의 창조 — 다의성(多義性)이 있는 예술성을 지향했다. 그러므로 그녀는 어릴 때의 신의주 중국인촌과, 바다로 통하는 압록강의 부두와, 좀더 커서의 부산 영도(影圖)의 가교사(假校舍)에서 늘상 바라보던 탁 트인 바다를 못내 그리워했다.

소위 사물(事物)을 감지(感知)하여 여기에 대한 의의를 분별 판단하는 마음의 작용이 되는 '인식'을 학문이나 예술, 나아가 생(生)의 양식(良識)으로 삼는 그녀에겐 타율에 따라 움직여야 했던 관립학교(官立學校)의 교육방식이 마음에 들지 않았음은 당연했다.

이런 그녀의 생리는 대학생이 된 뒤에도 더욱 확고해져 그 일생을 남에게 매달리지 않고 사는 독신생활을 은근히 바라기도 했다. 그러므로써 자유로운 삶 가운데 평생을 인식에 바치고자 했던 것이다.

이 바람은 소원이라기보다는 결심이기도 했다. 그러나 그녀 말마따나 운명이란 수레바퀴는 전혀 자신의 뜻과는 달리 예측조차 못했던 방향으로 그녀를 실어 갔다. 여기서 존재는 상처를 입기 마련이다. 인식에의 주관이 뚜렷했던 사람일수록 이러한 존재 상처의 깊이는 커서 그것이 아물 수 없게 되기도 한다.

이것이 바로 전혜린의 비극이었다. 일생을 인식에 바치면서 자유로운 생을 누리고자 했던 그녀 의식과는 달리 생의 바탕(장소)이 되는 세상은 곧바로 타율이 되어서 자율을 옭아 맸다.

그래서 자신이 생을 형성시켜 가는 것이 아니라 삶이라는 그 현실 자체가 자아라는 인생을 옭아 매서 예상치 못한 곳으로 운반시켜 놓은 경우가 너무나 허다한 것이다.

앞뒤가 뒤바뀐 주체와 객체 또는 주관과 객관이 전위(前衛)되기 일쑤인 이러한 생의 카오스는 조그마한 우연한 일에서도 얼마든지 일어나고 있다. 그녀에게 있어 자유로운 인식이란 번역문학이나 자신의 지나간 날을 회고하고 있는 따위의 그러한 문학은 결단코 아니었던 것이다.

번역문학으로서 훌륭했고, 신변잡기처럼 보일 수도 있었으나 수필도 차원 높았던 글이다. 그밖에 문학작품을 철학적인 차원에서 평가했던 평문(評文)들이 있었긴 하지만 그녀에게 이러한 모든 것은 항시 부족한 현실에 불과했었다.

　그녀는 이 점에 대해 너무나 잘 알고 있었다. 그랬기에 더욱 고통스러워했고 존재의 상처에 대해 깊이 울어야만 했다. 결코 이것이 아니었는데! 하고……

　인식에 투철한 그녀였기에 대공(大空)을 날려던 대붕(大鵬)이 날개를 찢기운 것과 다름없는 그 상처 — 그녀 자신만이 아는 존재의 상처에 대한 깊은 울음은 날이 갈수록 초조와 번민을 더해, 스리나 또는 세코날과 같은 신경안정제를 복용하도록 만들었다. 나중에는 이것이 습관화돼서 용량(容量)을 더해 수면제로서 사용해야만 하기도 했다.

　왜 그랬을까. 너무나 괴로웠기 때문이다. 자신의 의식이 너무 날카롭게, 너무 빈틈없이 우거진 숲의 총림(叢林)마냥 눈뜨고 있으면서 그녀 의지를 계속 몰아붙일 때, 주어진 현실 또는 운명은 이와 정반(正反)으로 나가고 있는 갈등 가운데서 잠시나마 곤두서는 의식을 의식으로 잠재워야 했던 것이다.

　그녀 정신의 자유로움, 그리고 인식에의 출발들은 모두 그녀 의지(意志)의 소산(所産)이기도 했다. 이 의지는 불꽃 같은 페이소스(Pathos)를 바탕으로 해서 참된 가치의 인식과 플라톤이 말하는 에로스(eros)를 합일시킴으로써 번민과 고독에서 풀려나려 했다.

　소박한 영혼의 상실, 순수한 사랑의 상실과 변형된 사랑의 작희(作戲), 아름답고 빛나는 지성의 매몰과 교지(狡智)의 범람, 또 이에 따른 가치관의 탈바꿈 등은 유리알처럼 맑은 세상의 실현을 불가능케 하는 비순수의 혼효(混淆)다.

그녀는 이런 모순된 상황 가운데서도 끊임없이 갈구하고 모색해 갔다. 맑고 예지로운 인식에서의 창조를 위해······.

이를 위한 전혜린의 노력은 눈물겨울 정도였다. 끝없는 학문의 깊이가 없는 인식의 새로움을 향해 맹렬히 집착하여 어릴 때부터 죽을 때까지 쉼없는 이음(持續)을 교직(交織)시키려 한 그녀.

이 '이음의 교직'을 빛나는 것으로 지속시키기 위해 그녀는 스스로를 '방대한 정독(精讀)' 앞에 묶고 '의식의 내부에 파고드는 작품' 앞에 묶어 두었다.

자율적인, 무섭도록 철저히 자율적인 그녀의 이 '묶임'은 순수한 '정신적인 자유로움'을 획득하기 위한 참된 수단 방법이 되고 있다. 다시 말해서 묶임 뒤에 얻는 향기 높은 '자유의 값어치'를 찾아 갖고자 애쓰고 또 애쓴 일생의 연속이 되었던 것이다.

1961년 1월 4일자에 적힌 그녀 일기 속의 탐구심은 다음처럼 거듭 묶이고자 애쓰고 있다.

요새 마음에서부터 읽을 책이라고는 볼로프의 『실존철학(實存哲學 : Existenz Philosophie)』, 모리악(Mauriac)의 『밤의 끝(Das Endeder Nacht)』 정도이고, 지금 읽고 있는 것이 린저의 『생의 한가운데』다.

가끔 싫증나게 헝클리고 얽힌, 그러나 생생하고 고상한 좋은 소설이다. 특히 여자에게는 소위 여성 취향 소설이 아닌 것만 해도 몹시 다행스러운······. 산다는 것이 기다림이라는 것을 더욱더 느낀다. 매일 눈을 뜨면 하루를 기다리게 된다. 무엇이 꼭 일어날 것만 같고, 기적같이 눈이 환희 뜨이는 정오(正午)가 올 것만 같고, 마술의 지팡이로 나의 일상생활이 전혀 다른 맛 – 좀더 긴장된 풍요하고 충일한, 가득하고 뒤끓는 맛 – 을 갖게 되는 것을 매일 아침 기다리고 있다. 꼭 무슨 일이 있을 것만 같고 무엇이 일어날 것만 같다. 아무 일도 안 일어날 줄은 미리부터 잘 알고 있었으면서도 말이다. 지난 일 년을 문득 회상해 본다. 새로운 체험(학교, 희곡 사연 등)도 많았고 전체적으로 보아서 모든 일이 거의 뜻대로 되고 순조로왔던 순풍의 해였다. 사소한 신병이나 불쾌사는 종종 있었으나 큰 불행이나 새로운 절망은 없었던 해였다. 신에게 감사해야 한다. 문득 총괄해서 회고해 보니, 신과 또 여러 스승님이나 부모님께 감사를 드리고 있음을 발견했다. 이것은 나의 일상생활, 즉 존재의 면에서 본 개관이고, 나의 의식의 면으로 볼 때는 1960년은 하나의 침체기였다고 보지 않을 수 없다. 안이하게, 순(順)하게 흘러가는 나날과 한국적인 사회제도에 휩쓸려서 강렬한 노력이 없었던, 정신의 게으름의 한 해였다. 말하자면 여태까지 배우고 사색한 것들을 토대로 그걸 소매상인같이 조금씩 털어서 판 한 해였다. 곧 독 밑이 보일 지경이다.

1961년이야말로 여러 가지 의미로 중대한 해일 것 같다. 존재와 의식 양면에 걸친 격심한 변동 내지 모색, 질풍노도가 있을 것이 미리 예측되는 해다. 우리의 본질이 위험 속에 – 극한에까지 과감하게 시도해 보는 과감성 속에 있는 것임을 생각할 때, 올해는 어떤 의미로는 실존철학적인 생활 분위기에서 살아야 할 충실한 해일 수 있는 것 같다. 아무리 괴로워도 견뎌야 한다. 자살은 현실도피의 손쉬운 방법, 누구나의 길이라는 것을 잊지 말고 또 엘리자를 어머니 없는 아이로 해서는 안 되는 까닭에 아무리 쓰라리게 아픈 일이 있어도 나의 목숨만은 유지해야겠다. 어떤 면으로 보든지 1961년은 위험한 맛, 새 맛, 괴로울 것 같은 예감에 넘친 특수한 해다. 할 수 없다. 시작한 것이니까 계속할 수밖에……. 나의 삶을, 단 한 번인 현존재(現存在)를.

갖고 싶은 책. 첫째 「릴케와 루의 교환 서간집」, 둘째 기타 릴케의 「일기」와 「서간집」, 셋째 릴케의 「비가」, 넷째 「오르페에게 부치는 소네트」, 다섯째 카프카의 「일기」와 「서간집」, 여섯째 루의 「생(生)의 회고」, 일곱째 「세자르 파베세」의 일기 — 갖고 싶다! 읽고 싶다!

미치게 소설의 형식으로서 나는 모리악의 그것이 몹시 좋다. 그런 형식으로 우리의 의식의 내부에 파고드는 소설이 제일 쓰고 싶다. 카프카의 형식이 훨씬 상위에 있고 또 현대적이라는 건 알지만……. 모리악의 「테레즈(Therese)」의 형식, 또 스토리의 구성은 정말로 일회적(一回的)이다. 아이힝거(Aichinger)의 「결박된 남자」를 겨우 읽었다. 소름끼치는 수법과 관념이다. 아주 잘 짜여서 사실적(寫實的)으로 느껴지는 가공(架空)의 이야기 — 무서웠다. 너무나 실감이 강해서…….

그날의 일기를 모두 옮겨 좀 장황스러운 점은 없지 않으나 우리는 여기서 그녀가 책 앞에 거듭 묶이고자 하고, 인식에의 빛나는 출발을 위해 모리악의 소설과 같은 의식의 내부에 파고드는 소설 집필 앞에 묶이고자 하고 있다. 그럼으로써 상처 없는 존재의 자유를 갖고자 애쓰고 있다.

언제나 관념적인 것으로부터 일단 탈피해서 자유로운 인식의 세계에 있고자 한 그녀는 생활의 방편이 되고 있던 대학 강사 또는 교수직의 테두리마저도 지식의 소매상인 같이 느껴져서, 도가니

밑바닥이 안보이게끔 하는 학자적 양심의 깊이로까지 자신을 묶고자 애쓴다.
　스스로가 스스로를 반성시키고 회고시키면서 예감 앞에 무릎 꿇고서 새 결심을 다짐하는, 존재의 상처 없는 실존철학적 생활 분위기, 이러한 분위기는 그녀의 일기 군데군데에서 드러나고 있다.

　긴 소설(또는 짧더라도 소설)을 쓰고 싶다. 올해 안에 꼭 한 개는 써 보겠다. 희곡이라도 또는 방송극……

　같은 해의 12월 3일자 일기의 말미에 있는 글이다.
　평범하지 않으면서 빛나는 존재이고자 한 그녀로선 당연한 욕망이 된다. 그러나 그녀는 긴 소설은커녕 아직 짧은 소설 하나도 못 이루고 있다. 그녀로서는 스스로 부끄럽고 스스로 괴로운 존재의 상처뿐인 생활에 지나지 않는다. 유리알같이 맑은 순수의 순간순간의 지속은 이뤄지지 않고 있다.
　전혜린의 고독은 이래서도 더욱 심각하다. 술을 왜 마시는가. 그런 밤에도 왜 수면제를 먹어야만 했던가?
　이 물음에 대한 대답을 결코 존재의 상처를 잊기 위한 달램의 술은 아니었다. 이루지 못한 것을 두고 번민하는 의식의 연속이었다.
　그렇기 때문에 친구를 찾고 술잔도 찾았다. 하지만 마음에서 찾는 것을 다 이룰 수는 없다. 독창(獨創)이 빚는 작품은 손에 쥐어지지 않고 있다. 오늘도 원고지에 쓰고 있었던 것은 의지와는 달리 － 혹은 꼭 하고 싶었던 작품도 있었지만 － 번역작품의 연속이다. 내

일도 어쩜 계속될지도 모른다. 그렇다면? 이것은 전혀 달가운 것이 못된다. 지긋지긋하도록 싫증이 나는 생활이라는 속박에의 끈이다. 타의(他意)가 묶는 타율(他律)이다. 스스로 묶이고자 한 묶임은 아닌 것이다.

때문에 그녀는 더욱 괴롭고 너무 외롭다. 마음에 당기지 않는 일 가운데 몹시 피로한 나날의 연속이다. 이럴 때면 미국으로 떠나 버린 〈회색 노트〉의 주혜가 미치도록 생각난다. 유일무이한 그리운 벗이다. 그녀와 함께 탁 트인 자유로운 물결의 부산 바다를 바라보며 무섭도록 활기에 차서 인식과 작가(作家)에의 항로를 그렸었다.

그럼에도 지금의 그녀는 어떠한 처지인가. 존재의 상처만 깊고 고달프다. 주혜라도 있으면 그녀에게 가서 실컷 기대어 울고 싶어진다. 실컷 울고 나서 새로운 용기를 다시금 찾고 싶어진다.

실로 전혜린은 고독했다. 이 고독은 평범하지 않으려고 한 그녀 의식이 낳은 생채기진 마음의 고달픈 고독이다. 오로지 존재의 상처다.

그래서 그녀는 생후 한 번도 위안자를 못 가졌다고 독백하고 있기도 하다. 어머니가 무엇인지도 모르고 자랐다고 푸념하기도 한다.

이 사실은 확실히 그녀의 비극이 되고 있다. 훌륭한 부모님의 그늘 아래 자랐으면서도, 이 같은 말(비록 독백이지만)을 하는 그녀의 안타까움은 오죽한 것이랴.

정말 따지고 보면 그녀는 부모의 슬하라기 보단 아버지만의 슬하에서 자란 듯하다. 겨우 서너 살 때부터 아버지가 바랬던 이끌림

대로 글을 깨우치고 공부를 했고, 이어서 아버지의 틀(型)과 매한가지의 관립학교라는 틀에 담겨져 왔다. 그러다가 대학 3학년 때에야 그녀의 소원대로 인식의 바다로 처음으로 나섰던 것이다.

하지만 그럼에도 처음부터 뜻했던 그 길은 자꾸 옆으로 벗어나고 있다.

그녀는 외친다.
다르게 살고 싶다!
좀더 숨쉬면서!
좀더 나와 가깝게!

꿈꾸는 갈매기 姉妹

 사람이 한 세상을 살아가면서 항상 긴장 상태로 있을 수만은 없다. 때로는 정신의 긴장을 풀고 한동안 평온한 마음을 가질 필요도 있다.
 이것은 스트레스를 푸는 일도 되고 다음 일을 위한 활력의 재장전(再裝塡)이 되기도 한다.
 멍청해진다는 것 — 이것은 우스꽝스럽고 처량하게 보이기도 한다. 그러나 항상 멍청하다면 몰라도 어쩌다 일어나는 건망증과도 같은 간헐적인 것이라면 정신의 건강을 위해 권할 만한 것이다. 더구나 고도의 정신노동을 요하는 지성인에게는—.
 그럼에도 전혜린은 그렇지 못했다. 멍청하다는 그 자체가 용납되지도 않았고 그럴 수도 없었다. 차라리 멍청하다는 그 자체를 몰랐다고 하겠다. 때문에 가혹하도록 자신을 혹사시켰다. 그래서 자괴(自愧)와 자책 가운데 한시도 쉬는 날이 없었다. 책을 읽거나 영화를 보면서도, 그리고 음악을 들으면서도 늘 깨인 의식의 고삐를 늦추지 않았었다.
 심지어는 잠을 자면서도 깨어 있고자 했기에 고작 한두 시간 자고나선 이내 깨곤 했다. 그래서 잠을 청하기 위해선 밤중에 또 책을 읽어야 하고 글을 써야 했다. 수면제도 거듭 먹어야 했다.

그러므로 멍청하다는 말은 그녀에겐 거리가 멀 수밖에 없었다.

만일 그녀에게 필요에 의해서라도 멍청해질 수 있는 요법이 주어졌더라면 그녀는 아직도 우리와 더불어 살면서 그녀의 이상향인 항구에 닿았을 것이다. 완성된 작품이라는 항구에서 아름답고 웅대한 뱃고동을 계속 울려 가면서 다음 출항을 위해 우선은 멍청해진 상태의 일시적인 휴식을 취하고 있을 것이다.

그러나 불행하게도 전혜린에게는 한시라도 마음놓고 취하는 스트레스 해소법 같은 것이 거의 없었다. 다만 이러한 것이 있었다면 신의주의 압록강변에 나가 즐겼던 유년 시절과 부산에서 아직 서울로 되돌아오기 이전까지의 피난 시절이 되겠다.

그 다음으로 마음을 풀었던 곳은 뮌헨에 있었을 때, 슈바빙 지역과 맥주집 '제에로오제'와 쓸쓸한 영국 공원, 레오폴드 가(街)의 유리 동물원 가게와 싸구려 3류 영화관인 영화연구소, 그리고 그 거리의 안개와 레몬빛 가스등 정도……. 좀더 특별한 나들이가 있었다면 비엔나와 도나우 강, 남편 T씨와 함께 갔던 알프스 산과 이미륵 씨의 무덤을 찾던 일…….

그녀는 언젠가 이런 말을 한 적이 있다. "가장 뜨거웠던 사랑도 시간에는 못 이긴다."라고—.

이 같은 그녀의 시간 의식은 자신을 무섭도록 다그친 채찍이기도 했다. 그러한 그녀였기에 의식이 깨이지 않은 시간을 스스로 용납할 리가 없었다.

때문에 그녀 반생(半生)도 채 못 미치는 짧은 삶 가운데서도 의식은 항상 눈을 뜨고 있었고, 항상 기쁨과 고달픔에 시달려야 했다.

하지만 그녀에게도 시간을 좀 여유있게 보내고자 할 때가 있었으니, 그것은 그녀가 독일로 떠나가 2년 전 여동생 채린 씨에게 보낸 편지를 통해 겨우 조금 엿보인다.

나의 동생 채린이에게
서울은 좋아?
바다도 없고 비린내도 없고 사투리도 없고, 짠 바람도, 항구의 불빛도 없지?
내가 생각하기에는 서울은 허물어진 회색빛 담벽이 쓸쓸하게 여기 저기에 서서 따가운 햇볕을 쪼이고 있는, 바람 한점 없고 새파랗게 개인 하늘 밑을 사람들이 굉장히 많이 다니고 있을 것 같다. 모두 허둥지둥 바쁜 듯이 초점을 잃은 표정, 피곤한 눈동자로 군중 속의 외로움을 지닌 뒷모습으로 왔다갔다 하고 있을 것 같다.

서울도 좋지만 나는 부산이 좋아ㅡ. 그렇게도 잘 변하는 하늘. 그렇게도 언제나 변함없는, 그러면서도 언제나 다른 표정의 억세고 질기고 끈기 있는 짙푸른 바다, 수박이 익어서 터지는 냄새와 바다의 소금 냄새를 뒤섞은 밤의 공기, 그렇게도 지긋지긋하고 시끄러운 부산 사람들ㅡ. 땅에서는 생선 비린내가, 머리칼에서는 소금이, 눈에서는 바닷바람이 느껴지는 무지하고 미숙하고 단순한 부산 사람이 내 마음에 꼭 든다. 반지르르 닦인 '서울내기'보다.

내가 빌고 싶은 것은 하루라도 오래 부산에 머무를 수 있도록 하는 것뿐이다. 자극과 흥분과 충동과 정열, 그리고 미침을 안겨 주는 부산의 바다. 거리, 사람들, 항구…… 그리고 그 외의 모든 것.

열 일곱 살부터 스무 살까지의 내 마음 속에 새겨진 모든 것과 헤어지기가 싫다. 부산에는 그래도 꿈과 어리석음과 동화가 있지만 서울은 완전히 이성적인 어른의 나라 같다. 모두가 싸우고, 그리고 이기는 장소 - 바쁜 곳 - 이것이 아마 서울이겠지. 다른 어떤 나라의 수도나 다 그런 것처럼…….

― 부산, 1953년 8월 23일 처서날, 너의 언니

이 편지에서 보듯 전혜린은 부산의 순박함을 몹시 좋아하고 있다. 온갖 시름을 다 푼 듯하고 다 놓은 듯하기도 하다. 그러나 알고 보면, 이 시절에도 그녀는 〈회색노트〉와 같은 격렬한 '인식의 바다'를 향해 멈출 줄 모르고 날고 있는 한 마리 '의식의 갈매기' 임에 틀림없었다.

갈매기 자꾸 울기냐
울음이사 나에게도 있는 것을.
배가 떠나도 울고
배가 닿아도 울고
어찌된 건가, 울음이사 울 때 우는 건데―.
그래, 너는 한(恨) 묻은
혼(魂)의 조각들…….

가도 우고

와도 울고

울며 날며, 날며 울며 하는

한(恨)스런 바닷손수건.

갈매기야

자꾸 우는구나.

울어라 울어!

빈 배로 떠날 때도 울었으면

만선(滿船)으로 닿을 때도 울 줄 알자구나…….

갈매기야.

  전혜린이 만일 갈매기였다면 그냥 먹이만 쪼기 위해 나는 갈매기가 아니라 혼(魂)의 갈매기였을 것이다.
  날면서 울고, 울면서 나는, 의식 있는 갈매기로서 정신의 만선(滿船)을 위해 그 여한(餘恨)을 다 못 채우고서는 결코 날개를 접지 않을 그런 갈매기였음에 분명하다.
  존재의 상처를 언제고 깊이 깨달으며 울고 있는 갈매기. 울며 날며, 날며 울며 하는 쉴 줄 모르는 갈매기―.
  이 세상에 태어나 적당한 부지런함과 적당한 성실, 적당한 요령으로 이룬 향락이나 민족 같은 건 전혀 없이 아름다움과 착함에의 인식 ― 진리를 찾아 계속 날기만 하는 갈매기.
  관념, 즉 이데아(Idea) ― 이성의 판단으로 얻은 최고의 개념, 그래서 기존의 관념을 뛰어넘어야 하고, 이 수많은 관념 가운데서 공통된 요소를 추상(抽象)하고 종합한 또 하나의 관념인 개념도 뛰어 넘어야 한다.

그래서 날카롭고도 밝은 의식으로 인식하면서 날자고 '언니 갈매기'는 '동생 갈매기'에게 권고하고 있다.

지식과 정서와 본질에의 뜻을 함께 내포하고 있는 정신현상 — 이 의식은 대상(對象)을 감지해서 그 의의를 분별하고 판단하는 마음의 작용인 인식의 세계를 더욱 새롭게, 더욱 드넓고, 드높게 이루고자 항상 깨어 있고자 한다.

그래서 인식의 비안개를 헤쳐 날아서 가닿는 샛마알간 지성(知性)과 감성(感性)의 별자리를 이루는 갈매기들이 되고자 한다.

커다랗게, 뜨겁게 빛에 차서
더러운 것, 얕은 것을 속에 끊자.
언제나 창조하는 근원의 힘에 서 있자.
애써 미지의 세계를 찾아내자.

시 형식으로 쓴 이 글은 '채린이 생일날에 언니가'라는 서두로 시작된 편지 속의 내용인데, 1955년 그녀가 독일로 떠나기 얼마 전에 부친 글이다.

채린아
나에게 즐거움이 있다면 그것은 구름을 보는 것일 것이다. 구름 – 방랑 – 바가봉드 – 헤세. 헤세는 나에게 또다시 클로즈업 되었어. 이곳 독일 땅에 와서.

그는 여기서 멀지 않은 알프스 산 밑의 루가노라는 아름다운 호숫가의 작은 마을 몬타뇰라에 살고 있단다. 서독에도 동독에도 속하지 않는 스위스에서 안주의 땅을 정한 지 오래된다.

예의만을 갖춘 나의 편지에 그는 뜻밖에도 그의 최근에 찍은 사진(생각보다 안 늙었고 고민에 찬 맑은 표정이었다)과 그가 그린 그림에 인사말을 써서 보내 주었다. 나의 기쁨을 상상해 보아, 스물 두 살의 내가 느낄 수 있는 정도껏의 기쁨.

그 다음에 또 〈방랑〉이라는 제목의 그가 그린 그림을 받았고(풀과 나무 하나와 흰 구름으로 된) 새해 선물로 『데미안』과 『싯다르타』 — 내가 제일 좋아하는 헤세의 책을 두 권 받았어. 나는 춘향이와 이도령의 인형을 보내드렸어. 축복해 주고 채린이도 헤세를 읽어 봐.

채린아! 마음의 고향을 잃지 말고 살아다오. 내가 책을 쓰면 "채린(彩麟)이에게"라고 바치겠다. 번역하더라도…… 기다려다오.

〔중략〕

지상의 목표를 인식(선(善)과 미(美))에 두고 매일의 생활을 노력의 과정이라고 보고 결과를 생각하지 말고 그 과정과정에 충실한, 넘친 생을 누려 줘.

자아와의 끊임없는 대화를 끊지 말고 자기를 미칠 듯이 사랑하고 아끼되 자기의 추나 악을 바라보는 지성의 눈동자도 눈 감지 말아 줘.

　　　　　　　　　　—남독(南獨)뮌헨에서, 1956년 1월 27일, 너의 언니

채린이에게

나의 먹고 사는 얘기 - 따분한 얘기 - 를 떠나서 쓰겠다. 굶었던 것이 버릇이 되어 밥은 안 들어가고 그저 금붕어처럼 커피만 자꾸 끓여서 꿀떡 꿀떡 마시고 있다. 독한 술이나 짙은 시가가 그리울 때도 많다. 모두가 울분 때문인 것이다. 또는 자기불만 ― 더 철학적으로 말하면 자기와 참 자기(일상인으로서가 아닌 실존(實存)하는 참 자기)와의 사이의 거리감(Pathos der Distanz)이라고 철학용어로는 말한다. 때문에 발광 상태에 가까운 상황 속에 살고 있다.

채린이가 불어를 읽는다니 여간 반갑지 않다. 『악의 꽃』은 내가 산 것이 있으니 기회 있으면 보내 주겠다. 그 속에 있는 〈여행에의 초대〉니 〈풍경〉은 참으로 아름답다. 돌체에 가서도 〈여행에의 초대〉를 들어 봐. 여자가 보들레르의 시를 노래 부른다. 프랑스 현대작곡가 듀 빠르끄(Du Parc)가 작곡한 것일 것이다. 꼭 들어 줘.

헤세는 올해 80세다. 인제 몇 년 살지 의문이니까 예쁜 한국 카드에 한국말로 써서 생일날 보내는 게 어떠니? 퍽 따스한 좋은 사람이다. 그의 생일은 7월 2일이니까 배편으로 4월말에 보내면 생일 때까지 갈 것이니까 ― 그리고 카드는 뒤를 붙이지 말고 '인쇄물'로 보내면 싸단다. 달호랑 의논해 보렴! 주소는 "Herr Hermann Hesse, Montagnola bei Lugano, Schweiz"이니까 한번 보내기 바란다. 데미안과 싯다르타의 헤세에게 말야!

새까만 커피만이 주식(主食)이 되고만 이 팽팽한 신경의 끊길 듯한 줄 속에서는 모든 것이 무관심이란다. 나의 생(生)도 나의 사(死)도.

참, 채린이는 언제 대학에 가니? 대학생으로서의 채린이를 상상만 해도 가슴에 흐뭇한 즐거움을 느낀다. 누구보다도 깨끗한 눈과 피부를 가진 채린이는 결코 거리의 어지러운 기분이나 헛된 개념에 의해서 더럽혀질 아이가 아니라는 것을 생각할 때, 나는 얼마나 얼마나 채린이라는 동생이 자랑스러운지 모른다. 채린이의 대학생활을 채린이는 다만 '인식을 위해서 온갖 것을 바치겠다'는 생각 밑에서 살기 바란다.

채린이 자신의 참모습만이 비치고 있는 채린이의 영혼의 고향에의 향수. 참자기와 진리(인생과 우주에 대한)와 미의 인식을 위해서 현실이나 일상적인 것과는 아무 타협 없이 맑은 눈동자를 그래도 지닌 채 열심히, 열심히 살아 줘!

예술과 학문과 자기 완성에의 끊임없는 정진으로 덮어 버려 아무런 다른 '틈'이 남아 있지 않는 정말의 학생(독일이나 프랑스의 학생 같은)이 되어 줘! 내가 이루지 못한 이상형(理想型) 또는 이념형(理念型)인 채린이! 나보다 너무나 뛰어난 채린이! 내가 얼마나 너를 존경하고 높이 평가하고 있는지 너는 아마 꿈에도 모를 것이다.

채린이에게 읽히고 싶은 책은 너무나 많다. 도서관을 잘 이용하고 미국 공보원 같은 곳도 이용해서 닥치는 대로 좋은 책들을 막 읽어다오. 그래서 채린이의 살이 되게 해다오! 풍부한 대하(大河)같이 양양(洋洋)히 흐르는 내면생활을 가진 완성된 인간이 되어다오.

너나 나나 다 이 세상에 우연히 던져져 있는 것을 놀라움을 가지고 발견하고 회의하고 있는 인식의 학생들이다.

괴로워도 괴로워도 최후의 인식의 날을 위해서 출발하자, 세계와 또 쓸데없는 모든 것과는 거침없이 하자.

— 뮌헨에서, 1957년 10월 2일

조그마한 틈이나 다른 틈을 주지 말고 '예술과 학문과 자기 완성에의 정진'을 타이르면서 '인식을 위해서 온갖 것을 다 바치는 생활'을 바라는 전혜린의 무서운 집념.
 이것을 위해 그녀는 동생 채린에게 많은 좋은 책들을 읽을 것을 거듭 권유하고 있다.
 한 장의 편지 속에서지만 철학과 인생의 참모습과 나아갈 진로 같은 것을 모두 담고 있다.
 뿐만 아니라 마음에 드는 시가 있으면 이것도 적어 보냈고 구체적인 작품 해설, 뮌헨의 풍습 같은 것도 동생을 위해 써보냈다. 더욱이 가장 아끼고 믿으며 존경하는 동생이기에 그녀가 22세 때의 뮌헨 유학 시절에 한 차례 가졌던 자살 미수의 고백도 편지로 써보내고 있다. 이것은 1956년 1월 27일에 보냈던 편지의 일부이다.

 나는 흰 새벽 속을, 내 마음을 사랑과 고뇌로부터 순화할 영원한 기쁜 죽음을 향해 출발했다. 나는 다시는 돌아오지 않는다. 그리고 아마 그것이 보다 나을 것이다. 영원히 나는 모든 정다운 것을, 무거운 짐들을 버려야 한다. 그리고 마치 쇠줄을 버리듯 나는 어깨를 추키며 '자나간 것들을 내던져야 한다. 그리고 내 앞의 생(生) 앞에 — 죽음 앞에 열려 있는 오른편 길만을 보아야 한다. 그리고 약을 먹었다.

 이렇게 당시의 결심을 고백하는 그녀는 음독하고 죽을 줄 알았는데 다시 살아났다.
 그날 오후 2시쯤 약을 먹었으나 7시경 귀가할 줄 알았던 그녀의 남편이 4시경에 귀가케 되어 살아난 것이다.

  남편에 의해 곧장 병원으로 실려간 그녀는 약 50대의 주사를 맞았다고 한다. 매우 위독했기에 취해진 응급조치였다.

  나의 동생 채린에게
  좋은 시 – 독일 현대시인 홀루젠(H. E. Holthuse) – 가 있기에 적어 보겠다. 제목은 〈동생의 죽음을 탄함〉이다.

  신(神)의 이름으로 동생이여, 너는 죽었다.
  너다. 남이 아니다. 아, 불이 내 옷자락에 붙는다. 몸서리난다.
  일어날 일이 일어나고야 말았다, 내가 두려워하던 일이!
  요, 이마를 신(神)에게 내밀고
  큰 입을 한 희랍 가면을 쓰고
  사람은 외친다. 너는 나를 망쳤나이다!
  깊은 속에서 흘러나오는 눈물은 이땅의 무관심 위를 범람한다.
  오, 달콤한, 달콤한 생(生), 너는 죽었다.

  왜 그런지 동생에 관한 시라면 관심이 간다. 그리고 죽음에 관한 시도……. 맨 끝 구절 "오, 달콤한 생, 너는 죽었다!"가 몹시 실감이 난다.
  〔중략〕
  정말 죠르즈 상드의 말대로 그 모든 괴로움에도 불구하고 생(生)이란 취하게 하는 것이 좋을 것이다. 죽고 싶을 만큼 그렇게 귀중한 것이다.
  이런 시가 있다.

나는 두렵다.
그리고 죽고 싶지 않다.
생은 귀중하고 단 하나다.
그리고 나는 실컷 살지 못했다.

    스물 몇 살 난 프랑스 시인의 시다. 이것을 쓰고 나서 2차대전에 나가 죽었다는. 가엾다, 참으로.
    채린이도 카뮈를 읽고 그의 인생 예찬을 배우기 바란다.(『이방인』에서 특히! 또 『페스트』에서 오랑의 주민들의 생활에서)

— 다시 뮌헨에서, 1957년 2월 7일

    〔전략〕 요새 하늘을 보아도 또 바람에 나부끼는 포플러 잎을 보아도 무언지 죽기 바로 전에 보는 것 같은 깊은 감동을 가지고 보게 된다. 만약 내가 죽거든 채린이에게 나의 기념품으로 다른 것은 다 그만두고 니체 전집(내가 말한 새로운 전집. 정말로 밥을 굶고 모은 돈 73마르크를 주었단다)을 남기겠다.
    종이곽에 든 세 권의 책인데 오렌지빛 포장지로 덮여 있고, 포장지를 벗겨 보면 회색 헝겊으로 장정돼 있는 뚜껑에 자주빛으로 니체의 사인이 씌어져 있다.
    다른 책과는 달리 이것만은 머리맡의 라디오 밑 선반에 세워 두고 밤낮으로 보고 있다. 그래서 아마 이 책들이 제일 나를 전해 줄 것 같아서 너에게 남겨 주고 싶은 것이다. 나의 영혼이 들어 있다. 나의 영혼들이.

— 슈바빙에서, 1957년 7월 6일

사랑하는 동생 채린!

창밖에 눈이 오고 있다.

어젯밤에는 극장(진짜) - 한국 것과는 다름 - 에 가서 〈파우스트〉를 보았다. 저녁 7시에 시작해서 11시에 끝났는데도 조금도 길게 느껴지지 않았다. 저 유명한 세리프(대사)를 전부 들을 수 있었던 것은 참으로 행복했다.

처음에 천사와 메피스토와의 싸움이 있은 후에, 장면이 바뀌어서 파우스트의 방이 나오고, 파우스트가 "나는 공부했다. 철학과 법학과 의학을. 그리고 유감히도 신학(神學)까지도. 뜨거운 정열로 노력하였으나 지금 나는 여기 서 있다. 한 바보로서!"라고 중얼거리는 저 유명한 긴 파우스트의 모놀로그(독백), 또 메피스토(악마)가 학생에게 타이르는 달콤한 말, "온갖 이론은 회색이고, 생명의 황금빛 나무는 녹색이다."라고 할 때, 또 천사와 악마의 투쟁에서 천사의 말(아마 인류의 구제가 될 유일의 말), "인간은 노력하는 한은 잘못은 없다." 등 감격이었다.

그러나 무엇보다도 감격한 것은 소녀 마르가레테였다. 영원한 여성적인 것의 본질인 "지키는 것(자기를)", "받는 것", "참는 것", "기다리는 것", "용서하는 것", "사랑하는 것"으로서의 한 완전한 여인의 모습이 온갖 죄악에 피 안에 서 있는 —창백하게 빛나는 모습으로 누구의 가슴 속에나 파고들었고 눈물 나오게 했다.

마르가레테는 파우스트의 유혹을 받고 아기를 낳았으나 파우스트가 다시 오지를 않아서 아기를 강에 던져 죽였다. 또 파우스트와 랑데뷰하기 위해서 방해자인 자기 어머니를 파우스트가 준(악마에게 받아서) 약을 먹여서 어머니를 죽게 하고, 천사 같던 누이동생을 망친 파우스트에 격분해서 결투를 한 마르가레테의 오빠는 파우스트의 칼에 찔려 죽고 만다. 그리고 마르가레테는 사형당한다.

사형당하자 메피스토가 승리에 찬 얼굴로 "그 여자는 처형당했다!"라고 외친다. 그러나 하늘에서는 부드럽고 아름다운 천국의 합창이 은은히 울려오고 "그 여자는 구제당했다!"라는 천사의 음성이 들려 온다. 마르가레테의 목소리가 멀리서 "하인리히, 하인리히(파우스트의 이름)"하고 부르면서 막이 내린다.

정말로 무대장치, 배우, 모두가 거창한 대연극이었다. 막이 내린 후에 박수가 맹렬했고, 주역배우들 — 파우스트, 메피스토, 마르가레테가 몇번이나 나와서 인사해도 그냥 박수가 안 멎어서 결국은 여덟 번이나 막을 올려야 했다. 짧은 휴게가 두 번 있어서 그 동안에 커피와 햄과, 달고 시게 절인 오이를 얹은 빵을 먹었다.

채린이와 같이 봤으면 얼마나 기뻤을까! 싶었다.

어제가 독일에 와서 두 번째 가본 극장 구경이다. 또 한 번은 레싱이라는 독일의 대고전 작가의 〈현자(賢者) 나탄〉이라는 것을 보았다. 극장은 영화관보다 값이 다섯 배쯤 비싸고 사람들이 다 요란한 옷들을 입고 뻐기고 가서 오페라 글라스(우리도 어제 망원경만큼이나 큰, 구식 오페라 글라스를 빌어 갔었다. 발코니에 앉았었기 때문에)로 서로의 옷을 조사, 구별하는 일종의 상층계급(소위 하이 소사이어티)의 고급 사교장이 되어 있다. 유감히도.

〔후략〕

— 뮌헨, 1957년 11월 2일

채린아

꿈꾸는 갈매기 姉妹 319

〔전략〕 나는 그동안 그럭저럭 무난히 지냈다. 학교에서는 '아이헨도르프'와 '티크' 같은 세미나에 참가하고 있다.

그 외에 책을 많이 읽고 있다. 안네의 『한 어린아이의 자취』를 다 번역했고 지금은 문장을 다듬고 있다. 아주 재미 없는 글 – 르포르타쥬가 주(主)고, 안네의 작품은 극히 조금만이 프래그먼트(斷片)로서 나와 있을 뿐이다. 사실이지 그래서 걱정이다. 문장을 가꾸고 나서는 또 얇은 종이에 정서해야 하니까 그럭저럭 한 주일은 더 걸릴 거야.

이 책을 다 번역하고 났을 때, 다시 말하면 아주 자세히 읽고 났을 때, 나에게는 안네에 대한 말할 수도 없이 큰 애정이 엄습해 왔다. 그 빛나는 눈동자와 어둠 속에서, 햇빛이 안 보이는 다락에서 말라빠지게 못먹고도 "나는 인간 속에 있는 선의를 믿는다"고 단언할 수 있었던 그 소녀를. 특히 그 소녀의 말로, '집단 수용소에서의 참사'를 생각할 때 전율할만한 감동을 받았다.

그동안 겨우 몇 푼으로 먹고 살고 또 몹시 싸게 덤핑으로 파는 축음기판이 있어서(L.P는 아니고 물론 그저 7, 8회짜리지만) 바그너의 탄호이저 서곡이며 차이코프스키의 이태리 기상곡 등을 한 장에 2마르크 주고, 또 기타 작은 상송판 2개를 한 장에 1마르크 주고 사놓았다. 가끔 싸게 살 수 있는 기회가 있었으면 한다. 이것은 내가 독일에 오고 처음 있었던 일이니까, 아마 이후에는 있기 어려울 것 같다.

너와 같이 축음기라도 듣고 차라도 마실 날이 언제나 올까? 아마 영영 나는 구라파 사람이 될 것 같기도 한 이상한 예감이 있곤 한다. 구라파에 매혹되고 정복당하고 말 것 같은…….

독일의 비길 데 없는 이성과 낭만과 선의(善意)에 가끔 지고 말 것 같은 나를 발견하기도 한다.

뮌헨은 올해가 8백 년째 되는 해다. 그래서 6월부터 9월까지 축하절이다. 너도 록펠러라면 비행기로 잠깐 다녀갈 수 있으련만! 6월 13일에 있던 축하식에서 베르너 하이젠베르크라는 노벨상 수상자인 물리학자(뮌헨 출신)가 뮌헨의 찬사를 했는데, 그 속에서 슈바빙 없이는 뮌헨은 없다고 하고 슈바빙의 예술에 있어서의 대담성과 자유를 버리지 않아야 한다고 강력히 주장한 것에는 이것이 물리학자의 입에서 나온 만큼 더 호감이 갔다.

특히 "미쳤다"는 말을 곧잘 하는데 "미쳤다는 것도 슈바빙에서는 인정되고 있는 생활방식의 하나다."라고 하이젠베르크 교수가 말했을 때는 전부가 웃고 박수갈채를 했었다. 하여간 훌륭한 사람이다.

이번에 내가 번역해서 보낸 장케(Jancke)의 〈카프카와의 대화〉라는 글은 주로 채린이에게 보이고 싶어서 번역한 글이다. 특히 카프카에 관해서 무슨 힌트를 주기 위해서…….

그럼 너도 힘차게 앞날을 위해서 싸워 나가자! 온갖 가짜와 추악에 타협하지 말자.

— 뮌헨의 슈바빙에서, 1958년 1월 15일

전혜린이 동생 채린 씨에게 보낸 편지의 내용들은 한결같이 알차고 진지하며, 고귀한 보석 같은 빛남이 넘치고 있다. 이것은 편지(私信)이기 때문에 간혹 문장의 흐름이 튀기도 한다. 바쁘게 알릴 게 많은 데다 공식적인 글도 아니므로 문장 같은 건 여기선 중요한 일이 못된다. 오로지 간과할 수 없는 정신의 깊이, 해박한 내용, 비밀스런 감정이 문제시된다.

  이것은 그녀에게 동생 채린이 없었으면, 우리들 역시 몰랐을 그녀만의 또 다른 세계이기도 하다. 전혜린은 동생 전채린에게 혈육의 정 이상의 동반자적 감성을 느꼈는지 가장 내밀한 이야기도 털어놓고 있다.

  채린아
  〔전략〕 12월 20일 밤에 나는 12시경에 잠자려고 불을 껐더니 갑자기 어둠 속에 크나큰 심연이 열리고, 내가 끝없이 깊이 빠져들어 가는 것 같고, 천장도 벽도 아무것도 없어진 것 같은…… 말할 수 없이 무서운 느낌이 나서(그런 느낌은 정말로 생전에 처음이었다) 나도 모르게 신음을 하면서 불을 다시 켜야만 했다.
  그리고는 일어나 앉아서 책을 암만 읽으려 해도 머리에 안 들어오고 자꾸 떨리고 심장이 질식할 것같이 아파서 심장약을 몇 번이나 먹으면서도 신음해야 했다. 그렇게 불을 켠 채 책상 앞에서 이 책 저 책 뒤지면서 이유 없는 공포와 불안에 허덕이고 있는 중에 새벽이 되었다.
  새벽 4시경에 돌연 주인 할머니가 낭하(마루)에 나와서 전화 거는 소리가 들렸다. 목소리는 잘 안 들렸지만 그때 전화를 건다는 것이 이상했고, 나는 즉각적으로 '아, 할아버지가 죽었구나!' 하고 생각했다. 그러고 나서 나 혼자 밤에 어둠 속에서 느낀 것, 본 것이 '죽음'이었다는 것을 알고 새삼스럽게 소름이 오싹 끼쳤다.
  〔중략〕
  요새 나는 자신의 무지를 더욱더 뼈아프게 느끼고 있다. 그래도 절망은 안 한다. 다만 나의 몸에 지나친 부담을 끼치더라도 나의 심신을 위해서 하루하루 자기 훈련으로써 보내고 있다. 번역보다 급하고 목마른 것은 자기 교육이다.

요새 내가 읽은 책은 릴케의 전기(최근에 출판된 것. 독일 현대시인인 홀루젠이 쓴), 또 어떤 젊은 독일 사람이 쓴 『현대문학소사』, 그리고 릴케의 친구였고 서른 한 살에 죽은 표현주의의 천재적 여류화가였던 폴라 베커의 일기와 서간집 등이다.

〔중략〕

지금 나는 이 편지를 촛불 밑에서 쓰고 있다. 눈 떨어지는 소리를 들으며……

내 속에는 고요한 하모니가 깃들고 있다. 고독이 얼마나 필요불가결한 물건인가를 절실히 느낀다. 예술은 고독 속에만 탄생될 수 있는 것이다. 고독 속에서 자기를 속이지 않고 세상을 바라보는 것 — 괴롭고도 자랑스러운 투쟁의 순간순간에 우리는 우리의 방안에 뮤즈의 날개 소리를 들을 수 있는 것이다.

파스테르나크의 『독일 학생 시대』는 문장이 상징적이어서 읽기가 어려운 것이다. 『의사 지바고』는 퍽 문장이 평이하더라. 거기에 비해서…… 그의 자서전은 전부가 그런 난해하고 지극히 번역하기 어려운 상징적 문장으로 씌어져 있다. 아름답기는 하지만 한글로는 효과가 없을 것이다. 자꾸 막혀 버리고 만다…….

〔중략〕

하여간 자기의 내면에의 외치는 필연의 목소리에 따라서 사는 데까지 짧더라도 긴장된 생을 사는 수밖에 없는 것 같다.

— 독일서, 1958년 12월 28일, 혜린이가

채린아!

이제는 진해(鎭海)에도 좀 익숙해졌니? 왜 그런지 지금쯤 너는 결국 어디나 마찬가지구나! 하고 깨닫고 슬퍼하고 있을 것만 같다.

결국 우리에게 의미가 있는 것은 의식뿐이지, 기타는 아무런 중요성도 없다는 것을 네가 깨달았다면 그것은 큰 여행 수확이지 결코 도로(徒勞)는 아니리라.

보들레르가 'anywhere' 운운하고 덤빈 것은 북극이나 모스크바나 달나라나 니스가 아니라, 우리를 이 피부의 감방에서 구출해 줄, 다시 말하면 죽음의 낙인찍힌 살 속에의 감금에서 우리의 의식을 구제해 줄(또는 구제의 일루전(Illusion)을), 즉 마취를 줄 무엇을 찾았던 것이다.

우리는 우리의 의식 속에 세계 지도를 가졌고, 단추만 누르면 우리의 심장은 어느 곳에서나 임으로 정지한다는 것은 보들레르의 첫번 발견은 아니었던 것이다.

아편이나 에테르도, 술도, 시(詩)도, 미덕도, 아무것도 없는 우리다. 실로 기막힌 이 살덩어리와 추한 피부 밖에 없는 우리가 할 수 있는 것은 '여행'뿐이고 그것이 환멸로 끝날 것은 미리부터 약속되어 있는 까닭에, 출발이 그다지도 정다웠고 마음아픈 환희를 주었던 것이다.

내가 원하는 것은 네가 해녀같이 피둥피둥한 갈색 피부가 되어서 바다와 포옹하고 태양과 땅에 얼굴을 비비면서 그들을 받아들이고, 마치 『이방인』의 마리처럼 갈색 바지에 흰 가죽 샌들을 신고 소금기띤 입술로 꽃같이 미소하는 여자가 되어서 돌아오라는 것이다.

생과 자기의 감각에 대해서 부정적인 제반인식(諸般認識)을 잠시나마 잊고, 오랑의 물 긷는 소녀처럼 밝고 싱그러운 갈색으로 있으라는 것이다. 〔후략〕

— 서울서, 1960년 7월 25일

죽음을 한지붕 아래서 느낀 전혜린. 그러면서도 비록 육신에 고통이 올지라도 무지(無知)를 없애고자 애쓰고 또 애쓰는 자기 훈련, 자기 교육을 목말라하고 있다. 그래서 번역보다도 정신의 양식이 되는 훌륭한 책들을 섭렵하고 있다는 내용이 우리에게도 깊은 자극을 주고 있다.

이어서 고독과 예술의 함수관계를 알리고 있고, 내부 의식의 충만되고 긴장된 삶을 긍정하고 있다.

의식의 중요성 — 이것을 거듭 강조하는 전혜린은 이것을 위해 자연과의 친숙에서 오는 건강까지도 잊지 않고 있다. 아울러 드넓은 세계관도 제시한다.

또한 '나의 작은 채린'이라는 서두로 시작되는 또 하나의 편지를 보면, 다음과 같이 쓰여져 있다.

내가 지금 너와 단둘이 산다면 너를 위해 여러 가지 설계도를 그릴 것이다.

우선 너는 오락을 책과 자연 속에서 찾아야 할 것이다. 내 설계도에 의하면 저녁때 박물관 수풀 속에 뒹굴면서 보들레르, 하이네, 괴테, 바이런, 그리고 카뮈의 『이방인』을 읽어야 한다.

공휴일 날에는 눈동자가 독서로 인하여 깊어져 있는 마음 맞는 벗과 남산에라도 올라가 그곳 제일 높은 곳에서 서울이, 집이, 사람이 얼마나 작은가를 깨달으면서 함께 읽은 책 한 권을 놓고 끝없는 논쟁을 벌이다가 목이 마르면 샘물을 마시고, 피곤하면 잔디에 누워 싫을 때까지 별을 헤아려 본다.

자기 완성과 예술을 위한 의식활동 — 끊임없이 책을 읽으면서 내면의식을 충일케 하는 한편, 깊이 있는 사색으로 정신세계를 높이고자 한 전혜린—.

도시에서만 자란 아스팔트 킨트로서의 그녀는 또 한 사람의 아스팔트 킨트인 여동생 채린에게 그녀 자신이 추구하고 있는 정신세계의 이상향을 그려 보이며, 함께 그 이상의 실현을 위해 노력하자고 권하기도 했던 것이다.

나의 구원자, 쟝 아제베도!

지난 8월 18일 저녁 무렵에 나는 이봉구 씨를 방문했다.
"어이구, 이게 누구야! 만난 지가 한 달도 더 넘었군 그래! 7월 20일께 오겠다던 사람이 안 오길래 여태『전혜린 평전』이 안 끝났구나 하고 은근히 걱정도 했지. 그래 수염도 깎을 틈이 없었던가?"
"이거 죄송합니다. 이 모양을 하고 또 늦게 오고 해서요."
"수염이야 석 자라도 상관없지만, 그래 아직도 안 끝났는지?"
"네, 전혜린 여사와 작별하기 싫어서요. 날이 갈수록 글은 안 써지고 그녀 생각에 멍청해지기만 했죠."
"참으로 멍청이구먼! 전혜린 글을 다 써서 어서 책으로 내야만 정말 작별하지 않는 것이 되지. 그녀를 못 잊는 수많은 독자와의 새로운 만남도 되고……."
선생과 나는 우리가 잘 가는 수유리 4.19탑 옆의 '산길'이란 술집으로 갔다.
"7월 20일이면 너끈히 끝낼 수 있겠다던 글이 오늘까지 다 안 됐다면 앞으로도 한 1년은 잡아야 하겠어."
"아닙니다. 이젠 다 끝났습니다만 마무리에 한 가지가……."

"화룡점정(畵龍點睛)이로군! 한 가지가 뭔데?"

"전혜린의 죽음입니다. 선생님께선 어떻게 보시는지요?"

"어려운 물음이군! ……글쎄, 당신은 어떻게 봐?"

"정작 그걸 모르겠기에 이러고 있습니다. 아무리 생각해도 확고한 답이 안 나오면서도……."

"안 나오면서도?"

"자꾸만 자살이라고 믿어집니다!"

"그건 왜?"

"제가 선생님께 여쭈러 왔다가 되레 반문을 당하는군요. 이것 참!"

"그렇다 치고……."

"네, 사실은 7월말께 소설가 천승세 씨가 내게 다시 자료를 갖다 주더군요. 선생님이 쓰신 『명동(明洞)』과 『명동 비 내리다』라는 두 권의 책을요."

"음, 60년대 후반에 나왔던 책들이지. 거기 전혜린에 관한 주요한 대목들이 몇 군데 있지."

"그래서 말입니다! 〈세리나, 은성, 그 주변! 크레멘스─〉라는 은성에서의 메모 내용도 있고……."

"그래, 전혜린이 죽고 나서 4년 뒤에 쓴 〈전혜린의 낙서〉라 제(醍)한 내 글 가운데 그게 있지. 또 뮌헨으로 유학가다가 들른 파리에서의 엽서랑 다른 낙서도 서너 장 있지. 필요하다면 빌려 줄 테니 『전혜린 평전』에 넣어도 좋아."

"고맙습니다. 그런데 정작 중요한 것은 선생님의 그 글 가운데 소개된 전혜린의 마지막 시 말입니다! 〈몹시 괴로워지거든 어느 일요일에 죽어 버리자〉는 시 말씀입니다."

"그렇군! 그녀가 죽기 이틀 전 은성에 와서 만년필로 써 내려간……."

"그것입니다! 몹시 괴로워지거든 어느 일요일에 죽어 버리자……. 그녀가 죽은 것은, 이 시를 쓰고 나서 화형(火刑)을 치른 그 이틀 뒤의 일요일 아침이었죠. 물론 싸늘히 식은 사체(死體)로 발견되었지만……. 시를 낭독하고 그 원고지는 화형식에 처해졌지만 그 자리에 함께 있었던, 혜린이와 둘도 없이 친한 술벗이었던 여기자 조영숙(趙英淑) 씨가 미리 그것을 베껴 선생님 주머니에 넣어 드림으로써 되살아난 시ㅡ. 그 시야말로 혜린의 최후의 유고가 되는 것이죠! 결국 그녀 죽음이 자살이라는 것을 뒷받침도 해주는……."

"철저히 조사했군, 그래."

"선생님과 조영숙 씨 덕분이죠. 그리고 이 시를 발견해서 자살이 아니겠느냐면서 멀리 신정동(新亭洞)에서 수유리까지 갖고 와 준 천승세 씨의 고마움이기도 하구요."

"역시! 그 시는 『명동 비 내리다』에 실렸고, 또 달리 쓴 수필〈전혜린의 낙서〉란 제목에도 나와 있지. 내 서가에 꽂힌 『수필 선집』에 있으니까 『전혜린 평전』의 마무리를 위해 갖고 가도록 해."

여기서 이봉구 씨는 집으로 전화를 걸었고, 아리따운 둘째따님이 곧장 '산길' 술집 앞으로 이 책을 갖고 와서 나는 고맙게 받아 선생 앞에서 그 대목을 펼쳤다.

〔전략〕 혜린은 검은 머플러로 얼굴만 내밀고 '은성'으로 나를 찾아왔다.

몇 잔 마시더니 금시 취한 얼굴로,

"선생님, 멋진 시 한 편 읽어 드릴까요?"

혜린은 원고지를 꺼내더니 만년필로 써 내려갔다.

"누구의 시인데?"

"작자를 꼭 아셔야만 돼요? 시만 좋으면 됐지. 또 전혜린의 작이라 해도 좋고요."

"어디 한번 읽어 봐!"

(마침 이 자리엔 조영숙과 전혜린의 제자 한 사람이 있어 이 시를 베꼈다. 전혜린은 여기엔 신경이 가지 못했다.)

전혜린은 마침내 쓰기를 다 마치고서 유난히 크고 투명한 목소리로 낭송하였다.

몹시 괴로워지거든 어느 일요일에 죽어 버리자.
그때 당신이 돌아온다 해도
나는 이미 살아 있지 않으리라.
당신의 여인이여, 무서워할 것은 없노라.
다시는 당신을 볼 수 없을지라도
나의 혼은 당신과 함께 있노라.
다시 사랑하면서
촛불은 거세게 희망과도 같이
타오르고 있으리라.

당신을 보기 위해 나의 눈은
멍하니 떠 있을지도 모른다.

이 시를 낭독한 것은 그녀가 죽기 이틀 전인 1965년의 1월 8일 초저녁의 '은성' 카운터 술자리.

그 다음 다음날인 1월 10일(토요일) 밤과 11일(일요일) 아침 사이에 정말 하느님만이 오로지 아실 비밀스런 죽음을 택해 버린 — 30년 전 1934년 1월 1일 일요일에 태어나서 꼭 30년이 지난 1965년 1월 11일 같은 일요일에 영영 가 버린 일요일의 겨울 여인, 1월의 여인.

얼마쯤만 더 있었어도 봄이 아름답게 꽃 피는 것을 한 차례라도 더 보았을 텐데, 이것마저도 더 보지 않고 총총히 가 버린 우리 전혜린! 못 잊을 그녀의 정신과 언어!

죽은 다음에야 "당신을 보기 위해 나의 눈은 / 멍하니 더 있을지도 모른다"는 — 멍청함을 전혀 모르는 현세(現世)에서의 고달프고 바빴던 그녀의 의식!

이 시낭송이 있고 나서 이봉구 씨와 전혜린의 대화는 계속된다.

"이 원고는 태우기로 해요. 죽음과 슬픈 이미지를 지우기 위해!"

나도 취한 김에 성냥불로 〈몹시 괴로워지거든 어느 일요일에 죽어 버리자〉는 그 종이쪽지를 불살라 버렸다.

"하하, 죽음의 화형식(火刑式)! 선생님, 브라보!"

재가 돼 버린 종이쪽지를 입으로 불어 치우면서 혜린은 손뼉을 쳤다.

이런 지 이틀 후 그녀는 술집에서 헤어져 돌아간 뒤 갑자기 자는 듯이 가 버리고 말았다.

그리고 혜린은 영영 돌아올 줄 모르는 뼛가루로 화해 버리고 말았던 것이다.

나는 또 그의 말대로 장송곡의 지휘자인양 그 몹시 춥던 날 화장터에서 그의 마지막 가는 길을 흐느끼며 전송하고 있었다. 전혜린이 주고 간 몇 통의 낙서는 자꾸만 나를 울리고 있다.

"선생님께서 쓰신 이 글대로 혜린은 자살이 아닐까요? 특히 화형식을 올린 시에서 본다면……."

"세상 사람들도 거의 그렇게 생각하고 있지. 나도 그렇게 믿어지지만…… 어디 그게 확실한 대답일 수야……."

"홍제동 화장터였나요?"

"홍제동 화장터에서 혜린이 어머니는 통곡을 했고, 나도 많이 운 사람들 가운데 한 사람이었지. 추위도 지독히 추운 날이었어. 마침 그날에야 나는 화장터 옆 중국집 2층에서 그녀의 부친 전봉덕(田鳳德) 씨와 인사를 하게 됐는데, 혜린이한테서 말씀 많이 들었습니다 하며 정중하게 답례를 해주더군. 키가 작고 얼굴에 여드름 흠집 같은 게 약간 보이는 우유빛 얼굴의 매우 싸늘한 — 이지적인 모습의 신사였어. 전혜린은 몸집이 큰 어머니보다 이 아버지 쪽을 더 닮은 것 같아."

"전혜린과는 언제부터 그리 친하셨죠?"

"내가 「연합신문(聯合新聞)」 문화부장 일을 맡고 있을 때였지.

처음에 글이 연분이 된 거지. 그래서 그녀는 자주 내게 왔고, 상대방이 바빠하든 말든 자기 나름대로 들이닥쳤지."

"성격 그대로군요."

"그런 셈이야. 내가 바빠 보이면 이렇게 말하곤 했지. '바쁘시군요. 일이 끝나실 때까지 저도⋯⋯.' 하면서 문화부 한 구석에 조용히 앉아 책을 읽기 시작하는 거야. 반 시간이고 한 시간이고 내가 일이 끝났으니 나가자고 할 때까지는 그 큰 눈을 번득이며 독서에 열중이었어."

"그래선 어딜 가시죠?"

"뻔하지. 다방이고 술집이고 혜린은 따라 나섰고, 이때가 법대(法大) 2학년인가 3학년인가 했을 때인데 함께 있던 문화부 여기자 조영숙과도 이 무렵부터 친해진 사이였지."

"조영숙 씨와는 한동갑쯤 되었나요?"

"조영숙이 조금 위였어. 미스 조는 그때 숙대 국문과를 막 나왔던가 중퇴했던가 그랬는데, 마침 한국일보사에 계시던 정광모(鄭光謨) 여사가 추천하길래 함께 있게 된 것이지. 술만 한잔하면 〈부용산 오릿길〉을 썩 잘 불렀어."

"전혜린의 노래 솜씨는요?"

"별로 노래 같은 건 인상에 없어, 듣기만 좋아했어. 그 대신 술을 마시다가도 술잔에 시름을 다 못 풀고선 문득문득 메모를 하는 게 18번이야. 술을 들어도 결코 멍청해 있을 수 없는 날카로운 의식파지. 그래서 난 혜린을 낙서광이라 부르기도 했지만 말야⋯⋯."

"낙서말고는 또⋯⋯"

"가끔 신문사로 내게 전화를 걸어 와 수화기를 통해 음악을 들려 주는 별난 취미도 버릇처럼 돼 있었지. 그래서 언젠가 한번은 '하늘 높이 불러도 대답이 없는 너의 음성은 목관악기? 이봉구 선생님, 어디 계세요? 파리제(巴里祭)의 노래, 아까 한 것 잘 들으셨어요? 또 한 번 해드릴께 잘 들으세요!' 하면서 돌체에서 전화가 오기도 했어. 정말 추억 같지 않아……."

"음악을 들으면서도 전화까지 걸어 수화기를 손에 든 채 그 음악을 상대방에게 들려 준다는 일, 웬만한 정성이 아닌 것 같아요."

"아주 지적이면서도 다정다감한 여인이었어, 뮌헨에 가면서 파리에서 보낸 그림 엽서도 내게 있지. 〈이 사진은 파리의 세느 강의 풍경입니다. / 가르꼬의 시 / 미라보의 다리 아래 / 세느는 흘러도 비용은 가서 없고 / 베르멘 또한 없다. / 이것이 생각나지 않습니까. / 뮌헨에서 혜린 보냄〉이라고 쓴 이 그림엽서는 혜린이 그리워질 때, 또는 답답하고 적막한 때면 꺼내 보며 마음을 달래 보는 추억의 글이기도 해."

"전혜린이 죽고 그 1년 뒤엔가 조영숙도 가 버렸다면서요."

"둘 다 서둘러 떠난 거야. 미스 조도 다음해 3월 11일, 그러니까 11일이라는 날짜가 같은 것이 되지. 전혜린을 뒤따르기라도 하듯 조영숙도 35세를 일기로 전혜린처럼 하룻밤 사이에 갑자기 숨졌어. 결혼의 경험도 있건만 그것도 잠시 뒤에 이혼하고 나서 내처 독신이라서 미스 조로 통했지. 다정한 맵시와 센스가 좋아 전혜린과는 정말 마음이 통했지. '선생님, 어젯밤에 혜린이 왔다 갔다죠? 술을 마시고 열 번도 더 토했다면서요?' - 어쩌다가 - 혜린을 못 만나게 되면 신문사에 출근해서도 지난 밤의 혜린이 소식을 묻곤 했어. 정말 〈부용산 오릿길〉을 혜린이 따라 가 버린 여인이지……."

"이향(異鄕)에 가서나마 서로 만나겠지요. 술잔이랑 음악도 모두 있는 곳에서 또 글을 쓰고 있겠지요."

"정말 묘한 일이야. 혜린이 그 이향으로 가 버리자 조영숙도 가고, 성은 잊었지만 영숙의 친구였고 혜린을 좋아했던 수자라는 아가씨도 다음에 팔당에서 놀다가 급류에 떠내려 익사하고 말았지. 이어서 혜린을 추모하며 은성에 나타나 〈영원한 내 사랑〉을 부르곤 했던 그 여대생들도 어디론가 모두 떠나고 은성마저도 문을 닫고 말았어. 예술에서의 명동은 모두 가 버린 셈이야. 소위 명동 백작이라는 나마저도 이렇게 수유리에 살면서 지난날의 추억이나 씹고 있고……. 우리도 또 언제 헤어질지 모를 일이고……. 제발 그렇다고 혜린이 시처럼 〈몹시 괴로워지거든 일요일에 죽어 버리자〉는 말은 하지 말자고……."

하긴 이봉구 씨의 지적처럼 '죽어 버리자'가 되어서는 곤란하다. 이것은 자살에의 결의이기도 하다. 목숨이란 하나뿐인 존재의 뿌리다. 몹시 괴롭더라도 참고 이겨야 한다. 죽음으로서 더욱 존재하는 사람도 많지만, 이렇듯 살아남은 사람들의 가슴이 아파져서야?

전혜린의 죽음에 대해서는 아직도 이견(異見)이 많다. 약물 과용으로 인한 사고라는 사람도 있고 심장마비로 인한 죽음이라는 사람도 있다. 그러나 그녀를 잘 알고 그녀에게 관심이 많은 대부분의 사람들은 그녀의 죽음을 분명한 자살로 판단하고 있다.

공식발표로도 '수면제 과용'으로 밝혀져 당시의 신문에서도 "수면제 과음으로 인한 변사 -「경향신문」" "심장마비로 사망 -「조선일보」", 그리고 「한국일보」에서는 다음처럼 비교적 자상하게 전혜린의 죽음을 다루고 있다. 그대로 옮기면 이렇다.

신춘의 여성계에 적지 않은 화제와 파문을 일게 한 소식이 있다.
우리 나라의 희귀한 여류 법철학도요, 독일문학가인 전혜린 씨의 죽음과 그 앞뒤의 이야기 ― 지난 12일 간소하나마 장중한 장례식이 시내 남학동 25번지 전혜린 씨의 친정집에서 베풀어졌다. 얼마 전부터 부군 김철수 씨와의 불화설이 떠돌던 이 여류는 외딸 정화(7) 양을 데리고 친정집에 와 있었던 것이다.
부음이 전해지자 항간에 구구한 억측이 나돌았다. 수면제 과용으로 인한 사고사다, 과도의 저혈압으로 인한 자연사다, 자살일지도 모른다 등등. 커피 15잔을 마셔야 비로소 평상인과 같아질 만큼 심장이 약화되어 있던 것은 사실이다.
"숨 거두기 전날 폭음했다는 얘기가 있더군요. 역시 가정생활이라든지, 현실에 적응시킬 수 없었던 학문을 감당하지 못해 비관하고 있었던 것이 아닐까요."
친구의 한 사람은 이렇게 술회하며 고인의 지식을 아쉬워 했다. 서독 뮌헨 대학 출신으로 「안네 프랑크의 일기」, 「어떤 미소」, 「압록강은 흐른다」 등의 역서를 지닌 전혜린 씨는 점성술, 운명학을 다루어 곧잘 점도 치던 이색적인 여성. 딸 정화 양의 장래를 기록한 쪽지가 사후 그의 유품에서 나와 유족을 눈물겹게 하고 있다.

「조선일보」에 실린 기사는 다음과 같다.

신춘을 위한 사랑을 예점(豫占)하고(1월 10일자 본지 5면) 보람찬 예술에의 삶을 희구했던 번역문학가 전혜린(32) 여사가 그 글이 실린 것을 보지도 못한 채 지난 10일 새벽 심장마비로 갑자기 세상을 떠났다.
　서울대 법대를 나온 후 59년 9월 독일에 유학, 뮌헨 대학에서 4년간 수학하고 귀국 후 모교에서 교편을 잡은 그녀는 타고난 재질을 살려 번역문학에 큰 뜻을 두고 그간 『압록강은 흐른다』, 『어떤 미소』, 『안네의 일기』 외에 많은 단편을 번역하였으며 『현대한국단편집』의 독일어 번역이 완성 단계에 이르렀을 때 세상을 떠난 것이다.

이 두 기사에서 보면 「한국일보」에선 전혜린의 나이를 「조선일보」보다 한 살 더 보탠 33세로 알리고 있다. 또한 「조선일보」에서는 죽은 날짜를 하루 더 앞당기고 있다. 출국 일자 역시 1955년 10월을 1959년 9월로 잘못 짚고 있다.
　정확하게 말해서 전혜린은 우리 나라 나이로 31세, 만으론 30세를 일기로 하룻밤 사이 갑자기 요절했다. 서울 시내 남학동의 친정집에서 간소하나마 비통한 고별식을 갖고 홍제동 화장터에서 한줌의 재로 변한 뒤, 경기도 안양시 조남리(鳥南里)에 있는 선산에 묻혔다.
　당시만 해도 서울 시내에서 먼 변두리가 되는 도봉구 수유동에 살다가 남편과의 어떤 불화 등으로 해서 시내 남학동의 친정집에 와 있었던 그녀.

얼마 동안 이곳에서 살다가 끝내 아득한 이향(異鄕)을 향해 이 세상과의 작별을 고한 그녀는, 죽기 한 해 전인 1964년 1월 중순경부터 남편과 제법 오랜 냉전 기간이 있었던 걸로 보인다. 뚜렷한 두 개의 개성이 언제고 한결같이 하나의 뭉실한 개성으로 합일되기에는 어려운 일이기도 했던 모양이다. 일기를 통해 짐작할 수 있는 이들 부부싸움은 지성이 앞선 싸움인 것만 같아 위트도 넘치고 있다. 몹시 깊이 있는 의식끼리의 싸움으로 보인다.

나의 일과와 일상성의 의식을, 그리고 뒤덮고 있는 흐린 불투명한 안개를 오렌지 껍질을 씹듯이 한번이라도 놀라게 하고 싶다.
— 1964년 1월 5일

그러나 끝났다. 왜 끝났는지는 나도 몰라. 아무와도 나는 완전히, 절대로, 또 지속적으로 공감을 나눌 수 없는 모양이다.
결별은 돌연 이유도 없이 우리를 엄습하는 어느 감정인 것 같다.
나 자신으로 파고들어가고 나를 이룰 계절이 온 셈인가?
— 1964년 1월 18일

권태와 어느 안정감 — 소시민성 속에 자기를 고정시키려는 의도와, 또 그 의도의 무용함과 번거로움을 의식하는 데서 오는 텅빈 공허감이 내 가슴을 찬 바람 불 듯 지나간다.

감정도, 애정도 다 떨어진 느낌. 가정, 직장, 나, 국가, 사회…… 이런 단어들이 아무 연결도 없이 네 머리를 지나간다.

— 1964년 1월 19일

　결별은 쉬운 일. 그러나 그 다음이 항상 문제인 것이다. 사고(思考)는 항상 사실적인 힘임을 믿고 있다. 끊겠다는 의지가 끊는 행위와 같은 것을 뜻하는 셈이다.
　그러나 사실은 얼마나 힘든 일인가? 한 미소나 한 눈동자, 한 목소리를 기억의 표면에서 말살해 버리는 것은 많은 극기와 시간의 풍화작용의 도움이 필요하다. 잊겠다는 의식만으로는 아직 완전하지 못하다.
　관념이 긍정한 행위를 우리의 감성이 받아들이기에는 또 하나의 훈련이 필요하다. 결국 우리는 우리가 생각하고 있듯이 완전한 자유의지는 아닌 것 같다.

— 1964년 1월 20일

　그렇다. 나는 나와 연기(演技)를 일치시킬 수 없는 순간을 종종 갖는다. 그럴 때 나는 혼자 있기를 좋아하는 것이다. 지금도 그를 혐오해서라기보다 혼자 있는 것이 필요해서인 것이다.

— 1964년 1월 21일

　오늘 우송해 온 그의 일기 발췌를 재독해 보고 놀랍도록 흡사한, 또 자매의 영혼을 발견한 신기함에 유쾌한 전율을 느낀다.
　〈완벽한 환희〉라는 것은 L. 린저의 신작(新作)의 제목이지만 지금의 내 마음 속을 나타내는 단어다.

정말 기적이다. 또다시 지순한 우리의 상봉은······.

그가 이 세상에 있다는 것을 나는 축복한다. 나를 위해, 그를 위해. 릴케의 시집 제목처럼 〈나에게 축제, 또 당신에게 축제〉이다. 춤추고 싶다.

— 1964년 1월 24일

네가 나의 상황(예컨대 나이) 같은 것 때문에 나를 불신하느냐? 그와 똑같은 이유로 내가 너를 불신한다면 그것은 원(圓)을 긋고 도는 달팽이의 논리가 될 것이니 그만두자.

— 1964년 2월 21일

도대체 지엽(枝葉)이 아니라 기본 강령이 나에게서 늘 흔들리고 있으니 나를 도대체 믿을 수 없다고 그가 말했다.

나는 여자의 논리와 남자의 논리가 다르다는 것을 말했다.

— 1964년 2월 22일

버스타는 데서 말했다.

"악몽을 꾼 줄 알아? 그래도 나는 악의는 없었어. 가짜 게임은 안했어."라고.

— 1964년 3월 4일

그는 애정을 받아 본 것은 여덟 살 적 이후엔 없다고 말했다. 그래서 차가운 성격의 소유자이고, 애정의 구두쇠가 됐는지 모른다.

─ 1964년 3월 6일

전화했더니 전화로 독일 유행가 〈작 바룸(Sag Warum : 이유를 말하라)〉을 틀어 줘서 들었다.
─ 1964년 3월 26일

엘리자(貞和)가 내 세계의 축이다. 그 외에는 모두 방해물…….
내 의무를 다하자. 우스운 비유이지만 맥아더처럼.
"노병은 죽지 않고 사라져 갈 뿐이다."
조용히, 아주 조용히 모든 것이 지금 사라져 가고 있다.
─ 1964년 3월 30일

그의 에고이즘과 나의 그것, 그의 독점욕과 나의 그것, 그의 자유로우려는 성격과 나의 그것, 이성적(理性的)인 면과 나의 그것이 항상 부딪쳐 만나면 싸움이다.
그가 너무나 나와 똑같아서 싸우게 된다.
나와 너무나 달라서 싸우는 경우도 있는데 약간 희극적이다.
─ 1964년 4월 22일

채에 공을 넣고 흔들 듯이 반복하여 흔든다. 하나의 방향으로 그대로 흘러갈 수는 없는가.
도대체 그럴 때면(거의 신비하게 화를 내고, 신비하게 차를 타고 떠날 때) 방향감각을 잃은 곤충처럼 혼란하다.

나의 구원자, 장 아제베도! 341

숱한 지질시대(地質時代)를 반복하고 다시 식물은 자란다. 도대체 얼마나 많은 지질시대를 거쳐야 하는가.
— 1964년 5월 3일

매순간마다 확인시키고 싶다.
도대체 내구성(耐久性)이 없는 언어로서가 아니라, 언어 따위는 초월한 무엇으로 증명해 주는 것이 필요하다.
— 1964년 5월 13일

가장 큰 고통은 서로 어긋남을 갖는 것이다. 순서가 일치하지 않고 혼동된다.
— 1964년 6월 16일

조화(調和)하려면 서로 어린애가 되는 차례를 알아서 떼를 써야 될 것이다.
— 1964년 7월 21일

언젠가 그에게서 왔던 참 즐거웠던 편지 하나가 기억 났다. 그것은 단지 흰 큰 종이 위에 '죽었니?'라고 씌어 있었다.
— 1964년 7월 23일

미래완료의 시간 속에 산다.
일루전(Illusion), 모든 것은 환상.

미래까지도 이미 완료된 시청(時稱) 속에서는 아무것도 중요한 것은 없다.

— 1964년 9월 19일

왜 보들레르는 일생 동안 쟌느 듀발을 사랑한 것일까? 백인도 아니고 아름답지도 않고, 오욕의 생활을 직업으로 하는 여자를, 마음까지 극악했다는…….

또 릴케가 왜 자기보다 열 네 살이나 위인, 남편 있는, 남성적인 루를 사랑했던가!

니체가 "수세기에 한번 구라파에 나타나는 두뇌를 가진 여자"라고 평한 루의 총명 때문에? 릴케의 모성에 대한 콤플렉스 때문에?

결국 두 사람을 연결하는 것은 정의(定義)할 수 없는, 정의보다는 보다 높은 법칙 밑에 놓여 있어 운명이니, 만남이니, 하는 말로 그 편린을 알 수 있는 이외에는 전모를 언어로 파악할 수 없는 무엇이 아닐까?

결국 이 마술적인 것이 없는 모든 관계는 모래 위의 성인 것 같다. 아무리 그 관계가 지속됐다 해도 그것은 하루아침에 흔적도 없이 사라질 수 있는 비본질적인 무언인 것이다.

— 1964년 10월 5일

그의 의식에 비친 내 의식에 구토를 느꼈다.

— 1964년 12월 9일

부부간의 불협화와 갈등을 두고 그녀가 죽기 전 한 해(1964년) 동안 간단없이 써내려 온 일기에서 우리는 어떤 결별에의 예감 같은 것을 느낄 수 있다.

그녀 성격과 지성으로 해서 매우 함축성 깊게, 그리고 군더더기 없이 요약되고 있는 편린과 같은 짤막한 글줄에서 그녀의 결벽성과 어떤 문제점들을 발견할 수 있다.

넉넉히 모든 것을 이해하고 그 근원마저도 잘 알고 있는 그녀. 그러나 그렇게 하고자 해도 걸맞지 않는 부조화―. 이건 그야말로 '마술적인 것이 없는 모든 관계' 처럼 되어 결국은 허물어지고 마는 사상누각(砂上樓閣)이다.

그러므로 그녀에게 가정이나 인생은 어떤 '마술적인 것이 있는 유대관계' 라야 존속이 가능했다고 할 것 같다. 이것 없이는 이 공동관계에서조차 존재의 상처는 아물 수 없이 되어 고절(孤絶)당해야만 할 숙명적인 운명이었다 하겠다. 때문에 그녀 스스로도 "공동관계에 서는 것이 뗄 수 없는 지속을 유지하는 근본책 같다."면서 자신을 일컬어 "해면(海綿) 같은 어떤 층(層)이 나와 외부 사이를 막고 있어서 모든 생기(삶에의 흥미 일체)를 빨아들여 나를 한층 기묘한 절연상태에 빠뜨리고 있다."라고 고백한다. 이렇게 때문에 그녀는 별로 마음에도 없는 상관관계의 지속을 위해 역설적으로 말하고 있기도 하다.

"임신이라도 하고 싶다. 모든 과제에서 도피하기 위해. 보다 가정에 뿌리 깊어지기 위해."

말하자면 그녀에게 있어 이것은 강박관념이 된다.

〈세리나, 은성 그 주변!〉이라는 쪽지를 써서 이봉구 씨에게 주던 날, 그녀가 여태껏 한번도 말한 적이 없는 "주부가 술을 들다니!" 하고 연거푸 자탄하던 일도 따지고 보면 그것 역시 무서운 강박관념인 것이다. 가정이라는 굴레와 잘 조화되지 않는 숙명적인 비극! 정신적 비극! 그리고 여태껏 깊이 파여져 온 존재의 상처!

이 모든 것이 복합된 강박관념이 그녀가 죽기 바로 나흘 전의 은성 술자리에서 저도 모르게 두 번씩이나 입 밖으로 나왔던 것이다. 아울러 그 이틀 전에는 죽음을 예고하는 조시(弔詩)라 할까, 사(死)의 찬미시라 할까, 하여튼 〈몹시 괴로워지거든 어느 일요일에 죽어 버리자〉라는 문제의 시를 읊고 나선 화형을 치르면서 "브라보!"의 술잔을 높이 들기까지 했던 전혜린이다.

또 한 가지 문신처럼 새겨진 지울 수 없는 고민까지 그녀를 압박하고 있다. '쟝 아제베도에게'라는 익명으로 쓰여진 부치지 않은 '마지막 편지'는 무엇을 뜻하는가?

시 형식으로 된 이 수수께끼의 편지는 그녀가 죽기 바로 나흘 전인 1월 6일 새벽 4시와 같은 날 정오경에 두 차례에 이어 씌어진 편지로서, 흔히 이것을 그녀 최후의 유고로 알고 있는데(사실은 죽기 이틀 전의 〈어느 일요일에 죽어 버리자〉가 최후의 유고), 쟝 아제베도라는 프랑스 이름으로 된 익명의 주인공은 당시 전혜린이 열중해 있던 C모 씨라고 한다.

쟝 아제베도에게

1965년 1월 6일, 새벽 4시. 어제 집에 오자마자 네 액자를 걸었다. 방 안에 가득 차 있는 것 같은 네 냄새.

네 글 내가 무엇보다도 사랑하는.

갑자기 네 편지 전부(그 중에서 내가 제일 좋아하는 것들)를 벽에 붙이고 싶은 광적인 충동에 사로잡혔다.

나는 왜 이렇게 너를 좋아할까? 비길 수 없이.

무엇과도 바꿀 수 없이 너를 좋아해.

너를 단념하는 것보다 죽음을 택하겠어.

너의 사랑스러운 눈, 귀여운 미소를 몇 시간씩 못 보아도 금단현상(禁斷現象)이 일어나는 것 같다.

목소리도 좀 들어야 가슴에 끓는 뜨거운 것이 가라앉는다. 너의 똑바른 성격, 거침없는 태도, 남자다움, 총명, 활기, 지적 호기심, 사랑스러운 얼굴―.

나는 너의 모든 것을 사랑한다.

내가 이런 옛날 투의 편지를 쓰고 있는 것이 좀 쑥스럽고 우스운 것도 같다. 그렇지만 죠르즈 상드가 뮈세와 베니스에 간 나이인 것을 생각하면 아직도 나는 좀더좀더 불태워야 한다고 분발(?)도 해본다.

나의 지병인 페시미즘을 고쳐 줄 사람은 너밖에 없다.

생명에의 애착을 만들어 줄 사람은 너야.

오늘 밤 이런 것을 읽었다.

"사랑? 사랑이란 무엇일까? 한 개의 육체와 영혼이 분열하여 탄소, 수소, 질소, 산소, 염, 기타의 각 원소로 환원하려고 할 때 그것을 막는 것이 사랑이다."

어느 자살자의 수기 중의 일구(一句)야.

쟝 아제베도!

내가 '원소로 환원'하지 않도록 도와 줘! 정말 너의 도움이 필요해.

나도 생명 있는 뜨거운 몸이고 싶어.

가능하면 생명을 지속하고 싶어.

그런데 가끔가끔 그 줄이 끊어지려고 하는 때가 있어.

그럴 때면 나는 미치고 말아.

내 속에 있는 이 악마를 나도 싫어하고 두려워하고 있어. 악마를 쫓아줄 사람은 너야.

나를 살게 해줘.

다시 쟝에게

1965년 1월 6일, 정오경. 눈이 멎지 않고 내리고 있어. 눈 속을 헤매고 싶어. 너는 무얼 하니?

모든 일에 구토를 느껴. 단지 의외로 「태양병(太陽病)」의 번역이 나를 몰두시키고 있어.

이런 내용, 그리고 이런 느낌이란다.

태양병균 — 비정상적인 강한 열 속에서만 생존하는 병균.

나는 토오라는 표범과 사는 마래(馬來) 여자 마라와 만났다. 토오는 나를 미워한다.

나는 마라 몰래 토오에게 구하기 힘든 피가 뚝뚝 떨어지는 아직 따스한 암소고기를 먹인다.

다시 야생(野生)으로 돌아가 길들지 말라고.

갈색 피부의 마라 — 이 여자는 나를 사랑하고 있는 것일까? 나는 이 여자를 소유하고 있기는 하나.

나 ― "토오를 내쫓아."

마라 ― "나는 토오가 없으면 잠이 안 와요."

나는 토오를 미워한다. 토오는 마라의 애정의 일부를 뺏고 있다.

우리는 대륙의 절반을 뒤덮고 있는 열파(熱波)의 한가운데 있는데 춥다.

흰 여자가 흰 남자를 사랑할 때는 어떻게 하나요?

갈색 남자가 갈색 여자를 사랑할 때는?

내 심장은 전쟁을 원하고 있다. 나는 마라를 사랑한다.

마라는 일어섰다. 나체로, 갈색으로 사랑하면서.

나는 태양병이 무섭다.

그리고 우리의 피는 소리지른다.

호수 한가운데서 나는 세계를 향하여 소리질렀다. "마라!"

마라, 우리의 사랑은 안 죽어.

태양은 나를 죽일 것이다.

갑자기 광적인 생각이 엄습해 온다. 죽음이 구제(救濟)를 갖다 줄는지도 모른다는.

그러나 숲의 화재는 광기다. 사랑하는 불, 사랑하는 숲이여, 너는 죽어야 한다.

나는 마라를 고통없이 사랑할 수 있으리라.

나는 한계(限界) 위에 서 있다. 아, 마라.

진한 향내 나는 H. 노바크의 이 열(熱) 같은 표현 속에 나는 서늘함을 느끼고 있다.

― 전혜린

장 아제베도라는 C씨에게 부치려 했던, 같은 날 쓴 이 두 개의 편지는 결국 부쳐지지 않았지만, 일종의 신비스런 유언같이 돼 있다.

새벽 4시경에 쓴 편지를 보면 전혜린은 그가 없이는 생존할 수 없는 절대 절명의 상황에 놓여 있다. 그가 전혜린의 전부이며 일체이다. 그의 구원이 없으면 원소로 분해되어 버릴 위기로까지 몰려 있다. 참으로 무슨 사연이 내재되었는지는 몰라도, 숨막히는 갈구가 섬광처럼 번쩍인다. 이 섬광 — 생명의 줄을 붙잡고 "나를 살려줘!" 하고 절규하고 있다.

장 아제베도!
내가 '원소로 환원' 하지 않도록 도와줘! 정말 너의 도움이 필요해.
나도 생명 있는 뜨거운 몸이고 싶어.
가능하면 생명을 지속하고 싶어.
그런데 가끔가끔 그 줄이 끊어지려고 하는 때가 있어.
그럴 때면 나는 미치고 말아.
내 속에 있는 이 악마를 나도 싫어하고 두려워하고 있어.
악마를 쫓아줄 사람은 너야.
나를 살게 해줘.

여기에 전혜린의 죽음에 대해 더 이상 무얼 말하겠는가! 그러나 이 편지를 쓰고 난 뒤 약 8시간 뒤가 되는 정오 12경의 두 번째 편지에서는 순수 갈구의 흥분을 가라앉혀 많이 침착해져 있다. 변조

(變調)치곤 급변조(急變調)로 느껴질 만큼 차분한 이성을 되찾은 것같이 보인다.

그러므로 우리는 이 시간 차가 주는 전혜린의 광기 – 그녀 표현처럼 – 가 몰아가는 심적 변화에 주의할 필요가 있다. 늘 충만된 삶을 의식하면서 살고 싶다, 살고 싶다를 버릇처럼 외쳐오던 그녀가 스스로 밝히고 있는 '찰나적인 죽음에의 매혹'이 되는 그녀의 지병(持病)인 페시미즘은 어이할 것인가? 페시미스트로서의 어느 일순(一瞬)을 누가 붙잡아 줄 것인가.

결국 그녀의 최후의 구원자가 돼 줘야 할 쟝 아제베도 씨는 그녀의 바람을 저버린 것이 아니겠는가? 두 통의 편지를 유언처럼 남겨둔 채 다시는 못 올 머나먼 이향(異鄕)으로 떠나고 만 전혜린. 그러고 보면 부치지 않은 이 편지는, 그 회답이 전화나 만남, 또는 그 어떤 형태로든 이미 단절되어 버린 사랑의 종말이었음을 알리는 유품일 수밖에 없다.

그랬기에 죽기 이틀 전에 은성에 나와서 〈어느 일요일에 죽어 버리자〉라는 마지막 유고가 되는 시를 썼고 이향(異鄕)으로 떠나던 밤, 그날 저녁엔 다시 은성으로 나와 두어 시간에 걸쳐 그녀의 가장 사랑하는 여동생 채린을 그쪽으로 불러내 친구 이덕희 씨와 그녀의 동생, 또한 덕희 씨의 친구 L양과 더불어 최후의 만찬 — 술잔을 기울인 것이 아닐까? 아주 가까웠던 이봉구 씨와 더불어…….

채린 씨를 은성으로 불러내기 전 그날 토요일 오후, 구 서울 법대와 서울 문리대 건너편의 학림다방에서 그녀는 무려 세 시간 동안이나 이덕희 씨를 만나기 위해 기다렸다고 한다. 이렇다 할 용건도 없이 왜 이덕희 씨를 만나려고 애썼던가?

　전혜린은 여기서 이덕희 씨와 만나 그녀 일행과 함께 은성으로 떠나면서 채린 씨를 그곳으로 나오라고 일렀던 것이다. 은성에서 이봉구 씨와 어울려 두 시간, 이때가 저녁 8시쯤 되었는데 밖으로 나와서 혜린은 채린과 헤어졌다. 덕희 씨 역시 그녀의 남동생과 헤어졌기 때문에 혜린, 덕희, L, 이렇게 세 사람만이 이번에는 칵테일을 한잔 더 하자고 해서 충무로에 있는 신도 호텔 1층의 신도 살롱으로 들어갔다.

　이곳까지 가는 길에 혜린은 상당히 밝은 얼굴로 "나 아침에 머릴 감았어!"라면서 살그머니 덕희 씨의 귀에만 대고 "세코날 마흔 알을 구했어. 흰 걸로."라고 덧붙이기도 했다. 끝내 혜린의 목숨을 앗은 것은 이 세코날 마흔 알이 됐지만, 으레껏 이런 수면제를 상용하는 혜린이기에 이덕희 씨는 조금도 이상스레 생각지 않았다고 한다. 그것을 구해 좋아 죽을 지경이라고 혜린은 말했지만……

　그런데 왜 세코날 흰 것을 마흔알이나 구했다고 은근히 알렸을까? 그리고 그토록 아무 그늘도 없이 좋아했을까? 머리감은 것도 다 알려 가면서…….

　그리고 이덕희 씨와의 만남은 그때의 만남 말고는 지난해 9월 말 혹은 10월 초에 만난 것이 마지막이었는데, 왜 이날 따라 굳이 찾아와서 세 시간씩이나 기다렸다가 기어코 만났을까?

　이들 세 여인은 신도 살롱에 가서도 즐거웠다고 한다. 그러나 얼마 안 있어 혜린은 정신이 딴 데 가 있는 사람같이 보였고, 그러다

나의 구원자, 장 아제베도!

가 계속 카운터로 가서 어딘가로 전화 걸기에 바빴다고 한다. 너무 바쁘게, 너무 자주 전화를 걸어, 마치 천지사방에다 줄곧 다이얼을 돌리는 것 같은 느낌을 받았다고 한다.

어디로 전화를 걸었을까? 하필 그날 밤에…….

좌석에 앉아 있는 시간보다 전화통 앞에 섰던 시간이 더 많았던 혜린은 다시금 대여섯 차례 전화통 앞으로 나가던 끝에, 마침내 어디론가 통화를 끝내고 나서는 차분히 자리에 앉았다. 이때의 그녀는 별로 초조하게 보이지도 않았다고 한다.

그러다가 뜻밖에도 소설가 이호철(李浩哲) 씨와 김승옥(金承鈺) 씨가 들어와 일행은 함께 어울려 어느 골목 속의 빈대떡 술집으로 갔고—.

전혜린은 이곳에서도 술을 꽤 했다고 한다. 기분도 아주 좋았던지 담배를 피우며 다리를 흔들면서 〈beautiful beautiful brown eyes〉라는 노래마저 흥얼거렸다는데, 10시쯤 되자 갑자기 일어나 먼저 술집을 떠나겠다며 손가락을 까닥거리면서 작별을 고했다고 한다.

이것이 전혜린의 죽기 전날 밤의 모든 행동이었다. 이승의 사람들에게 남긴 마지막 모습이 된다. 이날 밤따라 더욱 유난스레 눈동자가 빛나 보였다는 전혜린! 이 눈동자에 얼마나 많은 사연을 가득히 담았길래 그토록 빛났을까…….

〈beautiful beautiful brown eyes〉란 노래는 그녀가 찾아갈 이향(異鄕)의 별자리였을까……. 아니면…….

그래, 그처럼 오래 전화통에 매달려 이윽고 통화를 마친 상대방은 누구였을까? 아마 쟝 아제베도였으리라.

저 모리악의 소설 『테레즈 데케이루(Therese Desqueyroux)』에 나오는 정신적인 사랑의 이상형 남자, 쟝 아제베도(Jahn Azevedo)! 그러길래 전혜린이 쟝 아제베도라는 이름으로 그녀의 정신적인 사랑, 그리고 그녀의 모두라는 이름으로 구원해 줄 것을 요청했던 최후의 대상, 쟝 아제베도 — C씨!

이 쟝 아제베도는 『테레즈 데케이루』의 쟝 아제베도만 있었지, 전혜린에겐 쟝 아제베도로서의 손길을 내밀지 않았던 것일까……. 때문에 전혜린은 이날 밤의 일요일을 〈몹시 괴로워지거든 어느 일요일에 죽어 버리자〉의 일요일로 결행시켜 버린 게 아니었을까…….

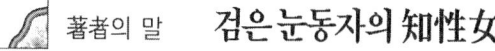# 著者의 말　검은 눈동자의 知性女

　우리들의 슬프도록 아름답고 안타까운 전혜린의 평전(評傳)을 쓰면서 나는 몇 번이고 속으로 울어야만 했다.
　그녀가 인생을 생각하는 인생관이나 예술을 생각하는 예술관이 너무나 통찰력 깊은 진실에의 앓음이요, 그 울음이었기 때문에, 그녀와 더불어 함께 울어야 하고 앓아야 하는 절대공감의 마당에 놓여지는 영원한 동시대(同時代)의 질감(質感)이어서 거듭 더했던 것이다.
　전혜린! 가득한 우수(憂愁)를 담고서도 지성(知性)으로 빛나기만 했던 그 검은 눈동자의 여인. 그녀의, 감당할 수 없을 만큼 벅찬 선천적인 감성의 밭을 지성(知性)의 쟁기로 일군 멋과 아름다움, 짙은 멜랑콜리와 관조(觀照), 자아(自我)와 시공세계(時空世界)에의 발견과 인식, 그래서 항상 그러한 모순의 갈등 속에 번민하면서도 긍정의 눈으로 끝없이 추구해 나간 번득이는 생(生)의 파노라마—.
　일찍이 그녀가 서울 법대에 재학중이었을 때, 그녀의 은사였으며 당시의 법대학장이었던 신태환(申泰煥) 교수가 "한국에서는 1세기에 한번쯤 나올까말까 한 천재"라고 격찬을 마지 않았었던 전혜린.

　그녀는 또한 한국 여성으로서는 최초로 독일 유학생이 되어 뮌헨 대학에서 만 4년간, 햇수는 5년 동안의 유학을 마치고 그녀의 모교인 경기여고와 서울 법대(그녀가 처음으로 이 학교의 완고한 전통을 깨고 그 강당에 섰던 것이다), 아울러 성균관대학교와 이화여자대학교 등에서 강사와 교수를 역임하기도 했었다.

　이같이 바쁜 교수생활 가운데서도 끊임없이 예술 창조에의 길을 누구보다도 정열적으로, 매혹적으로 파고들었던 그녀. 그러나 그토록 기대받던 그녀는 안타깝게도 한창 왕성하게 일해야 할 31세라는 부푼 꽃의 나이에 수수께끼 같은 죽음으로 요절하고 말았다. 그녀의 이 뜻하지 않은 갑작스런 죽음은 이 땅의 모든 지성인에게 큰 충격을 안겨 주었다. 아울러 깊은 애도 속에 연민하면서도 저마다의 상상으로 그녀를 화제의 중심인물로 삼기도 했다. 이제 그녀가 우리와 작별하고 저 하늘로 저문 지도 어언 30여 년—. 나는 여기서 지난 해와 올해의 상반기를 그녀의 사념(思念)과 생(生) 가운데 뛰어들어 함께 앓고 동감해 오면서 드디어 그녀의 평전을 완성해 놓는다.

　이것은 그녀에 대해 내가 매료당한 것이라 해도 틀림이 없고, 더 나아가 그녀의 온갖 감정과 지성이 우리 모두에게 영원히 빛나고 있는 가치 큰 삶이요, 예술이었기에 일원화된 체계로 그녀의 평전을 세상에 내놓아야겠다는 사명감 같은 것 때문이기도 하다.

　나는 이 책을 쓰면서 새벽마다, 깊은 밤마다 몇 차례고 꿇어 앉고 고쳐 앉고 하였다. 그녀의 유작집(遺作集)이 된 일기와 단장(斷

章), 수필과 시, 평문(評文)과 철학, 인생관과 예술관, 꿈과 삶, 그 밖의 많은 편지들을 하나하나 깊이 섭렵하면서 나는 가슴 속으로 깊이 앓으면서 글을 매만져야 했고 지극히 조심스러워야 했다. 있는 그대로의 사실에 충실하면서 조금의 가감(加減)도 없이 가장 올바른 평전(評傳)으로 성공시키기 위해서였다.

이 일은 마치 나의 시반(詩伴), 고은(高銀) 시인이 『이중섭(李仲燮) 평전』을 쓰면서 머릿말에서 밝힌 바 있는 「이제 와서 나는 행복하다. 그를 만날 일이 없다는 사실. 〔중략〕 그것은 반고호 사후(死後), 화란의 브라만 지방 누엔 마을의 적요(寂寥)를 찾아 나섬으로써 한 위대한 예술가의 궤적을 찾았던 『고호전』의 작가 귀스타브 고끼오와 같을 수 있고, 전기(傳記)의 왕자 롤랑이나 츠바이크의 평전문화(評傳文化)와 커다란 휴머니즘을 닮는 낙관을 앞세운다」라는 심정과 조금도 진배없기에 거듭 조심스러우면서도 열정적이 돼야 했기 때문이었다.

나는 이 같은 1년 6개월 남짓한 세월 동안의 인간앓이 끝에 이 책을 완성하면서, 뿌듯한 기쁨을 되레 슬픔의 조화(弔花) 다발로 묶는다. 이 조화 다발은 그녀가 고이 잠들고 있는 유택(幽宅) 경기도 안양시 조남리(鳥南里) 선산(先山)의 그녀 무덤 앞에 이 책과 함께 놓여질 것이다.

아름다운 천상(天上)의 음악 가운데
시와 철학이 진실로 빛나는 천상의 세계
하늘나라에서

전혜린!
이 땅에서 살다 간 지성녀(知性女) 그대
더욱 아름답고 빛나게
편히 지내거라.

끝으로 그녀의 반생(半生)에 깊이 아롱져 꺼지지 않는 빛의 진수(眞髓)를, 이 땅의 청춘, 이 땅의 지성에게 모두 전달할 수 있도록 그녀의 평전(評傳)을 쾌히 출간해 준 꿈과희망 출판사와, 아울러 도움말을 자신의 일처럼 목마르게 해주신 작가 이봉구(李鳳九) 선생, 시인 조병화(趙炳華) 선생에게 감사를 드린다.

우리의 꺼지지 않는 지적(知的) 사랑 전혜린의 명복을 빌면서, 그녀가 사랑한 현세(現世)의 이웃과 온갖 대상(對象)에게도 길이 잊혀지지 않는 축복이 있으라고 삼가 축도(祝禱)드린다.

빗소리 들리는 수유리 다락방에서
전혜린 여사와 동갑나기 같은 겨울생
정공채 삼가 씀

전혜린(田惠麟) 약력(略歷)

1934년 1월 1일 평안남도 순천 출생.
1953년 경기여중 고등학교 졸업.
1955년 서울대학교 법과대학 3학년 재학중 독일 유학.
1959년 독일 뮌헨 대학 독문학과 졸업.
        뮌헨 대학 에카르트 교수 조교.
        경기여고, 서울대학교 법과대학, 이화여자대학교 강사 역임.
        성균관대학교 조교수.
        팬클럽 한국본부 번역분과위원.
        1965년 1월 11일 31세로 요절.

● 주요번역 작품
        F. 사강의 『어떤 미소』(1956)
        E. 슈나벨의 『한 소녀의 걸어간 길』(1958)
        이미륵의 『압록강은 흐른다』(1959)
        E. 케스트너의 『화비안』(1960)
        구드리치, 하케드 共著의 『안네 프랑크의 일기』(1960)

(같은 해 4월에 「新協」에서 공연)

L. 린저의 『생의 한가운데』(1961)

W. 게스턴의 『에밀리에』(1963)

H. 막시모후의 『그래도 인간은 산다』(1964)

H. 뵐의 『그리고 아무 말도 하지 않았다』(1964)

H. 노바크의 『태양병』(1965)

◐ 작품집

에세이집 『그리고 아무 말도 하지 않았다』(1966)

유작집 『이 모든 괴로움을 또다시』(1976)

전혜린 평전
불꽃처럼 살다간 여인, **전혜린**

5쇄인쇄 — 2003년 7월 1일
초판발행 — 2002년 11월 27일

지 은 이 — 정공채
펴 낸 이 — 문기순
편　　집 — 박지현, 전은희
영　　업 — 오광수, 진성옥
펴 낸 곳 — 도서출판 꿈과 희망
출판등록 — 제 1-3077호

주　　소 — 서울특별시 종로구 낙원2동 58-1 종로 오피스텔 1415호
전　　화 — 02)2681-2832
팩　　스 — 02)943-0935
e-mail : jinsungok@empal.com

* 잘못된 책은 바꿔드립니다.
정가 10,000원
ISBN 89-9531-736-1 (03810)